"十二五"职业教育国家规划教材

经全国职业教育教材审定委员会审定

汽车类教学改革系列教材

"十四五"职业教育河南省规划教材

汽车整形技术

第2版

主　编　刘　杰　胡　勇

副主编　李　丽

参　编　尹冠飞　赵汉雨　阴丽华　宋东方

主　审　朱梦杰　王照锋

机械工业出版社

本书是“十二五”职业教育国家规划教材，经全国职业教育教材审定委员会审定。本书以轿车车身为主要对象，兼顾教学内容的完整性、规范性和可操作性，以及实际应用的先进性和典型性，重点阐述了汽车车身材料与结构、汽车车身钣金件修理的基本工艺、车身测量、车身焊接、车身损伤与评估、车身构件的更换与调整、车身矫正以及非金属车身板件的修理。

本书可作为高职高专汽车相关专业的专业课教材，也可供汽车整形行业从业人员岗位培训使用，还可作为该行业的从业人员了解新技术、提高业务水平的参考用书。

本书配有电子课件、视频二维码、试卷及答案、任务工单，凡使用本书作为教材的教师可登录机械工业出版社教育服务网 www.cmpedu.com 注册后免费下载。咨询邮箱：cmpgaozhi@sina.com。咨询电话：010-88379375。

图书在版编目（CIP）数据

汽车整形技术/刘杰，胡勇主编. —2版. —北京：机械工业出版社，2016.5（2024.7重印）
“十二五”职业教育国家规划教材 经全国职业教育教材审定委员会审定 汽车类教学改革系列教材
ISBN 978-7-111-53682-6

Ⅰ.①汽… Ⅱ.①刘…②胡… Ⅲ.①汽车－车辆保养－高等职业教育－教材 Ⅳ.①U472

中国版本图书馆CIP数据核字（2016）第095583号

机械工业出版社（北京市百万庄大街22号 邮政编码100037）
策划编辑：葛晓慧 责任编辑：葛晓慧 张 茜
责任印制：单爱军 责任校对：任秀丽
北京虎彩文化传播有限公司印刷
2024年7月第2版·第4次印刷
184mm×260mm·14印张·321千字
标准书号：ISBN 978-7-111-53682-6
定价：34.80元

电话服务
客服电话：010-88361066
010-88379833
010-68326294

网络服务
机 工 官 网：www.cmpbook.com
机 工 官 博：weibo.com/cmp1952
金 书 网：www.golden-book.com
机工教育服务网：www.cmpedu.com

前　言

随着汽车工业的飞速发展，汽车的保有量日益增加，城市交通环境日益拥挤，交通事故频发，车身碰撞、刮擦等损伤的维修工作已经成为汽车维修的重要内容，车身整形技术人才显得尤为匮乏。

车身是汽车的主体，新材料、新工艺在车身制造上的应用，对车身的整形维修工艺提出了更高的要求，传统的“一把榔头走天下”的钣金修复已经不能满足汽车整形修复的需要。为了适应更为严格的维修标准，本书就现代车身整形技术做了系统介绍。本书第2版以项目为编写体例，在内容安排上更注重理论联系实际，并突出以工作过程为导向的课程体系，任务实施兼顾一般性和可操作性，融知识和技能于一体，将车身材料及结构合并为一个基础项目，增加了手工钣金、车身测量以及车身矫正相关的具体内容，使本书更具有针对性、实用性，避免教学冗余，突出培养学生技能。

本书由刘杰、胡勇主编，朱梦杰、王照锋主审。本书的编写分工为：胡勇编写绪论，刘杰编写项目1，尹冠飞编写项目2，李丽编写项目3，张孝远编写项目4、项目5，阴丽华编写项目6，赵汉雨编写项目7，宋东方编写项目8，任务工单和统稿由刘杰完成。本书在编写过程中，参考了大量文献，在此对相关作者表示真诚的谢意。由于编者水平有限，本书的不妥和错误之处敬请读者批评指正。

编　者

二维码索引

序号	名称	图形	页码	序号	名称	图形	页码
1	冲力效应		6	10	扭曲损伤		66
2	车架结构		20	11	焊接接头的种类		94
3	一体式车身结构		22	12	损伤类型及诊断		110
4	车身主要部分		23	13	结构部件的拆卸		124
5	前部结构		24	14	拉矫原理		147
6	中部结构		26	15	拉矫损伤		147
7	后部结构		27	16	最后的矫正检查		150
8	铝件的处理		62	17	塑料的种类		157
9	汽车损伤测量		63	18	玻璃纤维修复		165

目　录

绪 论

学习目标

1）熟悉车身维修的特点和基本要求。

2）掌握车身维修的基本工艺过程。

相关知识

随着我国汽车工业的发展和人民生活水平的提高，汽车已成为生活中不可缺少的交通运输工具。汽车总体质量的提高，使得机械故障大为降低，而汽车保有量的增加，使得车辆发生剐蹭、碰撞等交通事故的概率也大为增加，车身维修工作日益被重视。对汽修行业调查的结果表明：车身修复带来的利润已经占到企业总利润的40%左右，同时车身修复已经从汽车机械、电气维修的附属逐步分离出来，更加科学化。

一、车身维修的意义和特点

（一）车身维修的意义

车身维修的质量关系到整车的使用性能，决定了车辆的价值。科学的车身整形方法，能够恢复车身部件的正确尺寸，保证汽车各总成正确的相对安装位置；优质的喷涂质量，不仅对车身起到保护作用，而且能恢复汽车的外观。

1）矫正车身变形。由碰撞、剐蹭等交通事故导致的车身凹陷、凸起、皱褶等变形需要整形矫正，恢复原来的几何形状，保证各构件的相对位置准确、可靠，为涂装工序奠定基础。

2）恢复车身构件的刚度与强度。对于因承受冲击、振动、过载等引起的车身局部变形，车身修复采用撑拉和焊接工艺，都会导致车身覆盖件（板件）和关键结构件技术状况变坏，致使车身强度下降，防锈蚀能力下降。因此，在车身修复中，通过换件或有针对性地采取矫正、补强、防腐处理等措施，消除车身强度下降现象。

3）保护车身抵抗外界侵蚀。对于金属材料，尤其是钢板，由于车辆特殊的工作环境，整形修复后及涂层损伤严重的车身，应及时补涂，以防水、空气、有机溶剂和酸碱的侵蚀。

4）获得美观的车身内外装饰。

（二）车身维修的特点

1. 车身的损伤类型

车身的损伤类型主要有以下几种：

(1) 车身结构件或板件的腐蚀　腐蚀是导致金属强度降低的主要因素，制造过程中车身金属件都涂有防腐层，但在使用过程中会因各种情况破坏防腐涂层引起腐蚀，主要有以下几点：

1）车身表面的微小划痕。车身表面的微小划痕一般不会引起人们的重视，但是这些划痕破坏了车身金属件的防腐涂层。腐蚀开始只是发生在划伤部位，随后沿金属表面扩展，使车身金属件的强度大幅降低，对车辆的安全性能影响很大。

2）车身板件焊接部位防腐不彻底。车身是由许多冲压成形的金属板件采用焊接、铆接等工艺连接而成的，其中焊接在车身制造中应用最为广泛，而焊接时产生的热量会使焊点周围金属发生氧化。在车辆制造或修理过程中，如果相应的防腐处理措施不够彻底，腐蚀将从焊点部位向四周延伸。由于金属板件的腐蚀被涂层遮盖，所以很难发现，到涂层剥落时腐蚀面积已经很大，对板件强度的影响不言而喻。

3）底盘部位接触侵蚀性物质。底盘位于车辆的最下部，形状复杂，容易积存污垢。下雪后混杂有融雪剂的雪水和泥土的混合物积存在车身与底盘部位，对车辆的防腐性能将有很大破坏，从而影响到主车地板、前后侧梁、悬架系统等重要零部件总成的强度。

腐蚀还容易发生在车门阶梯和门槛等部位，这些部位同时起着抵抗车辆侧向撞击的作用，一旦这些部位因腐蚀造成强度下降，车身侧向防撞性能将大为降低。

（2）车身板件或结构件的疲劳损伤　疲劳是车辆使用过程中结构件损坏的主要原因，会导致车身结构尺寸发生变化直至被破坏。容易疲劳损伤的部位主要有：前后侧梁、悬架等结构部位；车门、发动机舱盖、行李箱盖等的铰接部位；车身板件连接的接缝部位等。

（3）车辆碰撞损伤　由碰撞原因造成的车身修复占车身维修业务量的99%，比例最大。

2. 车身维修的特点

车身是车辆其他零部件和总成的安装载体，也是车辆行驶的主要机体，它的修复与其他总成的修理有很大区别，主要有以下三个特点：

（1）车身材料的多样性　车身制造所采用的材料品种很多，除钢铁和有色金属合金以外，还大量使用各种非金属材料。

客车与轿车车身覆盖件所用的钢板约占汽车材料构成的50%，这些覆盖件的加工方法大多采用冷冲压制造。为了改善车身覆盖件的防锈机能，从20世纪80年代以来，轿车车身开始大量使用镀锌板；为了减轻车辆的自重以及提高安全性、舒适性，有些车辆采用了各种高强度钢板和减振复合板等，甚至有些车身采用铝合金制造；非金属材料的使用比例也逐渐增加，有些车身采用复合材料制造，如玻璃钢车身。

所以在车身修复时，必须弄清各构件的材料特性及其结构特点，有针对性地选用合适的修理方法。

（2）车身维修工艺的复杂性　车身维修除必须考虑到车身的造型、与其他总成和零部件的相对安装位置以外，还要考虑到车身本身的设计，如内部装饰、取暖通风、减振降噪、密封防尘、车身上的主动及被动安全装置的效能等。由于需要修复的车身可能会出现磨损、腐蚀、疲劳等各种损伤，而这些损伤要根据实际情况采用整体或局部的更换、焊接、矫正、喷涂等方法予以修复，因此，车身修理较之车辆的制造和对其他总成的修理复杂程度和难度更高。车身维修技术人员除要具备金属冷作技能和良好的焊接技术外，还要具备相关的力学知识和汽车机修、电气、喷涂等知识。

（3）车身维修后的质量检验不易确定　对于车辆机械和电气总成部件的修复一般都有相应的维修技术标准，而车身维修的技术标准则不好确定。

车辆维修完毕后，并不是单纯依靠车身主要控制点的尺寸测量或车身喷涂外观就可以确定维修质量的高低，虽然这些指标是可以量化而且是必须保证的。车身修复后的维修质量不易确定表现在：整体强度指标、防腐涂层的防腐能力究竟达到了原车的何种程度无法确定；甚至车身板件整形到何种平整程度可以填充修复也不好确定。

所以，车身修复时必须根据车身的损伤部位和类型采用科学合理的修复方法，在保证维修质量的同时，兼顾维修效率和经济效益。

二、车身维修工艺及标准

（一）车身维修工艺

车身维修主要包括整形和喷涂两大部分，一般要经过评估、清洗检查、整形、喷涂和其他机械、电气维修等过程。

1. 车身维修的评估和修理计划

车身维修是一个统筹兼顾的过程，不但包括车身，也包括机械和电气修理，对于碰撞损伤的车身更是如此。在对车身修理之前，首先要进行车辆损伤评估，明确车辆损伤的部位和程度、需要整形或机电修理的项目，然后制订维修计划。车身维修通常的流程为：

1）车身损伤的确定。

2）车辆机械、电气系统的损伤确定。

3）确定需要修理或更换的部件。

4）签订维修合同，确定维修费用和时间。

5）制订维修计划，下达维修任务。

2. 车辆的清洗、检查和解体

确定车辆维修任务后，需要对车辆进行清洗和细致的检查、解体工作。车辆清洗不仅是为车身维修进行测量、修正等做必要的准备，同时也是发现隐藏损伤，清理安全隐患，确保维修工作全面、顺利进行的必要手段。

清洗后，将应修理的部件、总成等解体，分别送到专业维修工位。需要指出的是，在进行车辆整形维修时，一定要注意安全操作，如切断车辆电源，清理车身或车下的泄漏汽油、润滑油等。

3. 车身整形

（1）对需要修理的部位进行拆解和测量　需要修理的部位应当拆解到只留下需要修理的部件，对其他妨碍工作的零部件等一律拆除。这样一方面可以对需要整形的部位做到全面、彻底地修整且不会受到阻碍；另一方面也可以对无须修理的部位进行保护。

测量是精确整形的必要手段，随时对修理部位进行测量可以保证尺寸的恢复和防止过度矫正，以防对车辆造成二次损伤。

（2）对需要修理的部位进行整形矫正　对需要修理的部位，要根据实际情况采用合理、方便的修整方法。目前常采用的车身整形修理方法有手工冷作成形、车身整形机（介子机）成形、板件的挖补、火焰矫正、板件或结构件的更换和填充成形等，对车身结构件的矫正通常采用车身矫正器来实现。采用何种修复方法，既要考虑到维修的质量，同时也要考虑到维修的效率，因此，确定合理的维修方案是整形维修的关键。

对于用手工成形的方法能够实现的维修部位，一般推荐用手工成形的方法进行修复，因为手工冷作成形可以保证车身板件的基本强度不被破坏，但手工成形操作的劳动强度比较大，对操作人员的技术要求很高。

对于用手工成形的方法难以修复的部位，可以采用介子机等车身整形机械，使用时务必注意正确、安全的操作。

对车身采用火焰矫正时尤其要注意，如果超出车身板件或结构件加热的温度限制或允许的加热时间，则会使强度大为降低。因此，要根据构件使用的材料来选择合理的加热温度和时间，不能采用火焰矫正时只能对其更换。

对于车身上已经明显损坏，必须要用更换的方法进行修复的结构件，应首先进行车身矫正，矫正到标准尺寸时才可以对结构件切割、更换，这样才能保证正确的车身总体尺寸。

（3）车身板件防腐操作和填充成形　车身板件或结构件整形后，必须对整形部位进行防腐操作。

对板件精整形后，还要填充成形完成其最后的外观修整工作。填充成形就是用原子灰等塑性填充剂对车身板件进行涂布，而后打磨出原有形状。一般部位应精整形到较原平面3mm左右时即可用填充的方法。

喷涂防腐涂料和刮涂原子灰在修理厂都是由漆工工位来完成的。

4. 车身涂装

涂装修理是车身维修重要的步骤，不但要完成车身防腐涂层的恢复，还要恢复车辆外观，因此在涂装修复时，达到“无痕修补”是最根本的要求。涂装修复有以下几个工序：

（1）底漆层　底漆层是与金属板直接接触的涂层，它提供给板件良好的防腐能力。常用的底漆有磷化底漆和环氧底漆，一般情况下多使用环氧底漆，当经过整形操作后金属板裸露时，可以使用磷化底漆提高其防腐能力。

（2）原子灰层　经过整形的金属表面基本上都要用原子灰进行最后的整平工作，以使修整后的轮廓与原来的轮廓一致。

（3）中涂层　中涂层是介于底漆和面漆之间涂层的统称，现在的汽车修补涂料中专门开发有中涂漆。喷涂中涂层的目的是：提高底漆和面漆的黏附能力；提高面漆层的丰满程度；提高整个涂层的韧性。由于中涂层的主要作用是提高面漆的装饰效果，所以并不是所有的车辆都必须要喷涂中涂层，对一些表面要求不高的车辆，如货车等可以不做中涂层。

（4）面漆层　面漆层是涂装修理的关键，要求也最高，既要保证修补部位与不修补部位的颜色基本一致，又要保证没有修复的痕迹。

5. 车身机械和电气的修理

车身整形和涂装作业的同时，机械和电气的维修工作也应进行，多工种统筹安排可使车辆的维修工作效率更高、质量更有保证。

（二）车身维修的标准

车身与发动机等其他车辆总成的维修比较，在标准方面相对不全面。发达国家在20世纪七八十年代就开始制定和执行有关汽车碰撞（被动）安全性的技术法规，主要用来促进车辆的研发和制造，随后车身维修行业也不断地研究和制订了有关车身维修质量的评定办法，并推荐有利于保证车辆安全的维修方法。我国在这方面起步较晚，虽然在1989年就公布了有关汽车碰撞的安全性国家标准，但未能强制执行，其主要原因是我国汽车行业对汽车碰撞安全性了解较少，缺乏在这方面的独立研发能力。

近十年来我国汽车工业蓬勃发展，对车身安全性的研发工作也发展迅速。尤其是各地汽车维修行业协会的成立，对车身维修技术标准的制定起到了积极作用。

从2011年开始至今，我国执行的车身维修标准主要是《汽车修理质量检查评定方法

(GB/T 15746—2011》，该标准规定了汽车车身大修质量检查评定的主要内容、评定规则及办法，而一些具体的车身相关尺寸和参数基本上是由车辆维修手册所提供的，因此，针对具体车型的维修应以手册为准。

车身维修手册不但包含具体车型的所有技术参数，还有车身各部位采用的材料、对车身维修的推荐方法等，有的还对车身配件进行编号，便于更换时订货使用。

思考题

1. 车身损伤的主要类型有哪些？
2. 车身维修有什么意义？
3. 对车身维修有哪些要求？
4. 车身维修与车辆其他维修相比有何特点？
5. 车身维修的基本工作过程是什么？整形和涂装有什么关系？

项目 1　汽车车身材料和结构

熟悉汽车车身材料和结构是汽车整形修复的基础，维修人员只有掌握车身材料的性能特点，准确识别车身结构，了解不同构件在车身中的作用，才能对车身损坏处进行恰当地修理或更换。

学习目标

知识目标

1. 掌握汽车车身构件常用金属材料、非金属材料的类型及特性。
2. 掌握汽车车身的结构形式及特点。
3. 理解车身结构的分类方法。
4. 了解车身构件的作用。

技能目标

1. 能识别车身常用金属和非金属材料。
2. 会分析车身各部分所用金属和非金属材料及其特性。
3. 能正确描述轿车车身壳体的构成，各总成结构形式、作用、相互连接关系，车架的类型及车架纵横梁的连接形式。

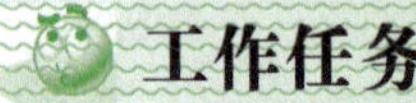

工作任务

工作任务　汽车车身常用材料及车身结构分析

汽车车身构件多为金属薄板和型材加工而成，为了减轻车身质量，非金属材料也被广泛应用，但非金属构件在使用时容易损坏，所以必须掌握车身构件所用材料的性能指标，才能保证车身整形的质量和效率。

知识准备

一、金属材料

（一）金属材料的性能

1. 强度

金属材料在外力作用下抵抗永久变形和断裂的能力称为强度，通常用应力表示。根据外力作用形式的不同，强度分为抗拉强度、抗压强度、抗弯强度、抗剪强度 4 种类型，工程上常用的是抗拉强度和屈服强度。

（1）抗拉强度　抗拉强度是指材料断裂前所能承受的最大应力，用符号 σ_b 表示。它是通过对标准试样施加连续加大的轴向静拉力，直至试样断裂时计算出的。如图 1-1 所示，力

-伸长曲线上的 b 点，其抗拉强度计算公式如下：

$$\sigma_b = P_b / S_0$$

式中　P_b——试样被拉断前的最大载荷（N）；

S_0——试样原始横截面积（mm^2）。

若金属材料所受外力强度超过 σ_b 就会断裂，因此，在板件加工成形过程中，为了避免产生裂纹而损坏，所加外力使板料产生的应力应小于 σ_b。

（2）屈服强度　钢材或试样在拉伸时，当应力超过弹性极限，即使应力不再增加，钢材或试样也仍继续发生明显的塑性变形，则称此现象为屈服，而产生屈服现象时的最小应力值即为屈服强度，用符号 σ_s 表示，如图1-1所示的 s 点。

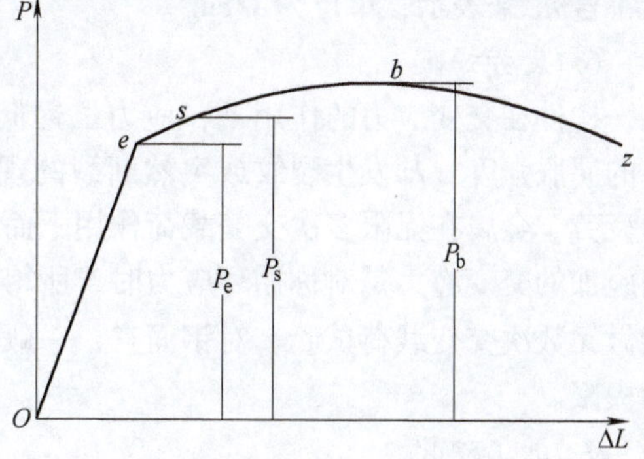

图1-1　低碳钢的力-伸长曲线

屈服强度是金属材料将要发生显著塑性变形的标志。材料的屈服强度越高，产生塑性变形所需的外载荷越大。在加工成形过程中，要使板料变成一定形状，所加外力必须使板料产生的应力大于 σ_s。

2. 塑性（图1-2）

塑性是指金属材料在外力作用下产生永久变形而不被破坏的能力。塑性是材料成形能力的重要指标之一，材料的塑性越好，越有利于加工成形。金属材料的塑性也是通过拉伸试验来测定的，一般用伸长率 δ 和断面收缩率 Ψ 来衡量。

（1）伸长率　指金属材料受外力（拉力）作用断裂时，试棒伸长的长度与原来长度的百分比。如果试棒长度不同，即使材料相同，伸长率也不一样。

（2）断面收缩率　指试样拉断后，断面缩小的面积与原面积的百分比。

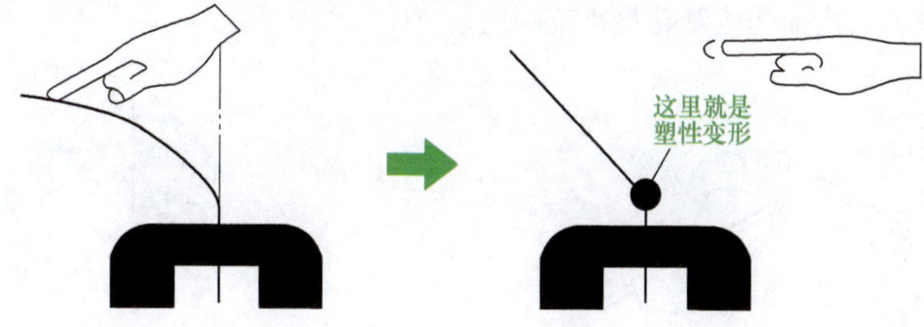

图1-2　塑性示意图

3. 弹性（图1-3）

弹性是指金属材料受外力作用时发生变形，当外力消除后，能完全恢复原来形状的性能。如图1-1所示，拉伸曲线上 Oe 是一直线段，弹性金属承受外力的最大限度，叫弹性极限，用符号 σ_e 表示。允许的变形量越大，说明材料的弹性越好。

4. 硬度

硬度是指在外力作用下抵抗更硬的物体压入的能力。抵抗能力越大，越不容易被压入，

硬度越高；反之，则硬度越低。根据试验方法不同，硬度分为布氏硬度（HB）、洛氏硬度（HR）、维氏硬度（HV）、里氏硬度（HL）等，其中以布氏硬度及洛氏硬度较为常用。

5. 韧性

韧性是指金属材料抵抗冲击载荷的能力。它以试样在缺口单位面积上所消耗的功来表示，也称冲击韧度。其值的大小表示材料韧性的高低，用符号 a_k 来表示，单位为 J/cm^2。

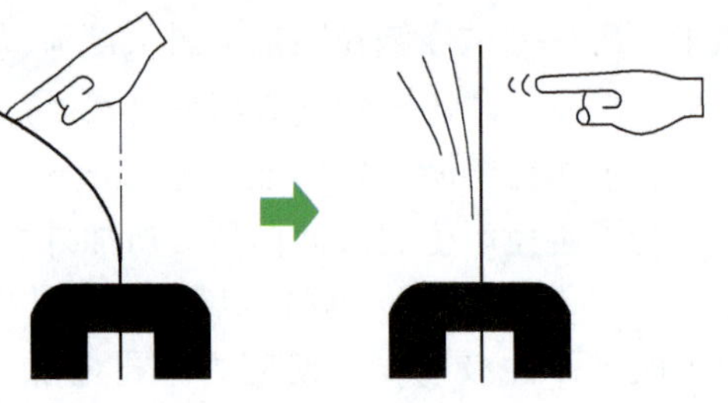
图 1-3　弹性示意图

6. 疲劳强度

构件在交变应力的作用下，应力虽远低于材料的屈服强度，却发生裂纹或突然断裂的现象称为疲劳。金属在无限多次交变载荷作用下而不被破坏的最大应力称为疲劳强度或疲劳极限。当施加的交变应力是对称循环应力时，所得的疲劳强度用 σ_{-1} 表示。实际上，金属材料不可能做无数次交变载荷试验。对钢而言，一般规定应力循环 10^7 次而不断裂的最大应力称为疲劳极限。

7. 加工硬化

金属材料在再结晶温度以下塑性变形时强度和硬度升高，而塑性和韧性降低的现象称为加工硬化，又叫冷作硬化。其产生的原因是：金属在塑性变形时，晶粒发生滑移，出现位错的缠结，使晶粒拉长、破碎和纤维化，金属内部产生了残余应力，对外表现出硬度增加。

来回弯曲金属丝将发生加工硬化，其原理如图 1-4 所示。

反复弯曲平钢板时，第一次弯曲的部位 A 将保持弯折后的形状，而钢板的两侧又会出现新的弯折，这是由于第一次的弯折部位被硬化和强化。钢板反复变曲发生加工硬化的原理如图 1-5 所示。

对一辆汽车而言，受外部碰撞力作用，金属材料会发生加工硬化，而维修矫正时，在塑性变形部位反复加工也会产生硬化，加速金属的疲劳而产生断裂。因此，车身整形时一定注意要将维修造成的二次损伤控制在最小范围内。

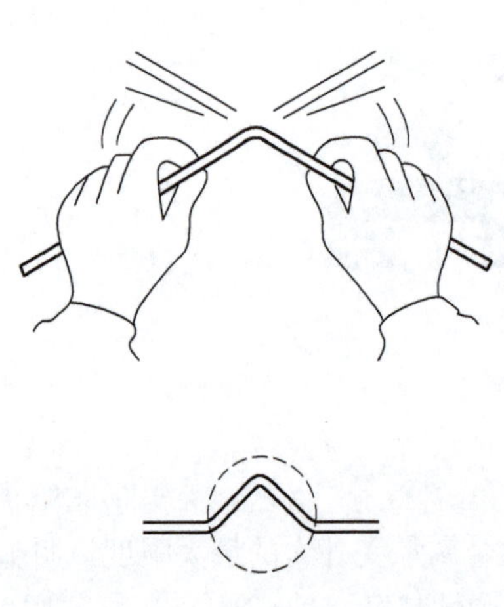
图 1-4　金属丝加工硬化的原理

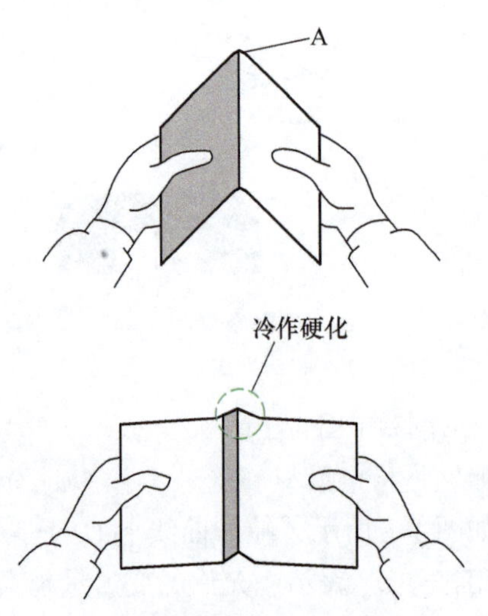

图 1-5　钢板加工硬化的原理

8. 热变形

由于热胀冷缩，金属板件中间部位受热时，被加热部位的金属会向外扩张，但由于四周没有被加热的金属抵抗其扩张作用，就在加热部位的周围产生了压缩应力。当金属冷却后，由于先前被加热部位的金属较软，在压缩应力的作用下产生收缩，使得加热部位的金属厚度变大，四周没有被加热的金属则被拉伸而变薄。利用金属的这个特性，可以对已经变薄延展的金属板进行收缩操作。

若在金属板边缘上加热，受热部分膨胀，当用水冷却时，因温度迅速降低而收缩引起塑性变形，可以达到弯曲成形的效果。

必须注意的是，当钢板温度超过某一点时，即会发生材料的硬化或脆性变化。在200～250℃的范围内，钢板会产生蓝热脆性；当温度超过720℃时，产生红脆性；当温度超过900℃时，钢板晶粒变得大而粗糙，导致材料性能总体上恶化。

（二）汽车车身常用金属材料的种类

金属材料是现代汽车最主要的用料，使用量占整个车身质量的70%。车身板件常用的金属材料是钢材（以钢板为主）和铝材。

车身使用的钢板按制造方法不同分为热轧钢板和冷轧钢板，按其厚度不同可分为薄钢板和厚钢板。薄钢板通常是指用冷轧或热轧方法生产的厚度在0.2～4mm的钢板。车身外部板件厚度多为0.5～1.2mm，车架等车身结构件厚度多为2～5mm。

1. 热轧钢板和冷轧钢板

热轧钢板是将钢锭加热到800℃以上轧制而成的。车用热轧钢板厚度通常在1.5～8mm之间，表面质量不是很好，冷加工性能比冷轧钢板稍差，常使用在外观不需要很美观的部位，比如车架、骨架和梁等。

冷轧钢板是热轧钢板经酸洗后在常温下轧延变薄，并经调质处理后的钢板。由于是在常温下轧制而成，所以冷轧钢板厚度精度高，表面质量好，抗拉强度和冷加工性能都比热轧钢板优良，适宜弯曲延伸成凹凸形、曲面形、弧形等，不容易断裂，大都使用在汽车车身、机械零件、电器表面等外观需要平滑美观的构件上。在悬架周围容易受到腐蚀的部位，通常采用经表面处理的冷轧钢板作为防锈钢板。

车身常用的钢板除少数构件为中碳钢以外，绝大多数为低碳钢板。普通低碳钢板含碳量较低，材质较软，便于冷加工，可以很安全地对其焊接和热收缩，加热对强度不会产生很大的影响，但抗拉强度较低，容易变形，并且密度大，不利于降低汽车的总体质量。因此，现代汽车上多采用高强度钢来制造车身上需要承受载荷的部件，既提高了车身总体的强度，又降低了车身的总重量。对高强度钢矫正操作时要注意很多地方，比如不能过度加热，因为加热会对强度产生严重的影响。

2. 表面处理钢板

为了提高车身的抗腐蚀性能，现代汽车上还广泛采用表面处理钢板用于车身容易发生腐蚀的部位，比如悬架周围、门槛下部、油箱和排气系统等。这种材料在维修操作时也有许多要注意的地方。

（1）镀锌板　也称白锌板，抗腐蚀性好，表面美观，主要有平光和花纹两种。由于镀锌钢板的耐腐蚀性能最为可靠，所以这种钢板在耐腐蚀要求较高的汽车零部件上的应用最为广泛。常用的镀锌钢板包括电镀锌钢板、热浸镀锌钢板以及合金熔化镀锌钢板。

1）电镀锌钢板（图1-6）的表面通过电镀工艺形成高纯度的锌结晶，但电镀要比热浸镀得到的锌层厚度薄，故其耐腐蚀性能相对较差。这种钢板表面较平滑，比较适合冲压成形、焊接和用于表面覆层。

2）热浸镀锌钢板（图1-7）通过将钢板浸入熔化的锌中得到锌覆层，具有较好的耐腐蚀性能，但焊接和涂漆性能比电镀锌钢板差。

3）合金熔化涂锌钢板（图1-8）是为了弥补电镀锌钢板和热浸镀锌钢板的不足，采用铁—锌或镍合金涂于钢板表面，用以改善钢板的焊接和涂漆性能。

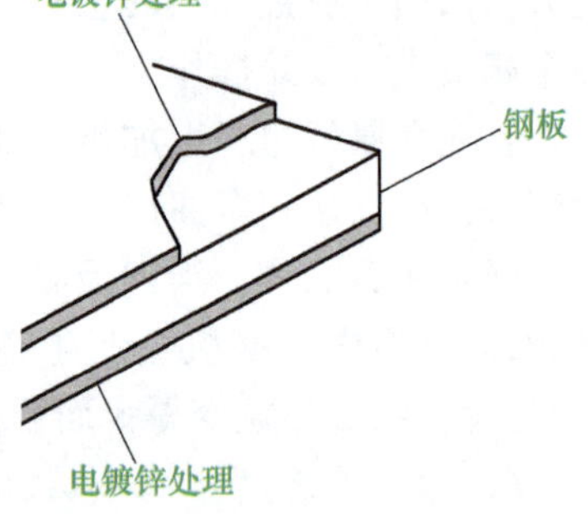

图1-6 电镀锌钢板

镀锌板可分为单面处理、双面处理和2/3面处理等几种。单面处理的镀锌板为一面镀锌，另一面是普通钢材；双面处理即两面都有镀层；2/3面处理镀锌板为一面镀层薄一点，另外一面镀层厚一些。一般来说，有镀层的或者镀层厚一点的一面应朝内，因为里面无法进行防腐处理，只能依靠板材自身的防腐能力；没有镀层或者镀层薄一点的一面应朝外，因为可以在其上涂装以增强防腐能力。

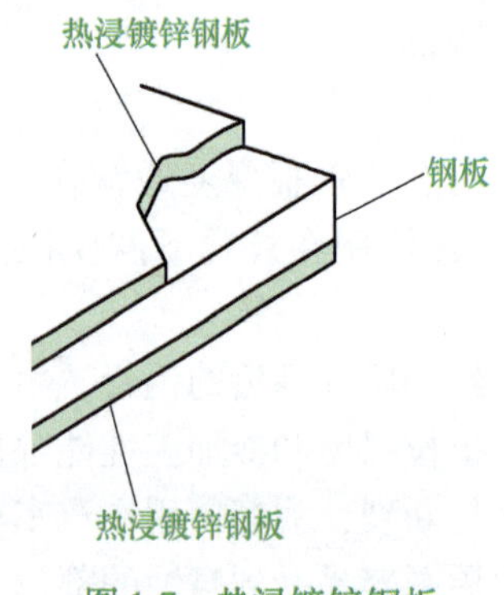

图1-7 热浸镀锌钢板

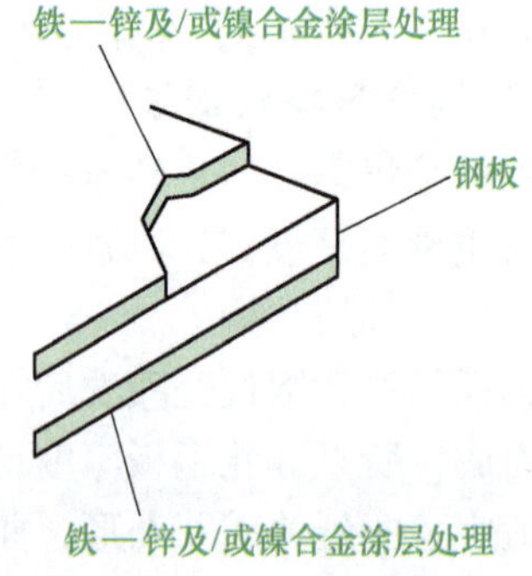

图1-8 合金熔化涂锌钢板

必须要明确的是：由于镀锌层与普通原子灰和中涂漆或面漆黏附能力很差，涂布于镀锌钢板上的涂料很短时间内就会脱落，所以在镀锌板表面进行原子灰刮涂时应先用环氧底漆喷涂，既可以保护镀锌层又可以提高板材和原子灰的黏附能力。若要在镀锌层上直接刮涂原子灰应选用合金原子灰，因为只有合金原子灰才有与镀锌层的黏附能力。

焊接镀锌板时，由于高温会使镀锌层汽化，而汽化的锌具有较强的毒性，所以焊接必须在通风良好的环境中进行。如果确有焊接的必要，允许将焊点周围的镀锌层刮去或磨去，但面积一定要控制在最小。

（2）镀锡钢板 镀锡钢板是在冷轧钢板表面镀一层锡铅合金，俗称“马口铁”。由于锡铅都较软，所以其镀层具有较好的润滑性，利于冲压成形，焊接性能也很好。这种软金属的镀层与母材的结合能力很强，不易剥落，耐蚀性也很好，常用于汽车的油箱。

（3）镀铝钢板 高温下镀铝钢板的耐腐蚀能力非常强。车辆行驶时底盘受到飞溅的泥水和排放废气的影响，排气系统的零部件快速腐蚀。而镀铝钢板比镀锌钢板稳定耐用，且价格比不锈钢便宜，所以常用于汽车的排气管上。

（4）不锈钢　作为合金钢，不锈钢在各种腐蚀环境下都具有一定的抗腐蚀能力并保持一定的机械性能，因此被广泛地应用于机械加工和冷成形车身零件。

3. 高强度钢板

尽管强度超过550N/mm^2 的高强度钢板被用于重型车辆的车架或其他零部件，但其屈服强度仍然过高，难以提供期望的冲压工艺性和焊接强度，所以限制了这种钢板在汽车车身板件上的应用。

随着材料工业的发展和金属加工方法的改进，高强度钢板目前已被用于骨架结构件和加强件，甚至还用作车身板件。一汽大众迈腾的车身结构中，74%采用了高强度和超高强度钢板。高强度钢板具有较好的成形性能和焊接性能，和普通钢板相比，同样的强度需求可以减轻构件重量提高车辆的燃油经济性，且抗振性能良好。

根据金属强度得以强化的过程不同，车身常用的高强度钢可以分为以下三种：

（1）高强度-低合金钢（HSLA）　高强度-低合金钢是通过添加合金成分磷（P）来提高强度的低合金钢，具有和低碳钢类似的机械加工性能，可用来制造前后纵梁、车门槛板、保险杠衬板和车门立柱等。当过度加热这种钢材时，加热部位的添加元素会被周围的元素吸收，导致加热部位的强度严重降低，所以，在对高强度-低合金钢进行加热操作（包括释放应力和焊接等）时，加热温度不能超过350～480℃，加热时间不能超过3min。

（2）高抗拉强度钢（HSS）　车身常用的高抗拉强度钢有硅-锰固溶体淬火钢和沉淀硬钢等，其强度高于普通低碳钢数倍。

正常的加热、氧-乙炔焊及电弧焊一般不会降低这种钢材的强度，这主要是因为它自身的高强度。当车辆发生碰撞而变形时，构件的应力超过其屈服强度，但对变形部位加热矫正时，由于应力得到释放，其强度又可恢复到原来的水平。如果碰撞产生的应力超过其抗拉强度导致构件破裂，常规的焊接方法也可以用于这种钢材的修复而不会对其强度有太大的影响，但并不是可以无限制地加热，过高的温度也会降低这种钢材的强度。当用加热的方法释放加工应力时，加热温度应控制在650℃左右。

用高抗拉强度钢制造的一些主要车身构件，为避免修理后强度弱化，最好更换。如车门防撞钢梁和保险杠衬板都不宜矫正，尤其损伤过于严重时，需要经过加热矫正，此时更应考虑更换。

高抗拉强度钢主要用于与悬架结构有关的车身部件和主要车身的结构件，如门槛板和保险杠衬板等。

（3）超高强度钢（UHSS）　超高强度钢不含合金成分，通过将钢材在连续的热处理传送带或带钢热轧机上进行淬火和轧制获得高强度。这种钢材具有两相组织（淬火马氏体和铁素体），又称为“双相钢”，其抗拉强度可达到普通低碳钢的10倍。

超高强度钢还具有优良的抗冲击性能和良好的成形性能，很多车辆都使用这种材料制造车的门柱等侧向防撞构件，有些车辆也用它来制造保险杠衬板。

对超高温度钢加热会破坏其特殊的金相结构，导致强度降低到普通低碳钢的水平。但由于这种钢材硬度很高，一旦产生塑性变形后几乎无法在常温下冷压矫正，所以这种材料制造的车身部件如果损坏，只有更换。

图1-9所示为高强度和超高强度钢板在马自达CX-7车身上的应用。

4. 铝合金

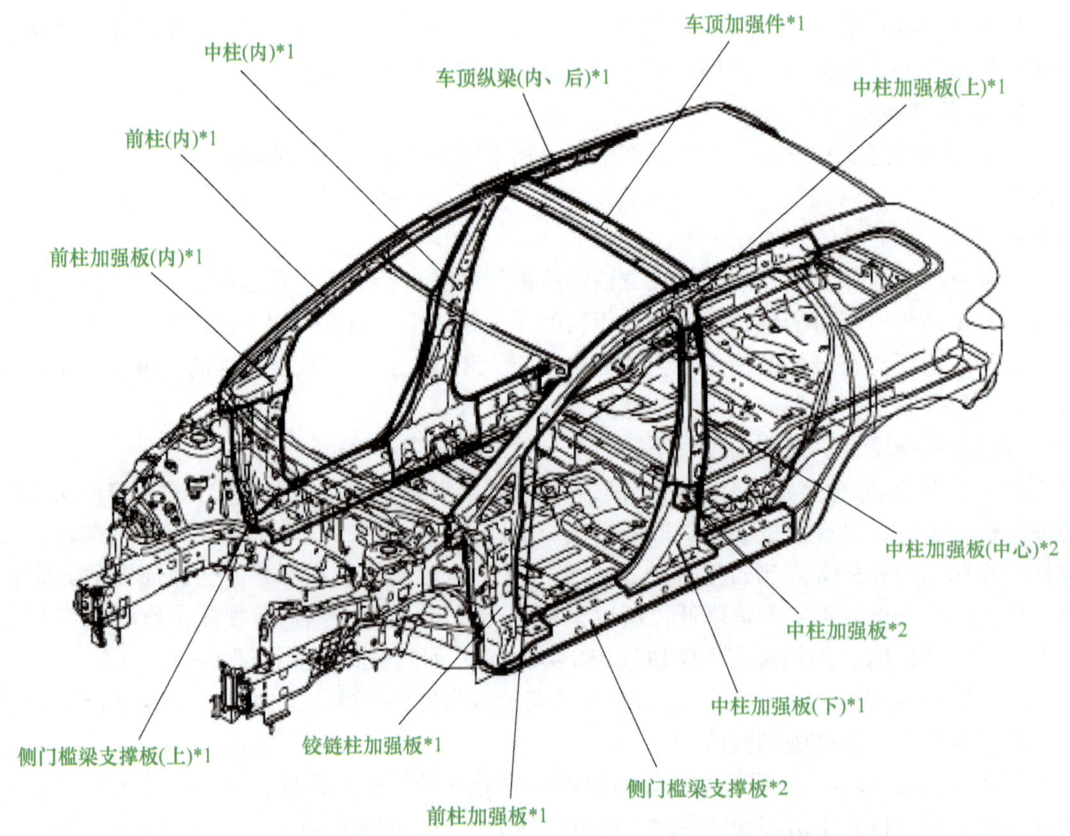

图1-9　高强度及超高强度钢板在马自达CX-7车身上的应用

*1—抗拉强度为590MPa　*2—抗拉强度为780MPa

铝合金强度高、质量轻、耐腐蚀性能优越，以往多用于载货车的车厢，但最近几年在轿车车身上的应用非常突出，德国甚至出现了全铝车身的汽车。铝车身的出现使汽车的总体重量进一步下降，节约燃油。为保证车身结构的足够强度，铝制的车身板件和车架构件的厚度通常是钢件的1.5~2倍。

铝的加工比钢材要困难得多,当铝被加工硬化以后更难成形,且容易断裂;由于其熔点较低,被加热时容易变形。铝材焊接时需要用到很多新技术,在维修铝车身时要特别注意。

二、非金属材料

为了使车身轻量化，非金属材料也被广泛应用于车身。汽车的一些装饰件、减摩件和其他一些特殊用途的部件，多采用非金属材料制造。在汽车上应用的非金属材料有塑料、玻璃、橡胶、陶瓷、摩擦材料以及复合材料等。

（一）玻璃

汽车玻璃以不同方式安装于车身上，是构成车身外形的一部分，用于车内通风、采光、密封和改善视野，同时起装饰外观的作用。当汽车发生碰撞或颠覆事故时，应考虑到玻璃破碎给乘员带来的伤害，所以汽车必须使用安全玻璃。

1. 玻璃的种类（表1-1）

（1）钢化玻璃　钢化玻璃是将普通硅酸盐玻璃加热到大约600℃时，向玻璃两面急速吹送冷风，进行“风淬”得到的，其强度和耐冲击能力比普通玻璃高3~5倍。因破碎时钢化

玻璃不很尖锐而能减少对人员的伤害，有着较高的安全性，但同时会因形成许多细密条纹而失去透明度。所以，这种全钢化玻璃多装于除前风窗以外的车身其他部位，如侧风窗、后风窗及车门窗等。

（2）半钢化玻璃　为了消除钢化玻璃的缺陷，将用于前风窗的玻璃部分淬火，制成半钢化、局部钢化的玻璃。半钢化玻璃在驾驶人的主视线范围内不做淬火处理，其余部分则与全钢化玻璃相同，使得发生碰撞事故时驾驶人的视线得到保证。

表1-1　玻璃的种类

玻璃种类	说　明	使用位置
内嵌加热器型玻璃	夹层玻璃内嵌入钨丝	后风窗
印刷加热器型玻璃	在玻璃热处理前，将导电粉末以加热线形状印制于玻璃表面上	后风窗
吸热（有色）玻璃	普通玻璃中混入少量钴或铁，以便吸收红外线	所有位置
局部遮光玻璃	越往上部，颜色变深，越向下部，颜色越浅	风窗玻璃
天线型玻璃	天线内嵌在夹层玻璃内，或者印刷在玻璃表面上，另有一种玻璃既带内嵌天线又带印刷天线	后风窗和侧风窗

2. 玻璃的安装

汽车玻璃依其在车身上的安装位置不同，装配方法也不同。以前后风窗为例，固定式玻璃主要有胶粘法和橡胶条法两种安装形式。

（1）胶粘法　使用专用胶将风窗玻璃与车身粘接在一起，接口部位两面再粘接橡胶密封圈，既可以遮挡和美化玻璃与车身的接口，又可以起到良好的密封作用。为改善粘接效果，需在粘接部位涂上玻璃用底层和车身底涂层。

用胶粘法装配前风窗玻璃，使得玻璃在受到冲击时，不易偏离原位，相对安全，同时可以减少风引起的噪声。由于涂胶面（俗称胶口）非常窄，使得玻璃的净透视面积更大，其密封性和可靠性更好，但缺点是拆卸和更换不够方便。

前风窗、后风窗（包括背门）以及角窗（不包括开启/关闭型）都适合采用胶粘法安装玻璃（图1-10）。

（2）橡胶条法　固定于车身上的玻璃用橡胶条包边，安装时，在接触表面涂上密封胶，以防止灰尘、水和噪声进入，另外，还可防止车辆碰撞时玻璃掉落。这种类型的玻璃大多用于商业车辆（如厢式车型和小货车）的后风窗和侧风窗。图1-11所示为橡胶条法安装玻璃。

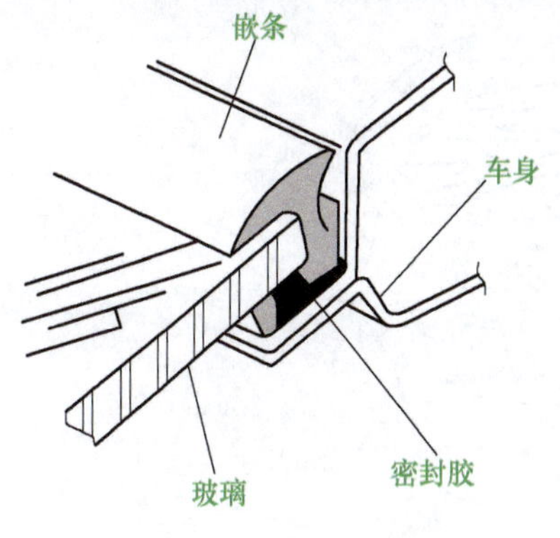

图1-10　胶粘法安装玻璃

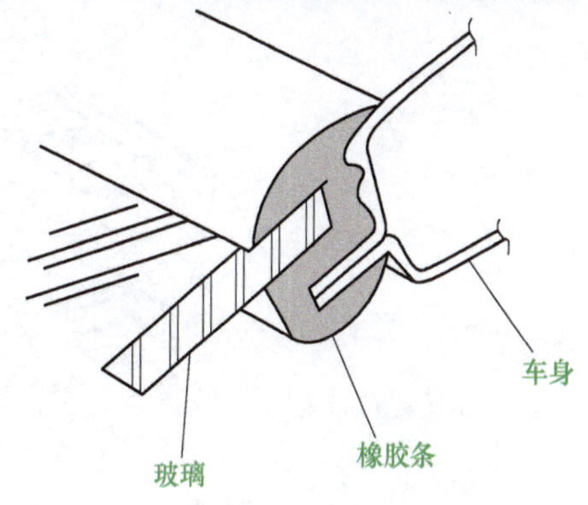

图1-11　橡胶条法安装玻璃

（二）塑料

塑料是以合成树脂为主要成分，加入适量的添加剂，经一定温度和压力制造成形的高分子材料。

与其他非金属材料相比，塑料在汽车上的应用最早、最为广泛。塑料件成形容易且具有一定的强度，价格低廉，在被动安全性方面有着独特的优越性，早期主要作为车身内部装饰件。

随着塑料制造技术的不断提高，在满足力学性能的前提下，因为密度较小，近年来车身越来越多地采用塑料及其增强的复合材料。

1. 常用工程塑料的特点

（1）密度小　塑料的密度通常在 $0.83 \sim 2.2 g/cm^3$ 之间，当将其制成泡沫状态时只在 $0.01 \sim 0.05 g/cm^3$ 之间，而钢的密度通常为 $7.8 g/cm^3$。

（2）耐腐蚀　大多数塑料的化学稳定性好，具有良好的耐腐蚀能力，有些塑料耐强碱强酸的腐蚀性相当强，这是金属材料所不能比拟的。

（3）绝缘性好　大多数塑料具有良好的绝缘性和较小的介电耗损，其体积电阻率为 $10^{13} \sim 10^{18} \Omega \cdot cm$，介电常数小于4，是理想的电绝缘材料。

（4）消声、避振、隔热性好　泡沫塑料在汽车上通常用作隔音保暖材料，塑料机械件可有效降低车身噪声。

（5）易加工成形，着色性能好　形状复杂的塑料零件可以一次成形，生产效率高，还可进行着色处理。

塑料也有许多缺陷，如尺寸稳定性差，多数只能在60～150℃下使用，受热易变形，难以制成高精度的零件，易燃烧，燃烧时会产生有毒气体，易老化等。

2. 塑料的种类

不同用途的汽车零件采用了不同种类的塑料（图1-12），特性各异。按受热时性质不同，塑料为热塑性塑料和热固性塑料两大类。

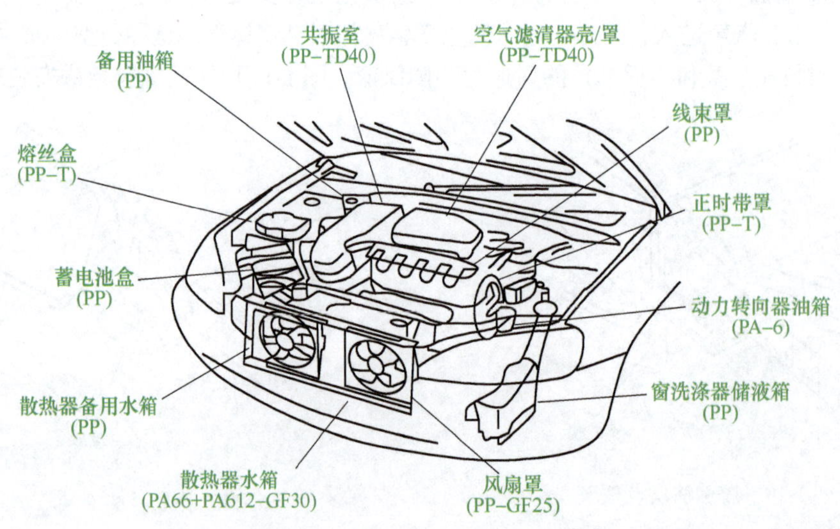

图1-12　汽车上不同类型的塑料件

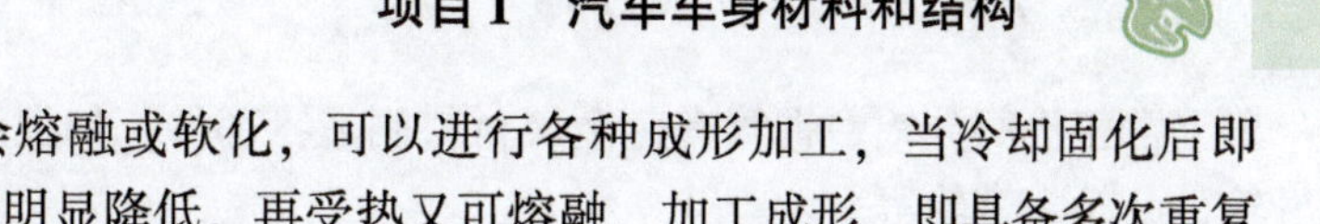

（1）热塑性塑料　指受热时会熔融或软化，可以进行各种成形加工，当冷却固化后即可保持新的形状，且机械强度没有明显降低，再受热又可熔融、加工成形，即具备多次重复加工性的塑料。

车身常用的热塑性塑料主要有聚氯乙烯、聚乙烯、聚丙烯、丙烯腈—丁二烯、聚碳酸酯（表1-2）。

表1-2　热塑性塑料代号及特性

塑料名称	代号	特性
聚乙烯	PE	具有良好的耐低温性能、电气特性，耐化学腐蚀，不透性（空气除外），强度、刚度及耐热性能稍差
聚丙烯	PP	质量最轻的一种塑料，用于制造较大尺寸的零部件，如保险杠；强度、刚度以及表面硬度均比聚乙烯高；具有良好的耐热性、电气特性、耐化学腐蚀，高的抗弯强度，粘结性和耐候性稍差
聚氯乙烯	PVC	通过添加增塑剂，可以提高其硬度；具有良好的电气特性、耐化学腐蚀与耐候特性；但在耐冲击和抗弯性能方面稍差
丙烯腈—丁二烯	ABS	质硬、坚韧、刚性好，常用于制造汽车格栅、车轮罩、仪表板、控制手柄等
丙烯酸树脂	PMMA	清澈透明，用于制作尾灯玻璃，具有高透明度；具有一定的强度和耐候性；但其耐冲击、耐溶剂以及耐热性能稍差
聚酰胺（尼龙）	PA	具有高强度和坚韧性，其自润滑、耐磨、耐溶剂性能较高，常用于结构和骨架构件；适用于较宽的温度范围；具有高吸水性，由吸水引起的尺寸变化或软化常常会导致问题发生
聚碳酸酯	PC	减振性能优良；耐热、耐低温、电气特性、自消化以及耐候性能均较佳。有时会出现应力裂纹和溶剂裂纹
聚苯醚	PPO	具有优异的物理与力学、耐热、绝缘等性能，但由于PPO流动性较差，通常与其他塑料共混改性形成工程塑料使用
热塑性合成橡胶	TPR	又称热塑性弹性体，为热可塑性复合材料，具有柔软的触感与可调整的物性与硬度；能直接注塑或挤压成形，节省工时，边料、溢料均可回收；既有热塑料的易加工性能，又具有热固性橡胶的性能

（2）热固性塑料　指在制造成形的同时发生固化反应，在受热时不熔融，在溶剂中也不溶解，当温度超过分解温度时塑料将被分解破坏，即不具备重复加工性的塑料。热固性塑料一般具有耐热、耐化学腐蚀性、使用温度高、成形周期长、应用范围广、可以进行各种性能改良而形成所需要的复合材料等特点，但废弃物难以回收利用。

常见的热固性塑料主要有酚醛塑料（PF）、聚氨酯塑料（PU）、有机硅树脂塑料、环氧树脂塑料（EP）和不饱和聚酯塑料（UP）等，合称为五大热固性塑料。

热固性塑料的复合增强制品常被制造成车身板件，用于替代钢材等金属材料。另外，车身常用的涂料和粘结剂等也多用这几种树脂来制造。

1）酚醛塑料以酚醛树脂（主要以苯酚和甲醛为原料）为主体，加入木屑、云母、润滑剂、增塑剂等压制而成。利用其受热后尺寸稳定、耐化学药品腐蚀和良好的电气特性，在汽

车上常替代部分铝、铜等有色金属材料制造零部件，如发动机附件、摩擦衬片的粘结剂、齿轮、凸轮、带轮等。

2）聚氨酯塑料是指分子中含有氨基甲酸酯基团的一类聚合物，以泡沫塑料为主，另外还有涂料、粘结剂、板材等。聚氨酯塑料依据采用的原料、添加剂以及生产加工方法的不同可分为软质聚氨酯泡沫塑料、半硬质聚氨酯泡沫塑料、硬质聚氨酯泡沫塑料等，主要用于汽车内饰件的制造。

3）硅树脂塑料又称硅酮，是分子式主链上有Si-O键的一类聚合物。常见的有硅橡胶、硅油、硅树脂和其他类型的有机硅制品等四类。在汽车工业中，硅橡胶被应用于特殊场合，而其他种类的有机硅常被作为辅助材料出现。

4）环氧树脂塑料是在环氧树脂中加入固化剂和填料后固化而成的，具有较高的强度和良好的韧性、绝缘性，可在－80～150℃的温度范围内工作，易成形。它主要用于汽车涂料，以它为主要基料的粘结剂粘接能力强，能适用于各种物面，在汽车修理中经常使用。除此以外，环氧树脂还可与玻璃纤维等材料通过增强的方式制成复合材料，如环氧树脂玻璃钢等，在车身上应用也比较广泛。

5）不饱和聚酯塑料是由不饱和二元酸（或酸酐）和二元醇经缩聚而制得的不饱和线型热固性树脂。这种聚酯在液态乙烯基单体（如18%～40%苯乙烯或苯乙烯和甲基丙烯酸甲酯的混合物）中的溶液经交联固化，而成为体型结构。

不饱和聚酯树脂中超过80%用于增强复合材料的制造（如玻璃钢等），另外20%用于非增强型产品，如涂料等。目前车身材料上常用的团状模塑料（BMC）和片状模塑料（SMC）等即属于不饱和聚酯树脂增强复合材料，用它来代替车身上的某些板件，强度并不比钢材差。

3. 常用塑料的鉴别方法

由于车身上广泛地使用塑料及其增强制品，所以塑料制品在车身修理中占的比例也逐渐增多。车身上使用的塑料多数是可以被修理的，但有些只能更换。

对于断裂损伤，绝大多数的塑料制品都可以粘接，有些热塑性塑料还可以使用“塑料焊接”或者加热矫正的方法使其恢复原有的形状，究竟采用何种方法进行维修，要根据塑料的种类和机械性能来确定。

即使是同一品牌、同一生产年度、同一个车型，由于原材料供货商的变换或其他原因，车辆所用零部件的材料也会有所不同。因此，在进行塑料制品的修理前需要认真地进行鉴别。

常用的鉴别方法有如下3种：

（1）查看ISO识别码　ISO识别码是世界通用的一种鉴别符号，通常模压在塑料件背面，根据识别码可以很容易地了解该塑料制品的具体类型，从而确定修理方法。

（2）查询修理手册　如果部分塑料件没有ISO识别码，可以查阅车身修理手册来确定该塑料件的种类，同时还可以根据手册推荐的方法进行维修。需要注意的是，车辆修理手册是经常修订的，因此查阅时一定要选取与该车型最为接近的版本才可能保证数据的准确性。

（3）试焊法　如果上述两种方法均不能查出塑料的种类，可以用试焊法来鉴别。试焊法是在待修的塑料零件损伤部位试焊，直到挑出一种能够产生良好焊接效果的焊条为止，则

此焊条即和该塑料件基体材料种类一致。

由于塑料焊条的种类只有五六种，因此试焊范围不大。试焊过程中，需要找到最佳的焊接参数。

对塑料件粘接修理时采用“试粘法”，即试用各种粘结剂做粘结强度实验来确定合适的粘结剂种类和粘接方法。

检测试焊或试粘塑料件的强度多采用“挠度实验”的方法，即对焊好或粘好的塑料件的接缝部位进行弯曲，基本能够达到该种塑料未损时的挠度就是良好的焊接或粘接方案。因此，在无法准确判定塑料的具体种类时，采用这种方法最为适宜。

（三）密封胶、隔音材料、防撞胶和易涂耐磨胶

1. 密封胶

密封胶起粘接和密封的双重作用，在汽车生产中可简化工艺，节省材料，增强构件强度，尤其在防振隔热、防腐、防锈、防漏、防松、降低噪声、减轻自重、舒适安全等方面有特殊作用，已成为现代汽车生产、维修中必不可少的材料。

胶泥型密封胶用于充填发动机舱盖、背门、车门外板以及车架间的缝隙（图1-13），还能提高刚性、减少振动和噪声。

乙烯塑料溶胶型高温硬化车身密封胶和滴流型密封胶用于涂布零件接触面（图1-14），能防止水和灰尘进入车内，同时具有防锈的作用。

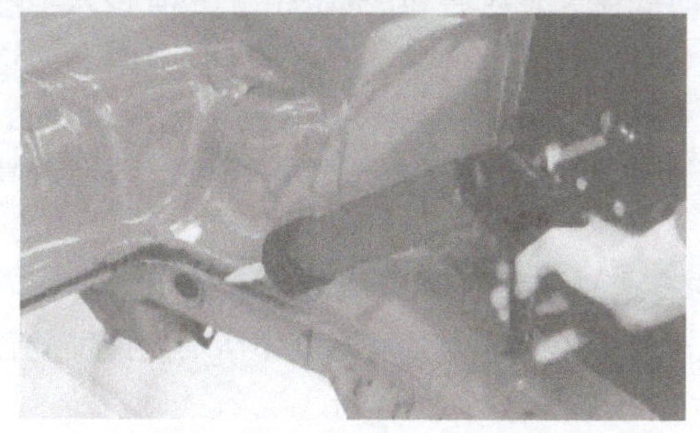

图1-13　涂布车架间的缝隙

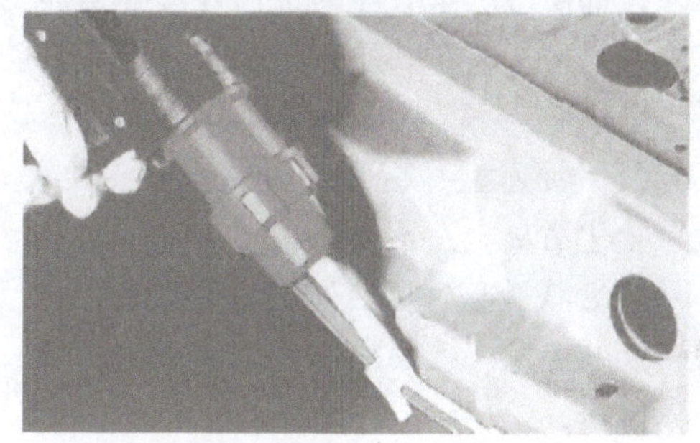

图1-14　涂布至零件接触面

对于玻璃（密封风窗玻璃如图1-15所示）以及包括侧面防护装置在内的其他外部零件，采用常温硬化的聚氨酯密封胶。

2. 隔音材料

汽车用的隔音材料一般有隔音棉、隔音泡沫、隔音板。

图1-15　密封风窗玻璃

（1）隔音棉　噪声传到隔音棉表面被导音槽分解衰减，并最终被密布于表面、具有开孔结构的方形吸音单元吸收并转化为热能释放掉。隔音棉具有良好的隔音效果，又是防潮不透气的隔热层，主要用于前后翼子板背后、发动机舱盖背面、车门内表面、车顶内表面、行李箱内室、行李箱盖背面、全车地板。

(2) 隔音泡沫　由于汽车的立柱内部是空的，车辆行驶时会引起声音振动，因此在立柱内部填上隔音泡沫（图1-16），有助于隔音和减振。

(3) 隔音板　是一种质软、粘贴性好的不干胶，使用可任意剪贴的隔音板（图1-17），能达到隔音、隔热的效果，主要用于前后翼子板内部、车门内部、全车地板、行李箱盖内部。

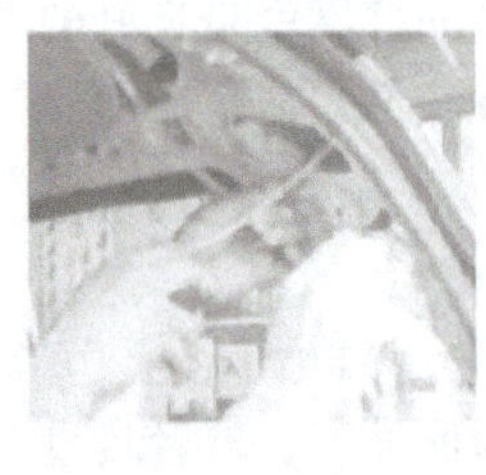

图1-16　涂布隔音泡沫

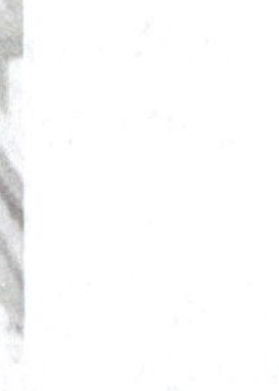

图1-17　隔音板

3. 防撞胶

汽车高速行驶时，沙石的溅击、夏季地表的烘烤、酸雨的侵袭以及冬季雪路上除雪剂的腐蚀，都使得汽车底盘的工作环境非常恶劣，同时底盘又是风噪和沙石溅击的声音传入车内的主渠道，所以对其喷涂防撞胶，可起到防腐蚀、防沙石溅击、隔音的效果。防撞胶有沥青型、橡胶型、水溶型3种。

(1) 沥青型　富含沥青成分，会导致人体皮肤过敏甚至癌。由于不耐高温，气温过高时易软化沾灰尘，不易清洗。

(2) 橡胶型　因其制造过程中加入了大量的石蜡型增塑剂和有机溶剂，使用时会随着增塑剂的挥发、漆膜变硬变脆而失去弹性。喷涂过程中，会因大量有毒易燃溶剂的挥发危害人体健康。

(3) 水溶型　其采用水性环保高分子聚合物做成，无有机溶剂、对环境无害、防腐蚀性能优异、弹性好、不易燃、施工方便，是目前国内外应用最普遍的新型底盘护甲，也是底盘胶发展的趋势，涂布防撞胶如图1-18所示。

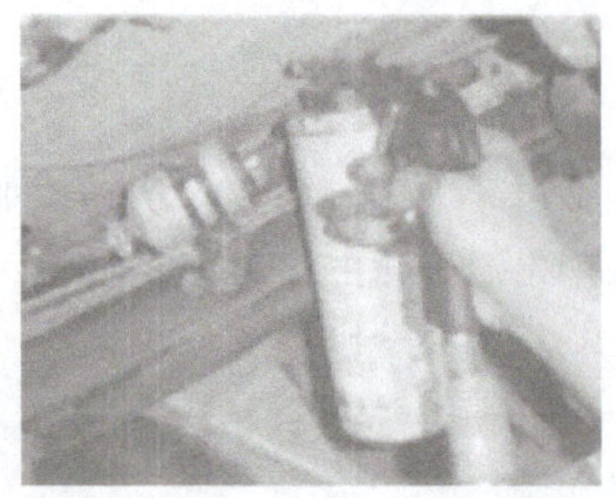

图1-18　涂布防撞胶

4. 易涂耐磨胶

易涂耐磨胶主要用于货车车厢、公共汽车、越野车、汽车车头等，起防滑、防漏、防腐蚀、防剐撞、耐磨、抗化学品等作用。

(四) 复合材料

复合材料是由两种或两种以上不同性质的材料，通过物理或化学的方法，在宏观上组成具有新性能的材料。各种材料在性能上互相取长补短，产生协同效应，使复合材料的综合性能优于原组成材料而满足各种不同的要求。与单一材料相比，复合材料具有较高的比强度、比弹性模量、较高的疲劳极限、良好的耐蚀性和高温性能，减振、耐磨、隔热；但抗冲击、抗层间剪切的性能较差，质量不稳定且成本较高。

1. 复合材料的分类

根据基体的不同，复合材料可分为金属基复合材料和非金属基复合材料两大类。根据复合材料中增强材料的性质、种类及状态，也可将其分为纤维增强型复合材料、颗粒复合材料和层叠复合材料等。

（1）纤维增强复合材料（FRP）　纤维增强复合材料用纤维与聚合物复合而成，应用最为普遍。常用的增强纤维有玻璃纤维、碳纤维、硼纤维和高强度合成纤维等。用作基体材料的可以是热固性树脂，也可以是热塑性树脂，目前占主导地位的仍是热固性树脂基复合材料。

1）玻璃纤维增强复合材料。它既可以用玻璃纤维与热固性树脂复合，也可以与热塑性树脂复合。目前应用最多的是与热固性树脂复合成的玻璃纤维增强复合材料，俗称“玻璃钢”。玻璃钢可以达到低碳钢板的抗拉强度，比强度为低碳钢的3～4倍，质量轻、成形容易、与漆料相容性好。其主要用于制造车身的翼子板、行李箱盖及前后保险杠、挡泥板等，有些车辆还采用全玻璃钢车身。

2）碳纤维增强复合材料（CFRP）。它分为增强塑料和增强金属两种，由碳纤维与塑料（主要是氟塑料、酚醛树脂和环氧树脂）复合而成，具有密度小、抗拉强度高等特点，可用于制造齿轮、汽车外壳等。碳纤维增强金属是碳纤维与金属（如铝）复合而成的材料，多用来制造一些机械零件。

3）硼纤维增强复合材料。它由硼纤维和环氧树脂复合而成，具有较大的疲劳极限，可用于制造要求较高的结构件等。

4）高强度纤维复合材料。它由高强度纤维芳纶纤维（AIF）、超高强度聚乙烯纤维等增强制成，制造成形过程中采用的工艺不同，其性能也会不同。目前常用的纤维增强复合材料的成形工艺有手糊成形、喷射成形、片状模塑料成形、层压成形、传递模塑成形、缠绕成形、反应注射成形、拉挤成形等。

（2）颗粒复合材料　颗粒复合材料是用某一种材料的颗粒均匀分布到基体里而制成的，颗粒主要起增强的作用。常用的复合形式有金属粒与塑料复合、陶瓷与金属复合等。汽车上使用的制动蹄片等摩擦材料即为金属（主要是铜丝）与塑料的复合材料，抗磨能力大为加强。

（3）层叠复合材料　层叠复合材料由两种以上不同材料层叠在一起制成，与木材中的三合板近似。车身上使用的主要层叠复合材料有夹层安全玻璃（两层玻璃中间夹一层聚乙烯醇缩丁醛）和塑料复层钢板（两层钢板中间夹一层塑料以提高耐蚀性）。

2. 复合材料在汽车上的应用

复合材料具有和金属材料相近的机械性能，在一定条件下具有金属薄板所不能比拟的优点。汽车车身轻量化的主要发展方向就是利用复合材料来替代部分金属材料。

目前汽车上已经普遍应用的有玻璃纤维增强不饱和聚酯片状模塑料制造的车身空气导流板、前翼子板和前挡泥板延伸部件、前照灯罩、发动机舱盖、装饰条、尾板等；用传递模塑工艺技术（RTM）制造的车身板件加强肋等；将树脂、填料、玻璃纤维等各种成分混炼成粒状料，然后模压成形，制造的发动机舱、挡板、空调器壳等。还有些复合材料在车身上的使用仍处于试验阶段，如用碳纤维复合材料（CFRP）制作的传动轴、悬架片簧、保险杠、车门、车身等。车身上使用的复合材料见表1-3。

表 1-3 部分复合材料在汽车上的应用

使用部位	零件名称	复合材料种类
外板外装饰件	顶棚空气导流板、后端盖、后盖阻流罩、三角窗框及窗板、后窗框、前照灯壳、发动机舱盖及其通气道、装饰条、尾板、尾灯罩、弯头总成等	SMC
	前端部装甲板、空气分离器	BMC
	车顶外侧、顶盖平衡板	HLU、RTM
	前挡泥板延伸部、前端板及其支撑板、阻流挡泥板延伸部、后盖阻流板、后侧板延伸部、发动机舱盖进气口、前轮外罩、尾灯壳	SMC、BMC
	顶板加强肋前照灯壳	RTM
底盘及车架	传动轴、板簧、车架	CFRP
发动机舱盖下部	空调器壳、热蒸发器叶轮、风扇护罩、暖风接头	BMC
内装	仪表板接头	SMC
	空调控制箱、仪表板支架、发动机舱、发动机挡板	BMC

三、汽车车身类型

车身是汽车上最大的总成，是驾驶人的工作场所，也是容纳乘客和货物的场所，它包括车身壳体、车身外装件、内装件和车身电气附件等，与其他总成在外形、结构、生产方法、维修工艺上都有着根本性的差别。

车身壳体即白车身，由结构件和覆盖件（板件）组合而成。轿车、客车一般均为整体式车身壳体，货车、专用车一般由驾驶室和货厢两部分组成。车身结构件主要指的是车身结构中的梁和支柱，用来支撑车身覆盖件；车身覆盖件包覆梁和支柱，使车身成为一个完整的封闭体，覆盖件大多由薄板冲压而成，且具有不同的曲面形状及尺寸。

随着新技术、新工艺、新材料的开发与研究，汽车车身正朝着更安全、节油、舒适、耐用的方向进一步发展。汽车整形修理的对象是汽车车身，所以了解车身特点，对从事整形、涂装和美容十分必要。

按受力情况汽车车身可以分为非承载式、承载式和半承载式三类。

（一）非承载式车身（图 1-19）

非承载式车身的主要特征是：具有足够强度和刚度的独立车架，车架和车身以弹性元件相连，车架承受大部分载荷，而车身不承载或只在很小程度上承受由车架弯曲或扭曲引起的部分载荷。车辆碰撞较为严重时，可以拆开车身和车架分别修理和矫正。

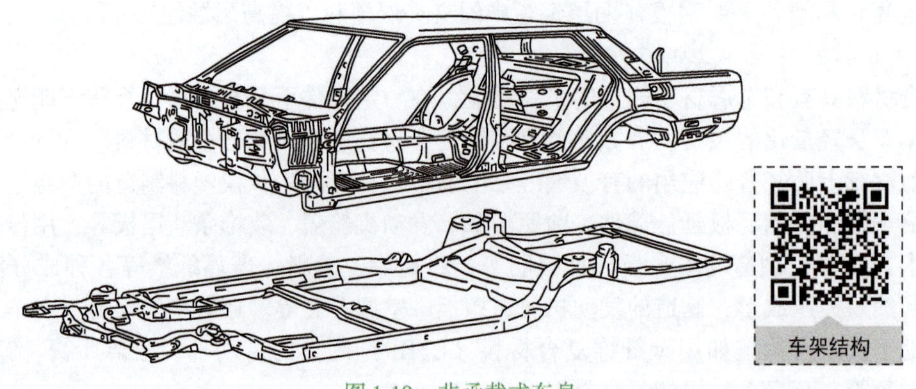

图 1-19 非承载式车身

非承载式车身广泛用于客车、货车及越野车，有些高级轿车也采用这种形式的车身。

1. 非承载式车身的优点

(1) 减振性能好　动力系统的振动和从路面上传来的冲击首先传给车架，再传给车身。由于发动机和底盘通过悬架装配在车架上，所以可以较好地吸收冲击与振动。

(2) 制造工艺简单　车身与车架共同组成车身主体，与底盘可以分开制造、装配，然后再总装，工艺简单。

(3) 易于改型　由于以车架作为车身的基础，易于按使用要求对车身改装、改型和改造。

(4) 安全性好　当汽车发生碰撞事故时，大部分冲击能量由车架吸收，对车身能起一定的保护作用。

(5) 承载能力强　由于具有粗壮的车架，所以其承载能力非常大。

2. 非承载式车身的缺点

(1) 质量大　由于车身不承载或很少承载，故要求车架应有足够的强度与刚度，车架制造得较为宽大，导致整车质量增加，从而影响车辆的动力性和燃油经济性。

(2) 承载面高　由于车架位于车身与底盘之间，给降低整车高度带来一定困难。

(3) 投入多　制造车架需要一定厚度的钢板，对冲压设备要求高而增加投资，焊接、检验等作业也随之复杂化。

(二) 半承载式车身

半承载式车身也有车架，发动机总成、底盘悬架等装在车架上。这种车身的底架就是车架，车身底部直接与装配在车架纵梁上的悬臂梁（相当于车架横梁延伸部分）刚性连接；车身壳体（包括顶部）采用龙骨形式，其外部铆接或焊接蒙皮，车身与车架及悬臂梁一起承载。车架及悬臂梁的弯曲和扭曲变形作用在车身壳体上形成的剪切力，主要由车身蒙皮承受。

半承载式车身的骨架强度有所提高，而车架的强度允许相应减弱。整车高度和车身质量都有条件降低，较好地克服了非承载式车身存在的缺点。由于半承载式车身结构仍然保留有车架，降低车身自重与高度便受到了限制。这种车身结构主要应用在长途客车和城市客车上。

(三) 承载式车身（图1-20）

承载式车身载荷由车身全部承担，车身和车架合二为一，其最主要的特征是没有独立的厚重的车架。

某些轿车为了便于安装发动机和动力传动系统，同时为了改善安装点的受力状况而采用了副车架，其通过软垫直接连接到车身上。

由于车身主体与类似于车架功能的车身地板采用组焊等方式制成整体刚性框架，使整个车身（地板、骨架、内外蒙皮、车顶等）均参与承载，分散开来的承载力分别作用于各个车身构件上，车身整体刚度和强度同样能够得到保证。当车身整体或局部承受适度载荷时，壳体不易产生永久变形，而且这种由构件组成的刚性壳体，在承载时“牵一发而动全身”，依作用力与反作用力平衡法则，“以强济弱”地自动调节，能使整个壳体在极限载荷内始终处于稳定平衡状态。

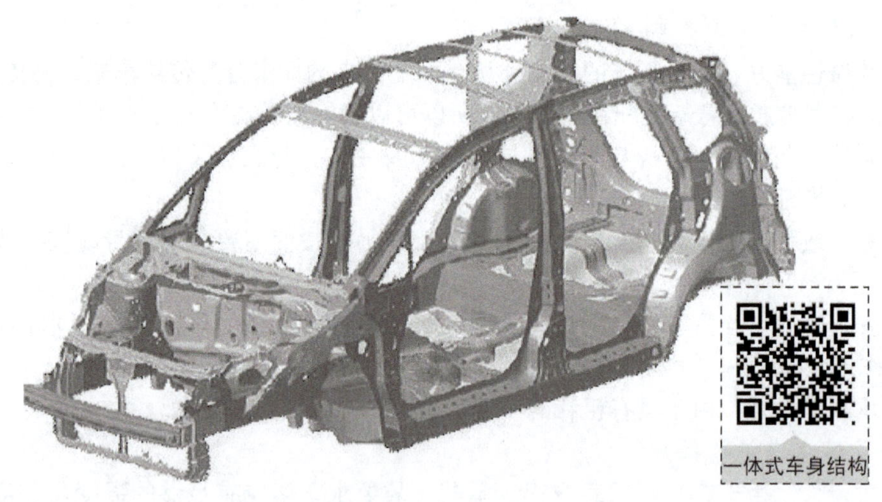

图 1-20　承载式车身

1. 承载式车身的优点

(1) 综合力学性能好　车身由薄钢板冲压成形后组焊成一体，质量轻、刚度大、整体抗扭能力强。

(2) 生产性好　车身采用薄钢板冲压成形，并且使用多工位自动焊接的现代化生产方式，生产效率高。

(3) 结构紧凑　由于没有独立车架，从汽车整体高度、重心高度、承载面高度都有所降低，可利用空间也有条件地相应增大。

(4) 安全性好　由于能均匀承受载荷并加以扩散，所以对冲击能量的吸收性好，使汽车的安全性得到改善。

2. 承载式车身的缺点

底盘部件与车身结合部在汽车动载荷的冲击下极易产生疲劳损伤，乘客室也更容易受到来自汽车底盘振动与噪声的影响，需要有针对性地采取减振、消噪等技术措施。另外，由事故所导致的承载式车身变形较为复杂，且会直接影响到汽车的行驶性能，整形维修作业时必须使用专门设备和特定的测量检查手段。

四、轿车车身结构

(一) 轿车车身类型

轿车车身按外形分为三厢式和两厢式。

1. 三厢式

三厢式轿车是一种常见车型，有两个或四个车窗，单排或双排座位，两个或四个车门。发动机舱、乘客舱、行李箱分段隔开成 3 段布置，其外形如图 1-21a 所示。

2. 两厢式

两厢式轿车将乘客室与行李箱在同一段布置，其外形如图 1-21b 所示。三厢轿车与两厢轿车相比，抗横向风的稳定性更好。

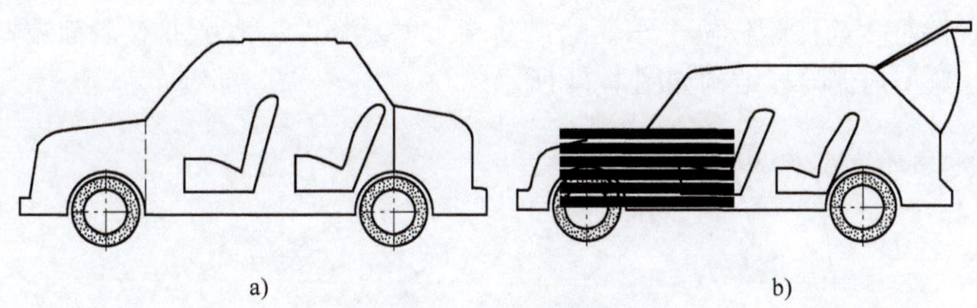

图 1-21　轿车外形
a）三厢式轿车　b）两厢式轿车

（二）轿车车身的壳体结构

轿车大多采用承载式车身结构，图 1-22 所示为承载式车身上典型零部件。

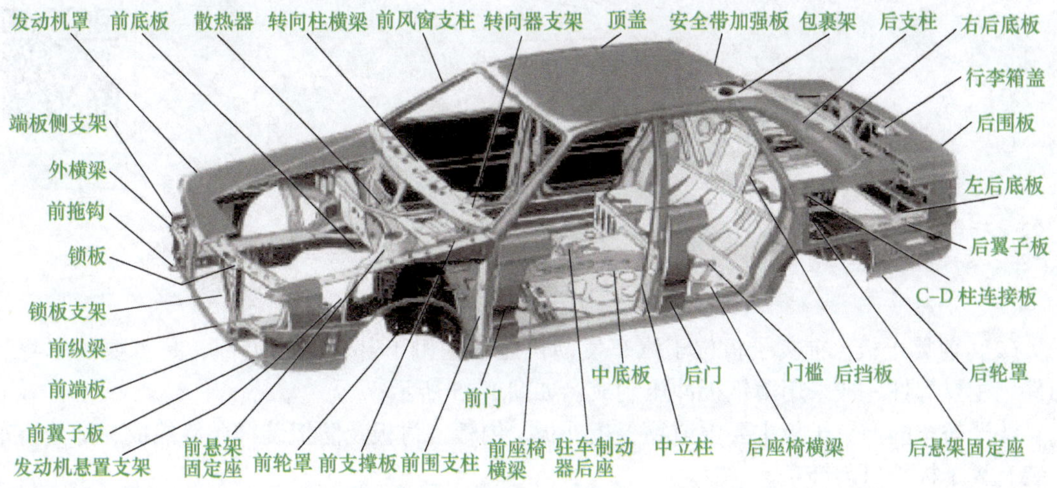

图 1-22　承载式车身典型零部件

通常整个车身壳体按强度等级分为 3 段，图 1-23 中 A、B、C 分别代表车身前部、中部及后部。车身设计时，使乘客舱尽可能具有最大的刚度，相对于乘客舱的前、后舱则应具有较大的韧性。当汽车发生正面碰撞或追尾等事故时，所产生的冲击能量可以在 A 段、C 段被迅速吸收，前车身或后车身局部变形成 A' 或 C'，从而保证乘客舱有足够的活动范围与安全空间。维修时绝对禁止对 A、C 段擅自加固。

1. 前车身

承载式车身的前部不仅装有前悬架和转向装置，而且装有发动机、变速器、驱动轴等。当汽车受到正向冲击时，前车身吸收能量，受力变形情况复杂。

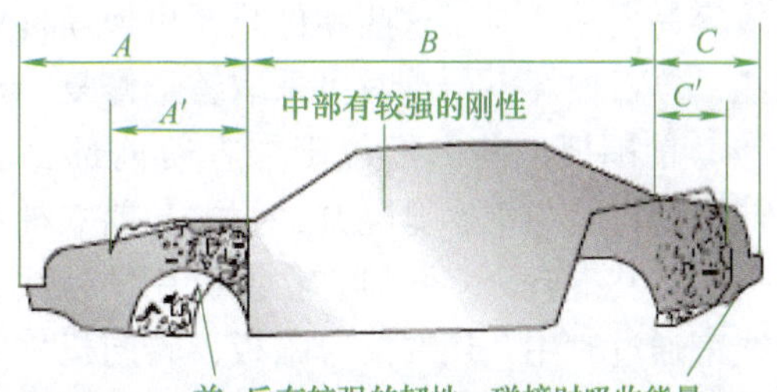

图 1-23　车身壳体刚度分级及受损变形情况

前车身主要由前翼子板、前纵梁、前围板及发动机舱盖、前轮罩、发动机安装支撑架以及前保险杠等构件组成。

（1）前保险杠　前保险杠位于车辆的最前端，主要部件一般由非金属面罩与金属加强肋连接而成。典型前保险杠结构如图 1-24 所示。

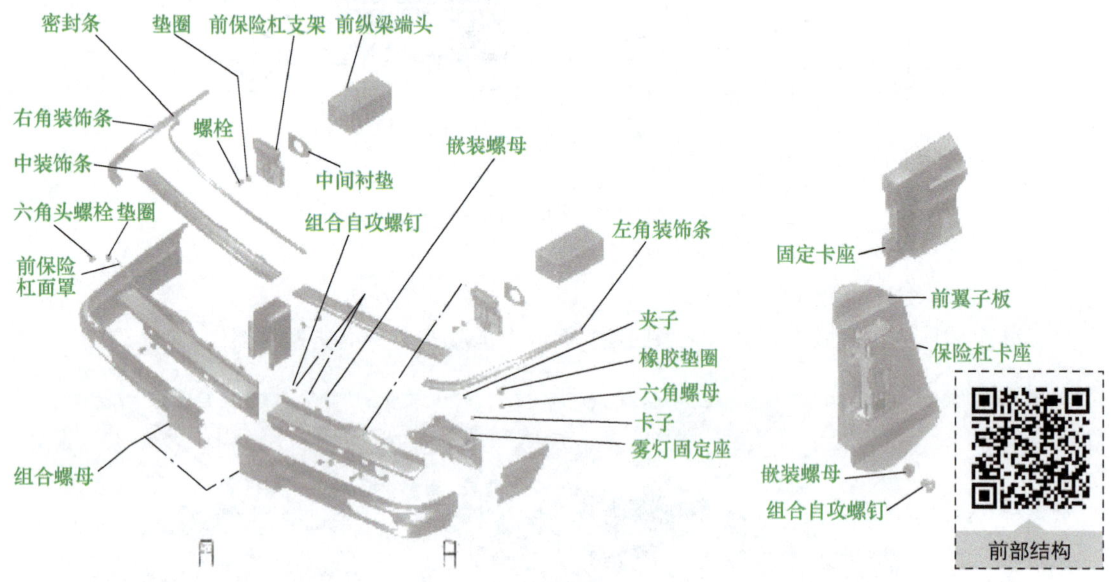

图 1-24　典型前保险杠结构

（2）前翼子板　前翼子板位于汽车发动机舱盖的侧下部、前轮上部，是重要的车身装饰件，主要部件一般采用薄钢板冲压制成，如图 1-25 所示。

普通轿车的前翼子板主要由前翼子板外板、内板、衬板及防擦装饰条等组成，部分轿车还装有翼子板轮口装饰条。

（3）发动机舱盖　发动机舱盖位于车辆前上部，是发动机舱的维护盖板，如图 1-25 所示。轿车的发动机罩主要由发动机罩板、隔热垫、铰链、支撑杆、罩锁、罩锁开启拉索、密封条等组成。

发动机舱盖多用高强度钢板冲压成网状骨架与蒙皮组焊而成，多数轿车还在夹层之间使用耐热点焊胶，以确保刚度、形成消声胶层。车身维修中应有针对性实施解体方案，不要轻易用火焰法修理，以免破坏夹胶的减振与消声作用。

在发动机舱盖的组成零部件中，发动机罩锁拉索和罩锁比较容易损坏，对于这些零件只要更换新件就可恢复原有功能，罩板损坏不严重时可采取整形修复。

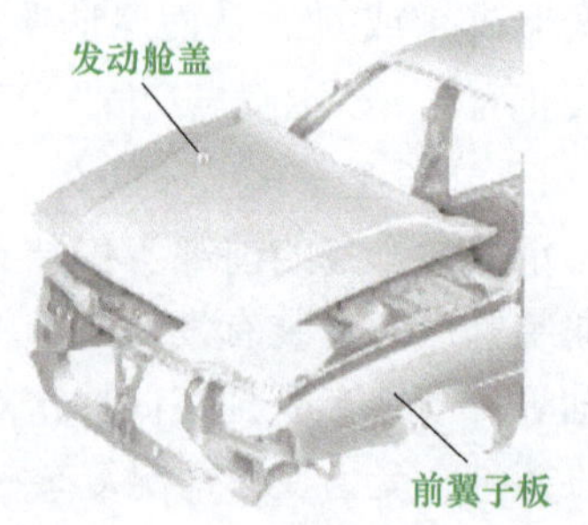

图 1-25　前翼子板与发动机舱盖

（4）前围板　前围板位于乘客舱前部、前围盖板下部，使发动机舱与乘客舱隔开，两端与前立柱和前纵梁组焊成一体。其上有许多孔口，在操纵用的拉线、拉杆、管路和线束通过时用，还要配合踏板、转向机柱等机件的安装位置。

为防止发动机舱里的废气、高温、噪声窜入车厢，前围板上要有密封和隔热措施。在发生意外事故时，它应具有足够的强度和刚度。

（5）前纵梁　前纵梁是保持前车身强度的主要结构件，直接焊接在车身下部，其上再焊接轮罩等构件（有的前轮罩与前纵梁为一体式），如图1-26所示。

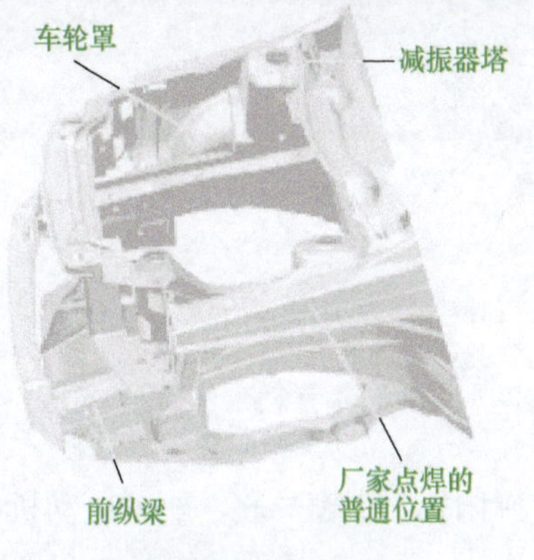

前纵梁与轮罩的连接

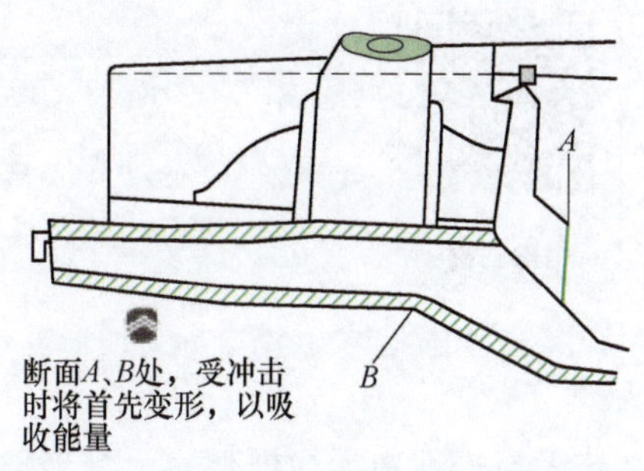

纵梁断面的变化

图1-26　前纵梁

为了满足承载并使载荷分布均匀，前纵梁前细后粗，截面变化较为明显，这样能够提高汽车受冲撞时对冲击能量的吸收，尤其是断面A、B处，受冲击时将首先变形吸收能量。纵梁上钻有许多不同直径的小孔，用于安装发动机总成及汽车附件。

2. 中间车身

中间车身设有车门、侧体门框、门槛及采用高强度钢制成的抗弯曲能力较高的箱型断面结构，中间车身侧体框架的中柱、边框、车顶边梁、侧体下边梁等结构件也采用封闭型断面结构。车顶、地板和立柱等构件，均以焊接方式组合在一起。

立柱起着支撑风窗和车顶的作用，一般下部做得粗大，上部的截面尺寸由于要考虑驾驶视野而需缩小。立柱包括前柱（A柱）、中柱（B柱）与后柱（C柱）。

（1）立柱/门槛板/地板　立柱、门槛板是车身非常重要的支撑件，如轿车、吉普车的侧框架一般由前、中、后门框及门槛、门楣等构成一个框架结构，用来固定车门、支撑顶篷、固附车身蒙皮。图1-27为立柱/门槛板/地板位置及车身加强件的示意图。

地板是车辆用来承载乘客、货物的基础件，是车身非常重要的构件，车辆上几乎所有的组件都直接或间接地安装于其上，如乘员座椅直接安装在地板上，仪表台通过仪表台框架间接安装在地板上。车辆发生变形损坏时地板基本上是采用整形修复的。

（2）车顶　车顶如图1-28所示。其中车顶盖主要由顶板、内衬、横梁（可能有前横梁、后横梁、加强肋）等组成，有些车型还备有车顶行李架。车顶盖上可装备天窗、换气窗或天线等。顶板一次性冲压成形，两侧表面的亚盘式凹槽即使顶板表面光滑平整，又提高了纵向抗弯能力。对于顶板强度，应充分考虑到车身强度和碰撞时车顶的受力，避免在未设计有天窗的车顶开设天窗。车顶内衬若损坏一般采取换件的方式，其他部分整形修复。

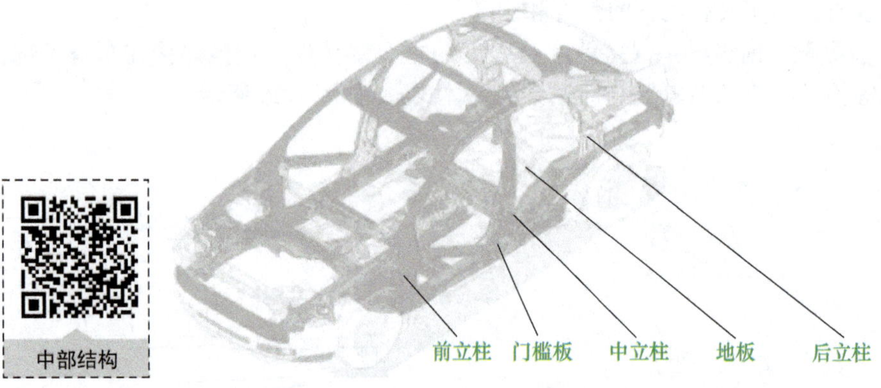

图 1-27　立柱/门槛板/地板位置及车身加强件示意图

电动式天窗一般由天窗框架、天窗玻璃、天窗遮阳板、天窗导轨、驱动电动机等零件组成，一般不容易发生损坏，损坏时一般更换新件。

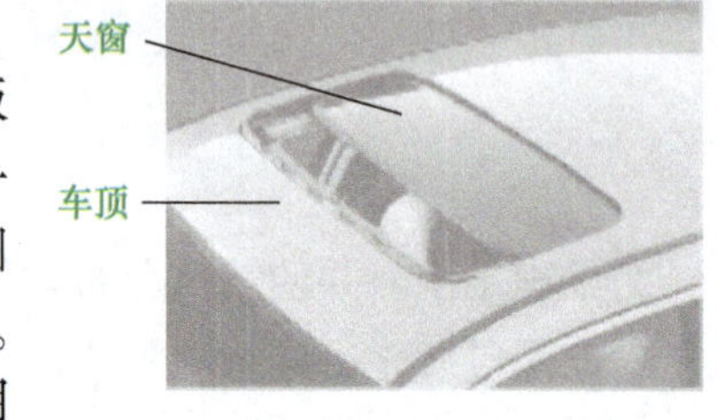

图 1-28　车顶

(3) 车门　车门及附件主要包括车门板（车门外板和车门内板）、车门内饰板、车门密封条、车门铰链（一般包括车门上铰链、下铰链）、车门锁总成等零件，如图 1-29 所示。车门可以用钢、铝、纤维玻璃或塑料制成。车门玻璃沿车门框架上的玻璃导轨上下移动，导轨是用低摩擦材料嵌入、粘接形成的 V 形槽。

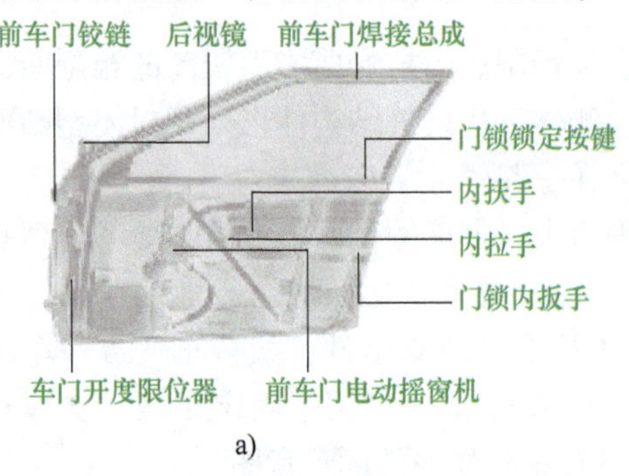

a)

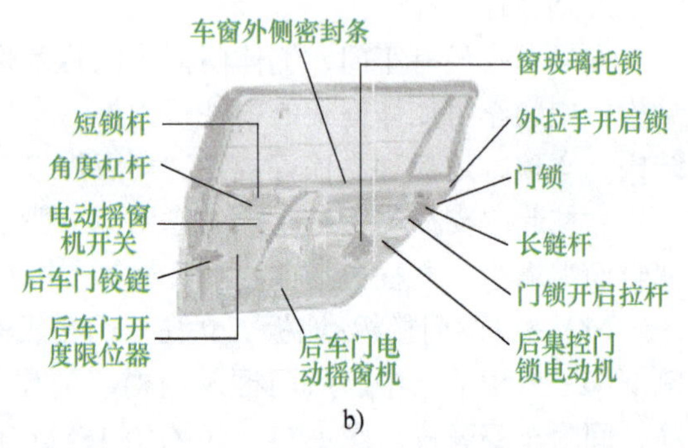

b)

图 1-29　车门

a) 前车门　b) 后车门

车门的外板与内板采用“咬边”工艺咬合在一起，形成封闭的箱体结构，只有窗口部位有几个焊接点。咬边的部位通常涂有密封胶，车门锁和玻璃升降机、车门玻璃等就安装在这个箱体里。有的车辆为提高侧向撞击能力，在车门的箱体内横向装有防撞杆，防撞杆通常采用高强度钢制作，修理时多以更换为主。

车门内、外板损坏不严重时可以整形修复。其他零件（如门锁、拉手、玻璃升降器等）属于易损件，在损坏时更换新件。

3. 后车身

轿车后车身是用于放置物品的部分，可以说是中间车身侧体的延长部分。三厢式车的乘客舱与行李箱是分开的，如图1-30a所示；两厢车的行李箱则与乘客舱合二为一，如图1-30b所示。

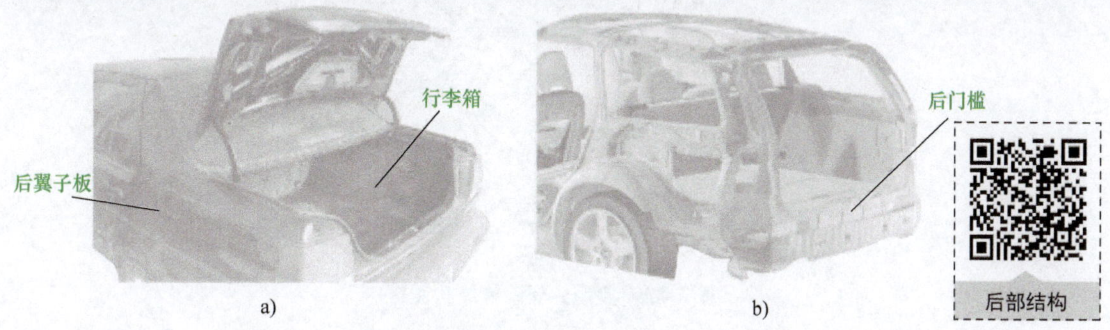

图1-30　轿车后车身类型

a）三厢轿车后车身　b）两厢式轿车后车身

后车身的主要载荷来自后悬架，尤其是后轮驱动的车辆，驱动力通过车桥、悬架直接作用于后车身。为确保后车身的强度，车身重量由中间车身径直向后延伸，到相当于后桥部位再形成拱形弯曲。这样既保证了后车身的强度，又不至于使后桥与车身发生干涉，当车身后部受到追尾碰撞时，还能瞬时吸收部分冲击能量，以其变形来实现对乘客舱的有效保护。

（1）行李箱　由行李箱组件与车身地板构成，位于轿车车身的后部，行李箱盖位置如图1-31所示。

轿车的行李箱盖主要由行李箱盖板、行李箱盖衬板、行李箱铰链、行李箱支撑、行李箱密封条、锁总成等零件组成，部分轿车的行李箱盖还带有扰流板、车型品牌标识等。在行李箱盖的组成零件中，除了行李箱盖板损坏可以进行整形修复外，其他零件损坏基本采取更换新件的方式。

（2）后侧板　后侧板是指后门框以后的遮盖后车轮及后侧车身的车身板件，如图1-32所示。

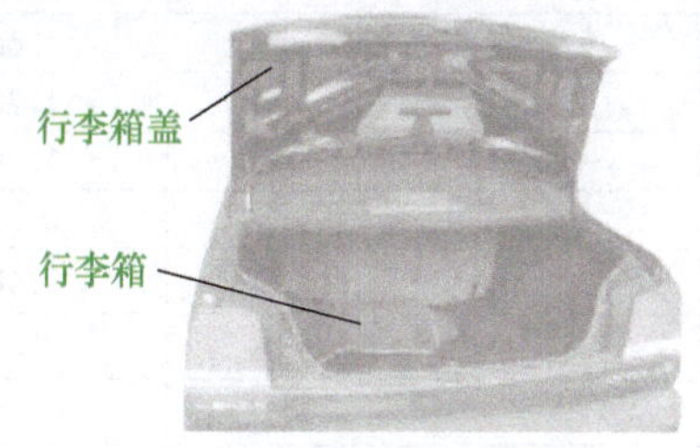

图1-31　行李箱盖位置

图1-32　后侧板和后保险杠位置

后侧板上一般有油箱门或天线等，主要由后侧板外板、后侧板内板、后立柱、侧板内饰板及轮罩板等组成。

（3）后保险杠　后保险杠位于车身的尾部，起装饰和防护的作用，如图1-32所示。

后保险杠主要包括保险杠外罩、保险杠杠体、保险杠加强件、保险杠固定支架以及保险杠装饰条等，典型后保险杠结构如图1-33所示。

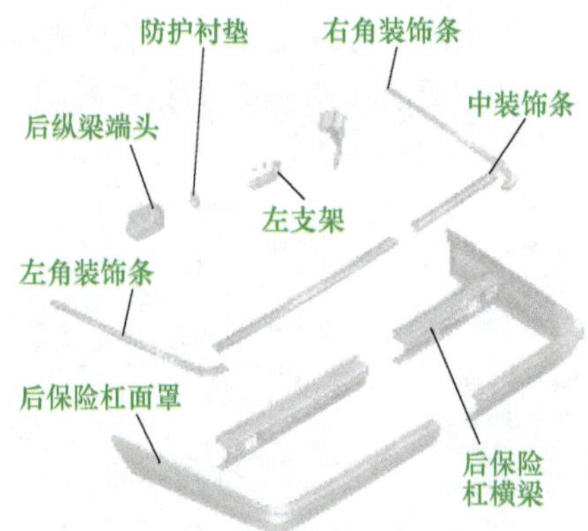

图1-33　典型后保险杠结构图

部分中高级轿车的后保险杠中还备有后保险杠缓冲器，可以有效保护车辆的后部车身在中级以下碰撞时不变形。在轿车后保险杠的组成零件中，除了保险杠外罩损坏时一般采取更换新件外，其余构件都可考虑整形修复，除非损坏较为严重时才更换新件。

任务实施

以马自达CX-7为例，如图1-34所示，按照车身维修手册的说明，识别车身构件名称及所用材料的类型（表1-4）。

表1-4　马自达CX-7车身构件材料的类型

×：适用
—：不适用

序　号	部件名称		超高强度钢	高强度钢	防锈刚	厚度/mm
1	发动机舱盖		—	×	×	0.70
2	前保险杠托架		—	×	×	2.00
3	前纵梁（内）	前	×	—	×	1.80
		后	—	×	×	2.30
4	护罩侧板		—	—	×	1.60
5	前围侧构件		—	—	×	1.20
6	轮罩挡板	RH	—	—	×	1.00
		LH	—	—	×	0.65
7	3号发动机悬置托架		—	—	×	1.40
8	前悬架支架（上）		—	×	×	2.60
9	轮罩挡板（下）		—	—	×	0.85
10	侧围加强板（下）		—	×	×	0.85
11	侧围加强板（上）		—	×	×	1.40
12	水槽侧面支撑板		—	—	×	1.20
13	前纵梁（外）	上	×	—	×	1.80
		中心	×	—	×	2.60
		下	—	×	×	2.30
14	前车架（后）		—	×	×	2.90
15	扭力箱		—	×	×	1.40

（续）

序　号	部件名称		超高强度钢	高强度钢	防锈刚	厚度/mm
16	前翼子板		—	—	×	0.85
17	前围板下构件		—	—	×	1.20
18	前围板下板		—	—	—	0.80
19	水槽盖板		—	—	×	0.70
20	刮水器支架		—	—	×	1.60
21	铰链柱（内）		—	×	×	1.00
22	铰链柱支撑板		×	—	—	1.60
23	侧门槛梁（内）		—	×	×	1.40
24	侧门槛梁支撑板		×	—	—	1.20
25	前柱（内）		×	—	—	1.40
26	前柱加强板		×	—	—	1.60
27	中柱（内）		×	—	—	1.20
28	中柱加强板	上	×	—	—	1.60
		中心	×	—	—	1.80
		下	×	—	—	1.20
29	车顶纵梁（内）		×	—	—	1.20
30	车顶纵梁加强板		—	×	—	1.60
31	前围板		—	—	—	0.80
32	车顶加强件		—	—	—	0.55
33	车顶加强件		×	—	—	1.20
34	车顶加强件		—	—	—	0.55
35	车顶加强件		—	—	—	0.55
36	后端板	上	—	—	—	0.50
		下	—	—	—	0.75
37	车顶板		—	—	—	0.85
38	后柱加强板		—	—	—	0.70
39	后柱（外）		—	—	×	0.70
40	角接接头		—	—	—	1.00
41	角板		—	—	×	1.00
42	轮罩（内）		—	—	×	0.85
43	后柱（内）		—	—	×	0.65
44	后悬架支架加强件		—	—	—	0.90
45	纵梁外侧		—	—	×	0.70
46	后车门板		—	×	×	0.70
47	前车门板		—	×	×	0.70
48	2 号横梁		—	×	—	1.20
49	座椅支架		—	×	—	1.20
50	前浅盘形地板		—	—	—	0.65
51	前 B 形车架		—	×	×	2.30
52	通道加强板		—	×	×	1.40
53	3 号横梁		—	×	×	1.40
54	后地板		—	—	—	0.65
55	4 号横梁		—	×	×	1.20
56	后纵梁		×	—	×	1.80
57	后保险杠支架		—	×	×	3.20
58	5 号横梁		—	—	—	1.70
59	后尾板		—	—	×	1.20

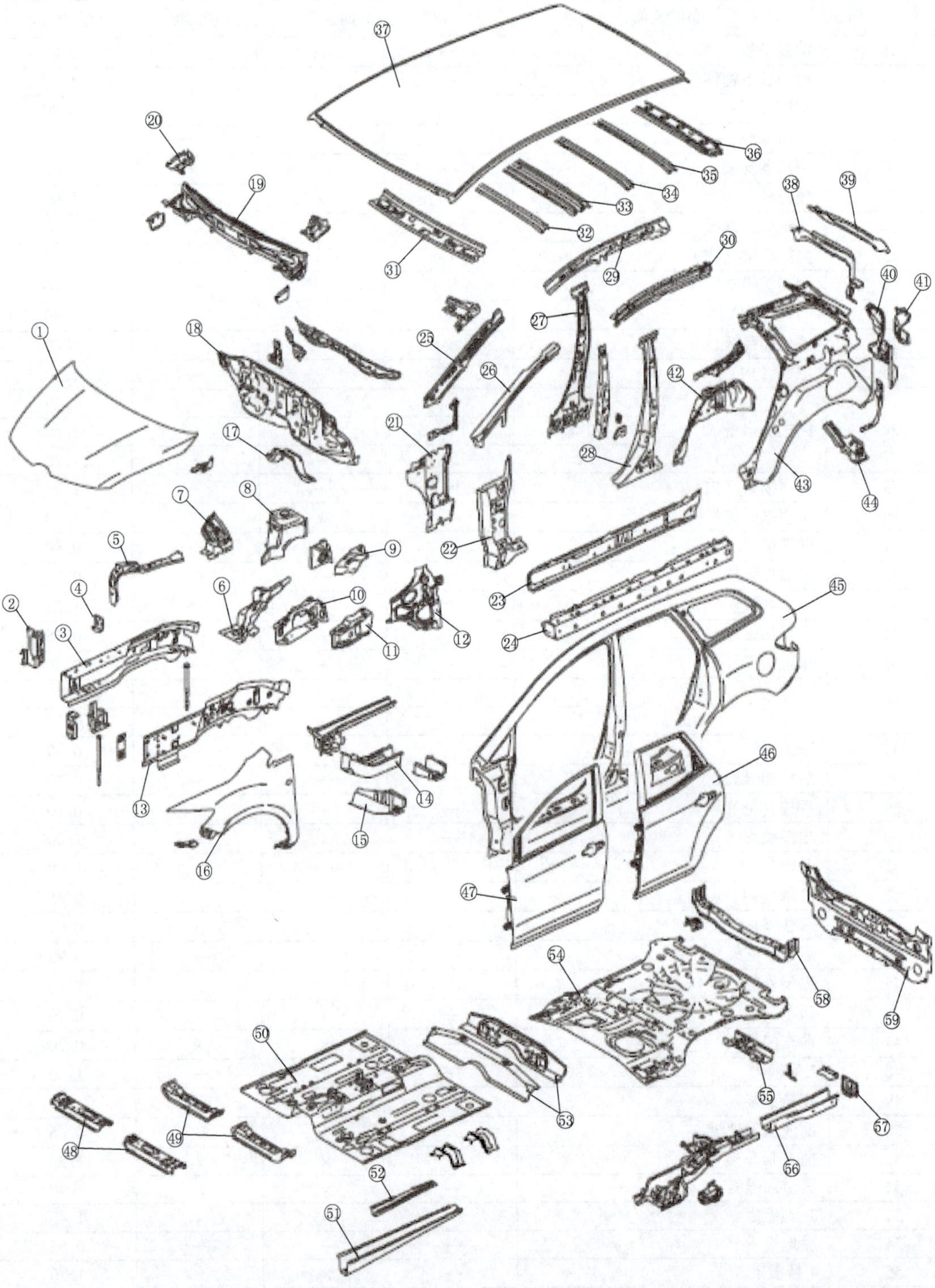

图1-34　马自达CX-7车身构件名称

思考题

1. 金属材料通常表现出的加工性能有哪些？简述拉伸曲线中各点所表示的意义。
2. 什么是金属材料的加工硬化？在车身维修中应如何对待加工硬化？
3. 车身常用表面处理钢板有哪些种类？镀锌钢板在使用及维修时应注意哪些问题？
4. 与金属材料相比，工程塑料具有哪些特点？
5. 什么是热固性塑料？什么是热塑性塑料？分别举例说明其代表产品。
6. 常用塑料的鉴别方法有几种？为什么要进行塑料鉴别？
7. 什么是复合材料？复合材料有何特点？
8. 举例说明车身常用的复合材料有哪些。
9. 常见的车身承载形式有哪些？各有什么优缺点？
10. 承载式车身没有坚固的车架抵抗碰撞，为什么还具有优良的安全性？
11. 汽车保险杠的主要作用是什么？它是如何起“保险”作用的？

项目2　汽车车身钣金件修复的基本工艺

金属板件的手工成形工艺是汽车整形修复中经常用到的基本操作技能。车身板件的各种损坏都需要维修人员将其恢复形状，其平整度需达到相关要求，尺寸相差一般不超过3mm。由于车身板件大部分采用特殊钢板制造，表面还经过镀层处理，维修人员只有采用合适的修复工艺，才能避免对板材造成损伤。

学习目标

知识目标

1. 掌握汽车整形工具、设备的使用方法。
2. 掌握展开图的做法。

技能目标

掌握钣金件的放样与下料、钣金件的基本制作及矫正工艺。

工作任务

工作任务　钣金件的制作和矫正工艺

车身损坏的板件有时需要切割更换，如果没有现成的零件，则需要对钢板加工成形制作钣金件。

知识准备

一、设施工具及设备

（一）工作平台

工作平台主要用于划线、下料、敲平及矫正，多为铸铁制成，背面有加强肋，平板固定在支架上，如图2-1所示。

普通钣金工作平台没有确定的尺寸标准，常用的台面有600mm×1000mm、800mm×1200mm、1500mm×3000mm几种规格，台面高度h为650～700mm。

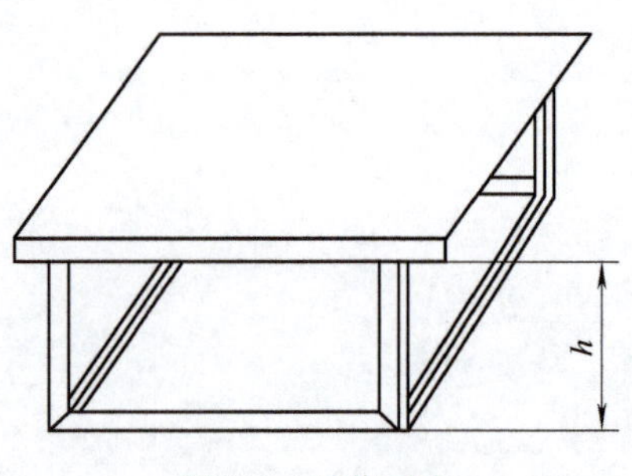

图2-1　工作平台

（二）工具及设备

常用的车身整形工具有手动工具和动力工具两种。

1. 手动工具

在修复变形的金属板时，常用的手动工具为锤子和顶铁。锤子有多种规格和样式，每一种规格的锤子

都有专门的用途。按质量来分有轻锤和重锤。在操作过程中，可根据实际情况进行选择。锤子质量的均衡会影响操作的方便程度和控制的准确性。

重头锤如图2-2所示，其锤头一端为圆头，另一端为方头。对金属粗加工时，可以平整金属表面，敲平熔核和焊缝，也可以初步校直质量较大的金属板。方头锤面的角可以当作镐，把损坏板件的凹陷区域压平。

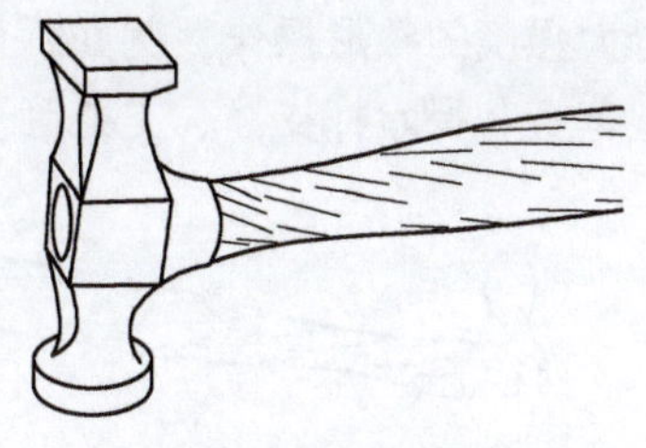

图2-2　重头锤

轻头锤如图2-3所示，尺寸和形状与重头锤一样，用来进行金属精加工、在车门处折边等。

双圆头锤是轻头锤的一种，如图2-4所示。锤头两端均为圆头，或者一端为圆头，另一端为方头，一般用来粗加工挡泥板、车门、柱杆顶部以及敲平车门的折边和矫正定位夹等。方形锤头一般用作校直长形的金属板。

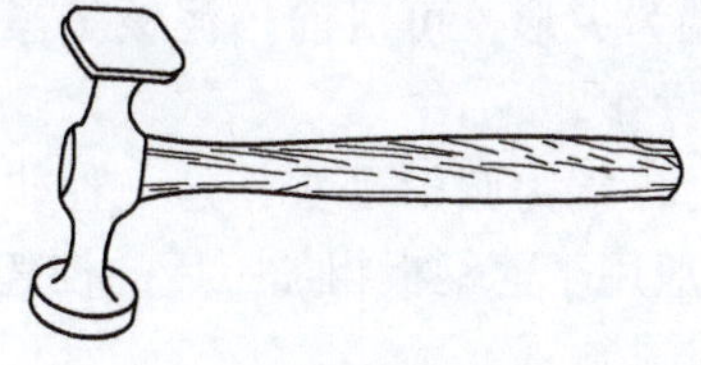

图2-3　轻头锤

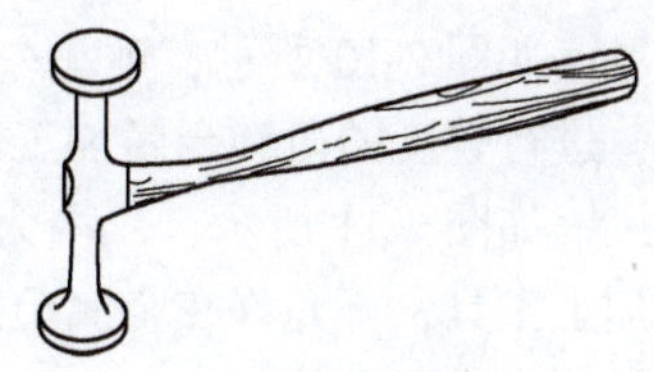

图2-4　双圆头锤

曲面轻击锤如图2-5所示，一侧锤头的锤面为隆起，另一侧锤头的锤面为平面，用来拉直和矫正一些凹陷曲面，如挡泥板、前照灯罩、车门板和后顶盖侧板的凹陷等。

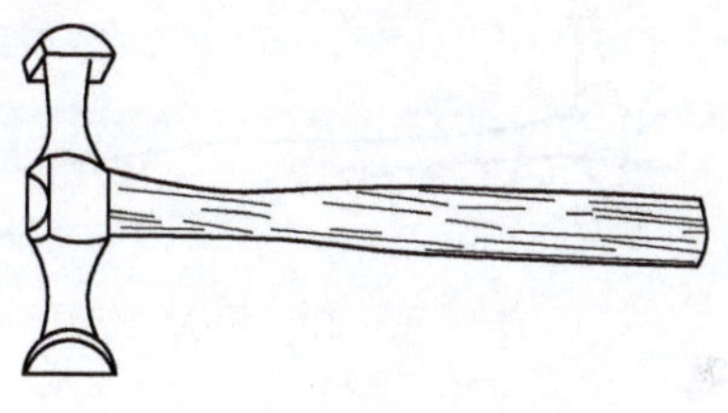

图2-5　曲面轻击锤

挡泥板专用锤如图2-6所示，专门用于粗加工一些高隆起的金属面，如挡泥板。还可以用于加工只有长的锤头才能到达的加强件，也可以与重型斧锤和大铁锤配合使用，粗加工车门槛板、轮罩、围板、后顶盖侧板和严重撞伤的保险杠横梁等。

尖锤如图2-7所示，一端为圆形平面锤头，一端为尖头锤面。尖头锤头用来校直直角的车架元件、保险杠、保险杠托架等直条状结构件。圆形锤面用于粗加工和校直工件，可大力度捶击修理区。它可以单独使用，也可以与硬垫木或垫铁配合使用，这样可以使打击力散布在较大的面积上，还可以用该锤击打錾子、冲子和其他车身修复工具。

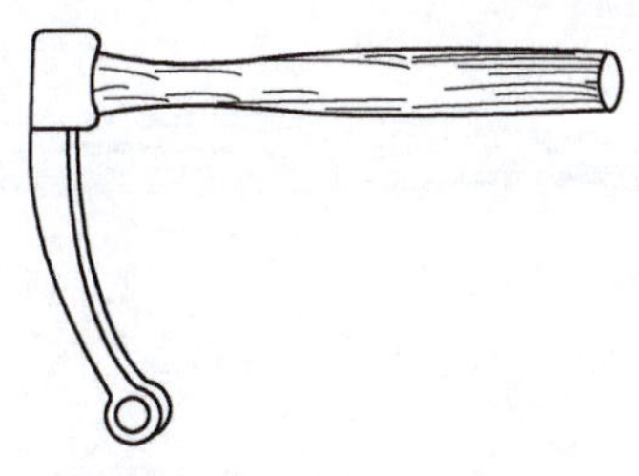

图2-6　挡泥板专用锤

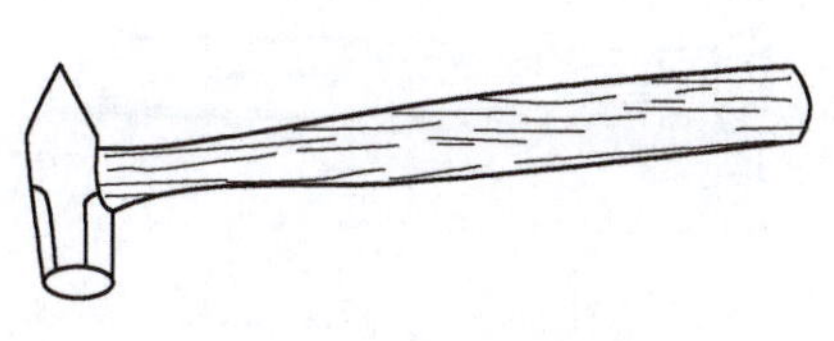

图2-7　尖锤

圆头锤如图 2-8 所示，由一个圆形平面锤头和一个球形锤头组成。球形锤头用来敲击和矫正金属部件，以及敲平铆钉的头部。圆形平面锤头可以用于所有的手工整形操作。

铁锤如图 2-9 所示，形状和结构与锻工锤相似，但质量和体积比锻工锤大。铁锤用来进行大强度的整形操作，例如矫正和拉直质量较大的车身内部结构，以及矫正车架、横梁、重型车身和保险杆支撑、支架等。

图 2-8　圆头锤

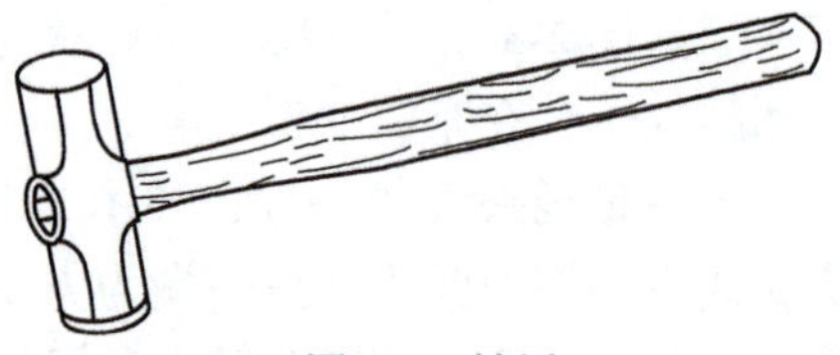

图 2-9　铁锤

短头风镐如图 2-10 所示，锤头一端为圆形，另一端为尖形，可对前挡泥板等操作不方便的部位，进行轻度的凿和金属加工以及收缩金属面等操作。

长头风镐如图 2-11 所示，一端为长的圆形尖头，另一端为圆形平头，是一种非常理想的金属精加工工具，不允许在金属粗加工中使用，而一般用于薄钢板粗加工后的校直和精加工时凿平局部的小凹点等。

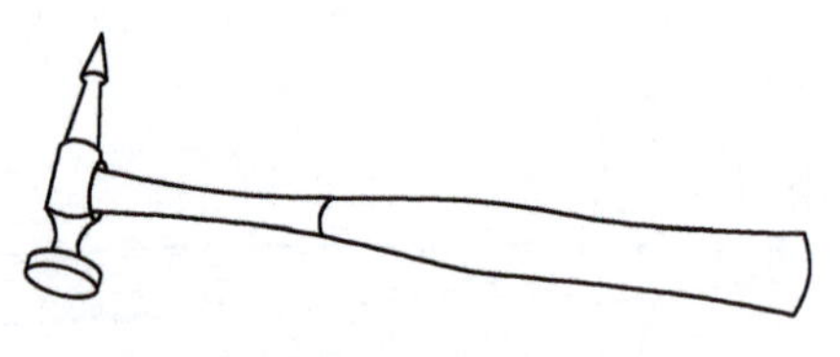

图 2-10　短头风镐

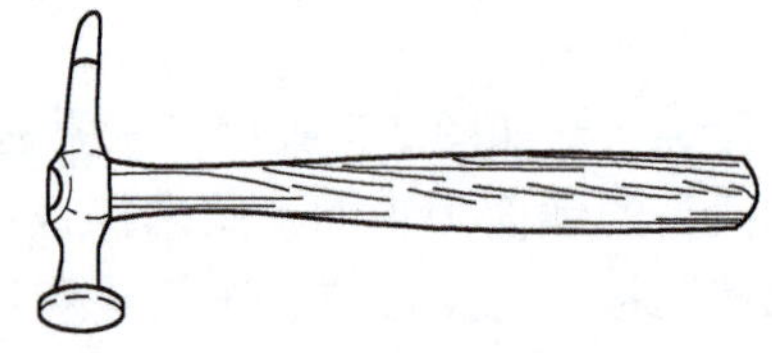

图 2-11　长头风镐

直凿风镐如图 2-12 所示，一端为圆形，另一端为凿形，用来修理挡泥板、复原轮缘、饰条、前照灯内框和发动机舱盖等，特别是在车身板件安装和条形结构件的焊接过程中，手工修整板件的边缘和做凸缘时常用到该工具。

弯凿头镐锤如图 2-13 所示，用于对车轮轮缘、装饰件、挡泥板凸缘和柱杆顶部外缘等处的有棱角区域进行校直和精加工，还可以用来修平被车身的支撑件或框架构件所遮挡的凹陷，因为这些区域只有弯曲凿头才能触到。

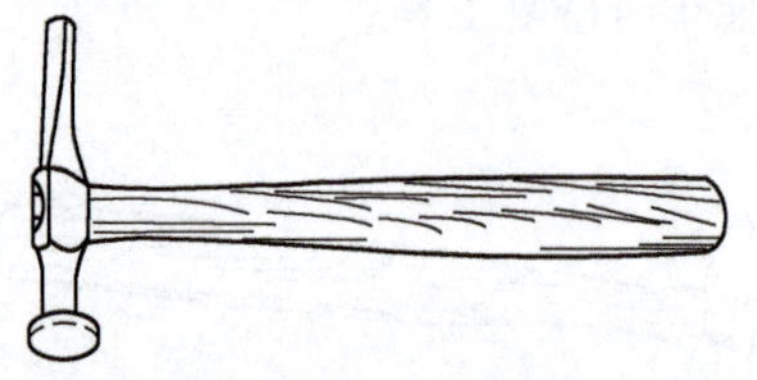

图 2-12　直凿风镐

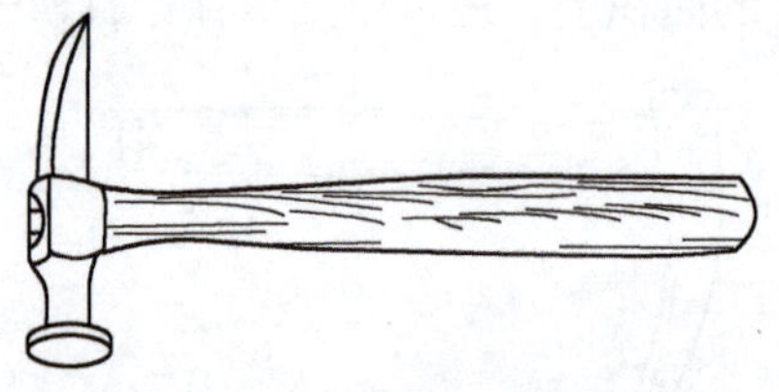

图 2-13　弯凿头镐锤

顶铁由高强度钢制成，用在粗加工和捶击加工中，可以用手握持，捶击金属板的背面。用锤从板件正面敲击时，顶铁会产生反弹力，每次敲击后应使板件定位。通过锤和顶铁的配合工作使凸起的部位下降，使低凹的部位隆起。

板件的结构和形状不同，需要采用多种形状的顶铁。常见的顶铁有高隆起、中隆起、低隆起和平凸起，以及由几种隆起组合在一起的组合顶铁。工作时，选用的顶铁隆起直径应该比待加工工件的隆起直径略小。在保证工作质量的情况下，尽量选用比较轻的顶铁，这样容易用手握持。顶铁的工作表面应保持光滑、干净，不要有油污、涂料和毛刺，不然会降低加工质量。常用顶铁可分为以下几种。

通用顶铁，如图2-14所示，该顶铁有多种隆起，可用来粗加工挡泥板的隆起部分和车身的不同曲面，矫正挡泥板凸缘、装饰条和轮缘，收缩平的金属面和隆起的金属面，修整焊接区等。

低隆起顶铁，如图2-15所示，该顶铁质量大，便于控制在平面金属板上，可用来使金属板减薄和使薄的金属板收缩。低隆起顶铁可以用来对车门内侧、发动机舱盖、挡泥板的平面和隆起面以及柱杆顶部进行整形加工。

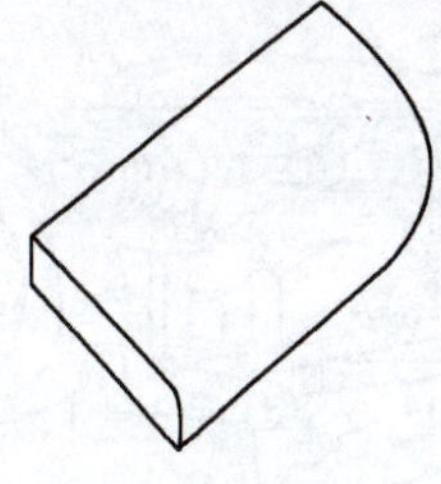

图2-14　通用顶铁

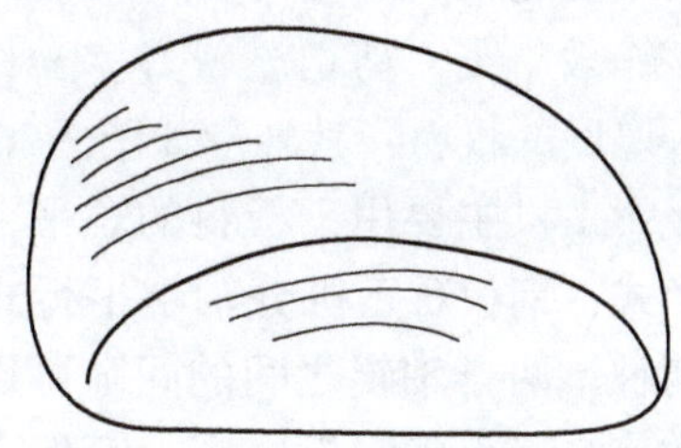

图2-15　低隆起顶铁

足跟形顶铁，如图2-16所示，因形状如同足跟而得名，用于在板件上形成较大形状的凸起，校直高隆起或低隆起的金属板、长形结构件和平面构件。

足尖形顶铁，如图2-17所示，是一种专门设计的组合平面顶铁，用来收缩车门板、挡泥板裙板、柱杆顶部和汽车各种盖板，也可以在挡泥板的底部形成卷边和凸缘。它的一个面非常平，另一个面微微隆起，适合于加工未经过精加工的金属板件，但不应过度捶击。

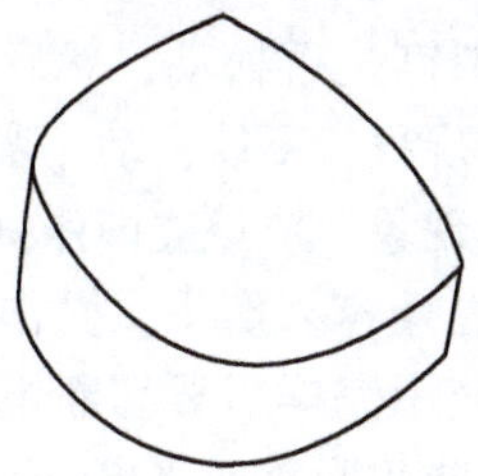

图2-16　足跟形顶铁

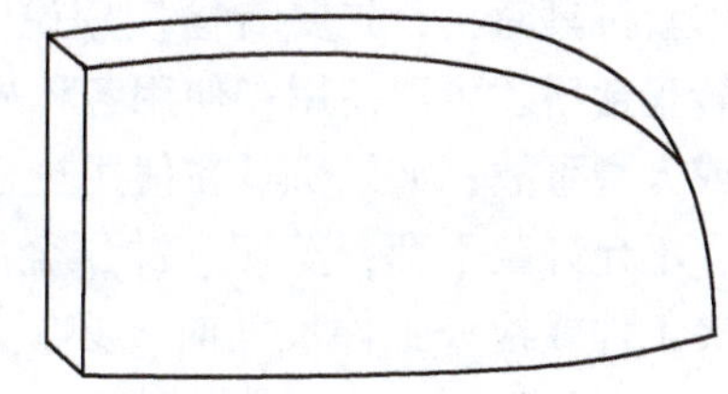

图2-17　足尖形顶铁

卷边顶铁，如图2-18所示，顶铁较大的一端用来形成大而宽的卷边，最小的一端用来形成较窄的卷边，也可以用它在薄金属板上形成小凹痕。

楔形顶铁，如图2-19所示，可用来在柱杆顶部和宽的挡泥板凸缘上生成隆起，与支架或其他车身内部构件形成一个封闭结构的板件；在柱杆顶部粗加工出皱折，特别是在顶盖梁和横杆的后部，以及在车身其他部位生成皱折等。

2. 动力设备

钣金动力设备有机械压力机、液压压力机、弯曲矫正机、剪切机和刨边机等。

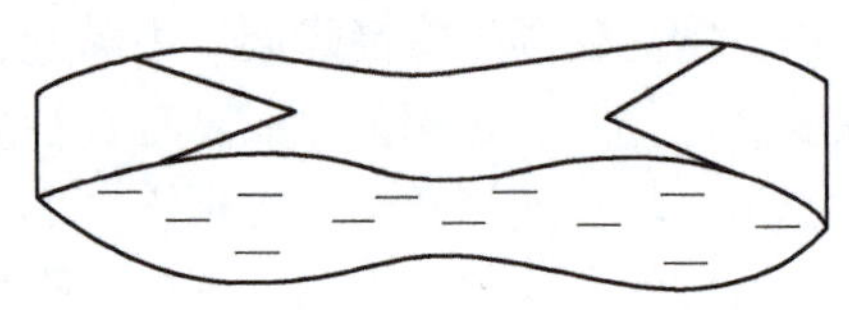

图 2-18　卷边顶铁

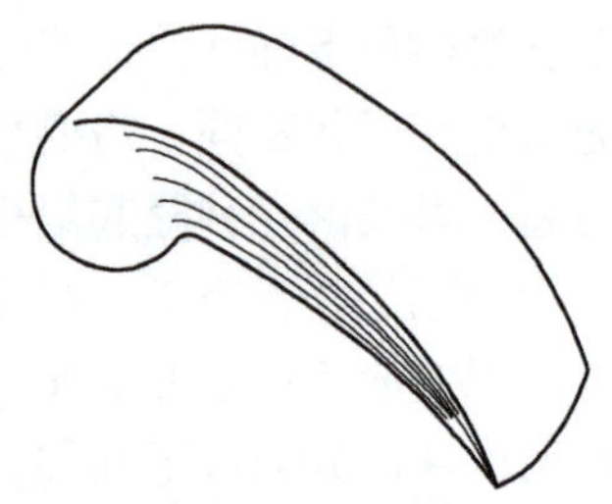

图 2-19　楔形顶铁

压力机用于将板料压弯成各种形状，也可用于压延、冲裁、落料、切边。

剪切机又称为剪板机，主要用来剪切、裁剪直线边缘的板料毛坯。各种规格的剪切机剪切板料的厚度能从 1mm 以下到 50mm，宽度可达 7m。**龙门剪切机是目前最常用的一种剪切机械，工作效率高，剪切质量好，操作方便，可剪切多种厚度的板料，其外形如图 2-20 所示。**

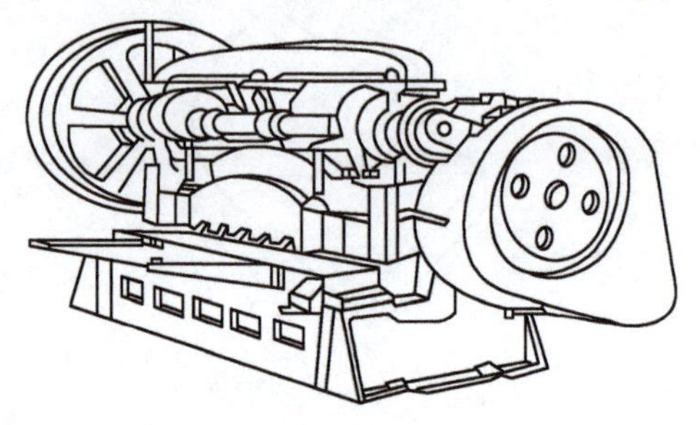

图 2-20　龙门剪切机

钢板矫正机主要用于板料的矫平，根据轴辊的排列形式，钢板矫正机分轴辊平行式和轴辊不平行式两种。两排轴辊之间的间隙可以调整，一般间隙数值应略小于钢板厚度，钢板通过时受到相反方向的多次交变弯曲，内应力超过材料的屈服强度，使钢板得到矫平。

矫正薄钢板用的矫正机，轴辊的数量要多，轴辊的直径要小，这主要是因为钢板越薄弹性越大，需要在矫正过程中通过更多的轴辊，产生更多的波浪变形来克服弹性，从而达到矫正的目的。

二、安全措施

（一）使用机具的安全技术

使用新机具时，首先要看懂使用说明书，检查各紧固螺钉是否松动，然后再做空载试机，运转正常后才可以使用；使用各种机具都必须遵守操作规程，不能乱动、蛮干，以免发生设备或人身事故；如果机具在使用过程中发现了不正常的现象，应该立即停机检修；使用钻床时，不允许戴手套；剪切、冲压金属薄板时，板料的边缘容易伤手，操作时要多加注意；装夹工件或检查工件尺寸时，必须停机后进行；机具使用完毕后要切断电源，清理场地，将工件码放整齐；使用的各种手工工具必须完全牢靠，防止脱落或飞出伤人；禁止使用无安全防护设施的设备及机具。

（二）钣金机械的安全使用

1. 剪板机的安全使用

剪板机是钣金工最常用的设备，也最容易发生事故。使用剪板机时应注意以下几点：

1）必须熟悉剪板机的工作原理和操作规程，严禁非操作人员使用剪板机或在操作时提供帮助。

2）板料在剪切前应先划好线，在刃口上核对尺寸时要切断电源。剪切前要查看四周人员，确认安全后才进行剪切。

3）板料剪切到最后时，向里推送板料不能用手，要使用木板，以免伤人。

4）在对刀或检验尺寸时要切断电源。

5）剪切机一定要在规定的剪切厚度内进行工作，一般规定的剪切厚度是低碳钢钢板厚度。在剪切其他材料的钢板时，如剪切不锈钢钢板，由于强度和硬度不同，其厚度和剪切机两刃间距都要变化。

6）剪切机要经常维护，每班工作前给各注油孔加油，并经常擦拭机身，清洁刀体，较长时间不使用时，要切断电源并将剪板机盖好。

2. 卷板机的安全使用

对于卷板机的维护与安全操作应注意以下几点：

1）熟悉卷板机的工作原理和操作规程，非专业操作人员不能使用。

2）在操作卷板机时，不能戴手套。

3）卷板机要定期维护，工作前给传动部分加注油，长期不用时，要切断电源并盖好。

三、展开图

将机件表面按其实际形状和大小，摊平在一个平面上，称为机件表面展开。展开后所得到的平面图形，即为机件表面的展开图。画展开图的实质就是根据立体的投影图，求得立体表面展开后的实形。立体表面展开的方法有图解法和计算法两种。图解法是根据展开原理得到的，关键是求线段的实长和曲线的展开长度，而计算法是用解析计算代替图解法中的展开作图过程。

展开平面立体时，应该根据视图所表达的投影关系，求出平面立体各表面的真实形状和大小，并依次画在同一个平面上。

（一）棱柱的表面展开

棱柱管各棱线互相平行，如果从某棱线处断开，将棱面沿着与棱线垂直的方向打开并依次摊平在一个平面内，就可以得到棱柱管的展开图，这种展开图的绘制方法称为平行线法。展开后各棱线依然保持互相平行的关系，作图时应当求出各条棱线之间的距离和棱线的各自实长。

例 2-1　求作斜口直立四棱柱管展开图（图 2-21）。

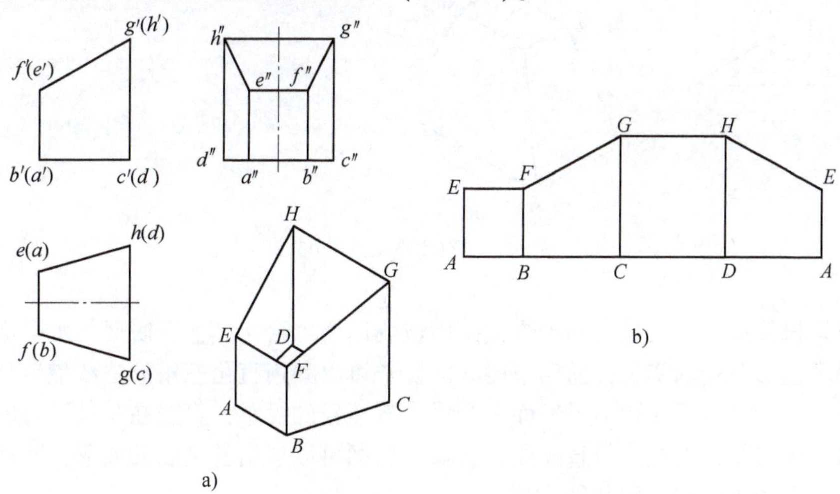

图 2-21　斜口直立四棱柱管展开图

分析：从图 2-21 可以看出，四棱柱的四条棱线均为铅垂线，其正面投影反映了棱线的实长；下底面 $ABCD$ 为水平面，其水平投影反映了实形。由于棱线垂直于下底面，所以棱线必然垂直于下底面的四条边，则棱线之间的距离就是下底面四边形的边长，并且展开后下底面的四条边成一直线。

作图方法与步骤：

1）选棱线 AE 为基准棱线，确定 AE 在展开图中的位置，且取 $AE=a''e''$，$AB=ab=a''b''=10$。

2）过 A 点作棱线 AE 的垂直线，且在该垂直线上截取线段 $AB=ab$、$BC=bc$、$CD=cd$、$DA=da$，得 B、C、D、A 点。

3）过 B、C、D、A 点分别作直线平行于棱线 AE，并分别截取线段 $BF=b'f'$、$CG=c'g'$、$DH=d'h'$、$AE=a'e'$，得 F、G、H、E 点。

4）依次连接 E、F、G、H、E 各点，即得到斜口直立四棱柱管的展开图，如图2-21所示。

（二）棱锥的表面展开

棱锥管的所有棱线汇交于锥顶，因此在求作棱锥管的展开图时，首先应确定各条棱线的实长及其相互之间的夹角，或者求出底面多边形每边的实长，即得各棱面的实形，依次将其展开在一个平面内。因为各条棱线汇交于一点，故这种求作展开图的方法称为放射线法。

例2-2　求作四棱锥管展开图（图2-22）。

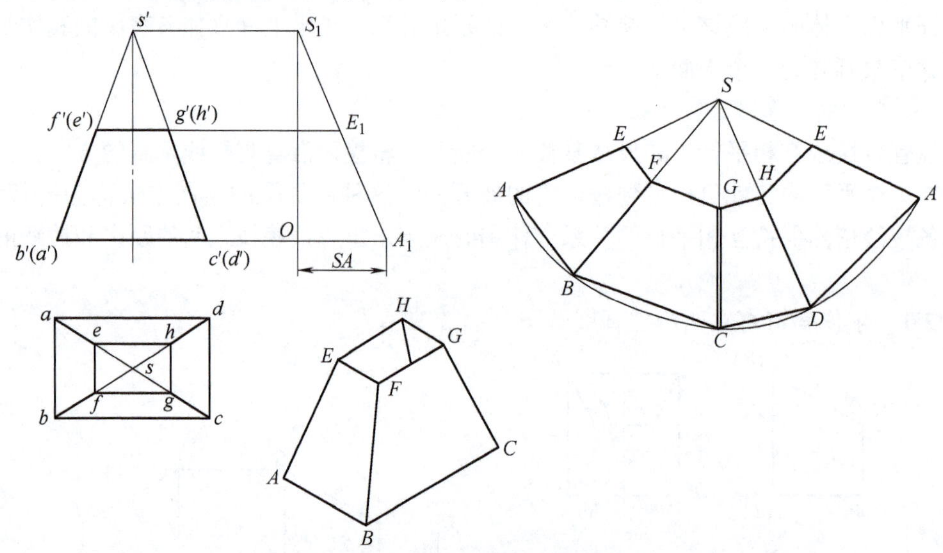

图2-22　四棱锥管展开图

分析：该机件可以看成是由四棱锥截割而成的四棱锥台。其上下底面为水平面，水平投影反映底面多边形各边的实长，而四条棱线的实长可以利用直角三角形法或旋转法求得。旋转法是把一般位置直线段转化为投影面平行线，按照新的投影，直线在与其平行的投影面上的投影反映它的实长，由此求得直线段的实长。因而可以求出各棱面的实形，然后依次将棱面展开在一个平面内，即得到其展开图。

作图方法与步骤：

1）在主视图上求出棱线交点的投影 s' 及其水平投影 s，在 $b'c'$ 的延长线上量取 $OA_1=sa$，由 O 点作垂直线与过 s' 的水平线交于 S_1，S_1A_1 即为四棱锥棱线的实长。

2）由 e' 作水平线交 S_1A_1 于 E_1，A_1E_1 即为四棱锥管的棱线的实长。

3）以 S 点为圆心，以 S_1A_1 为半径作圆弧，在该圆弧上截取弦长 $AB=ab$、$BC=bc$、$CD=cd$、$DA=da$，并将 A、B、C、D、A 各点与 S 点连线，得到四棱锥的展开图。

4）以 S 点为圆心，S_1E_1 为半径作圆弧交棱锥各棱线于 E、F、G、H、E 各点，依次连各点，即得四棱锥管的展开图，如图 2-22 所示。

（三）圆柱面的表面展开图

圆的某一素线，其长度等于圆柱管的高。如图 2-23 所示为正圆柱管展开图。

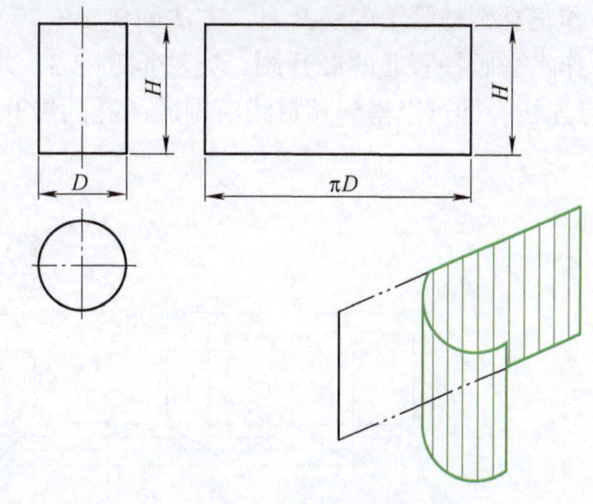

图 2-23　圆柱管展开图

例 2-3　求作斜截正圆柱管展开图（图 2-24）。

分析：正圆柱管斜截后，使得圆柱面上的各条素线的长度不相等。作展开图时应根据视图的投影关系求出若干素线的实长，然后光滑连接这些素线的端点，即可得到展开图。

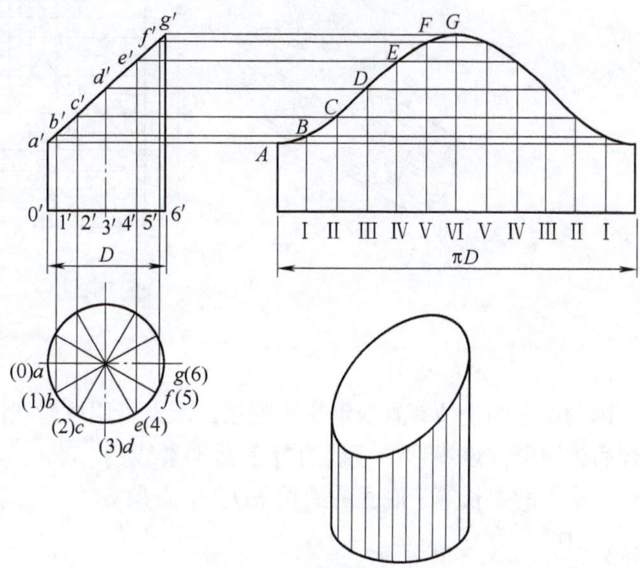

图 2-24　斜截正圆柱管展开图

作图方法与步骤：

1）将圆柱管的底圆周长等分，得到若干等分点，如 2 点；求出等分点的正面投影，如 2′；过等分点的正面投影作相应的素线，即得到素线的实长，如 2′c′。

2）将底圆周长展开成直线，其长度为 πD，并同样等分，得到对应的等分点，如Ⅱ点；过这些等分点作该直线的垂线，得到圆柱面展开后各素线的位置线，如ⅡC。

3）把斜截正圆柱管的正面投影上各素线的实长移至展开图上，得到相应素线的端点，如素线ⅡC 的端点 C。

4）依次光滑连接各素线的端点，即得到斜截正圆柱管的展开图。

例 2-4　求作等径三通管展开图（图 2-25）。

分析：画等径三通管的展开图，应该首先确定相贯线，然后以相贯线为界限，将它划分为两个圆柱管的切割体，再按基本体的展开方法作出各自的展开图。由于两个圆柱管的轴线都平行于正面，它们的表面素线的正面投影都反映实长，所以可以按照图 2-25 的方法画出它们的展开图。

作图方法与步骤：

1）求出相贯线的投影。由于两圆柱管垂直正交且直径相等，因此，相贯线的正面投影为互相垂直的两线段。

2）作正立圆柱管Ⅰ的展开图，方法同例 2-3。

3）作水平圆柱管Ⅱ的展开图，方法同例 2-3。求出相贯线点的位置，依次光滑地将各相贯线点连线，即可以得到相贯线所围成的孔的展开图。

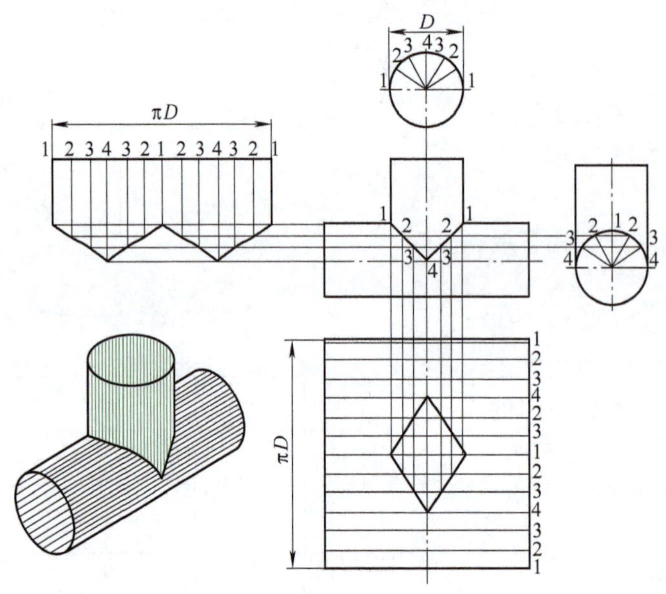

图 2-25　等径三通管展开图

（四）圆锥面的展开

因为圆锥面上所有素线汇交于锥顶，所以可用放射线法求作圆锥管件的展开图。正圆锥面展开后为扇形，该扇形的直线边等于圆锥素线的实长，扇形的弧长等于底圆的周长 πD，中心角 $\alpha = 180° \frac{\pi D}{R}$，如图 2-26 所示。

例 2-5　求斜截面圆锥管展开图（图 2-27）。

分析：斜截圆锥管的展开图为正圆锥展开图的一部分，因此应首先作出正圆锥的展开图，然后求出切口平面与正圆锥面各素线的交点，最后确定这些点在相应素线实长上的真实位置，得到被截素线的实长，依次连接这些素线的端点，就可得到所求作的展开图。作图方法与步骤如图 2-27 所示。

1）求出锥顶的正面投影 S'，作出正圆锥面的展开图。

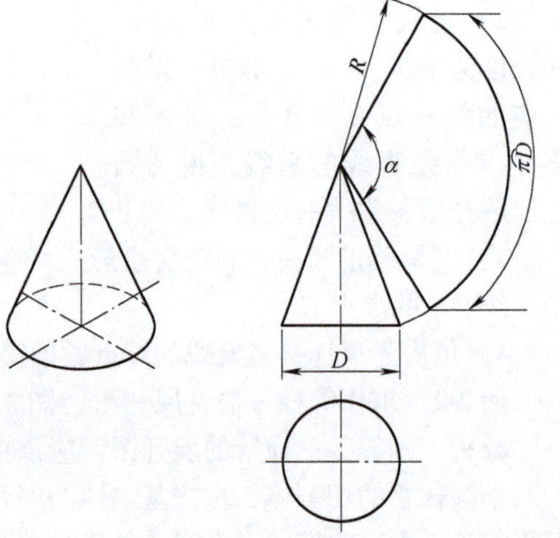

图 2-26　正圆锥管展开图

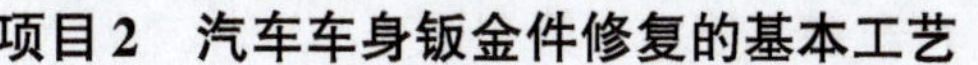

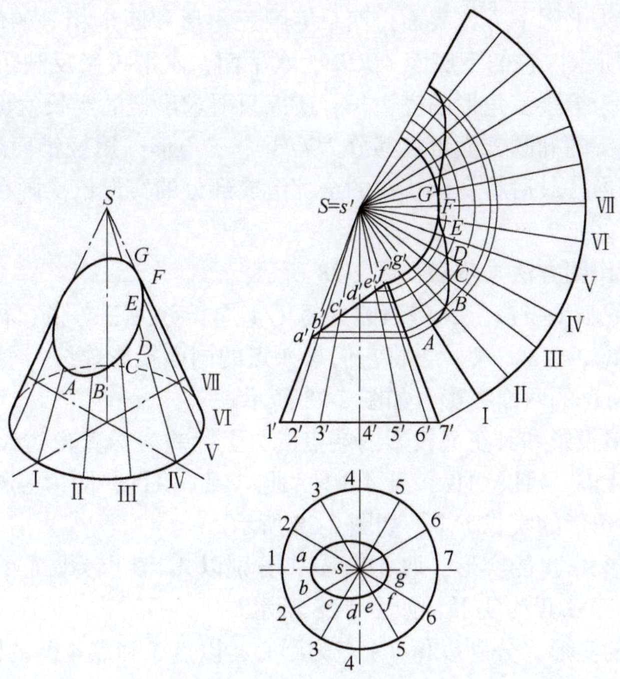

图 2-27　斜截圆锥管的展开图

2）用旋转法求出被截去素线的实长，如素线 SⅡ被截去的素线长度为 SB。

3）以 s′为圆心，以被截去素线的实长为半径画圆弧，与相应的正圆锥素线相交可得到若干交点，例如 A、B、C…，依次光滑连接这些交点，就可得到斜截正圆锥管的展开图。

例 2-6　求作变形接头展开图（图 2-28）。

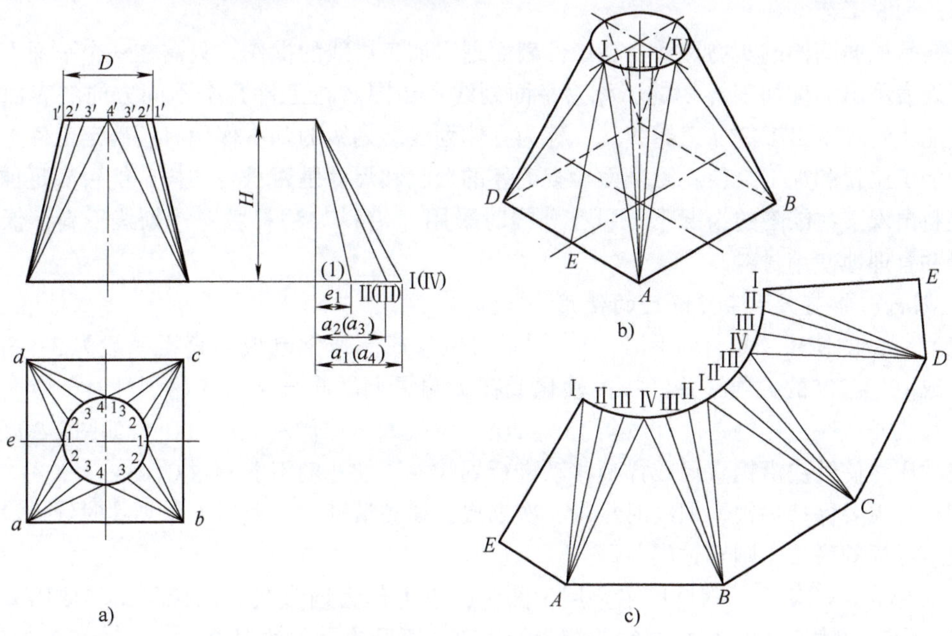

图 2-28　变形接头展开图

分析：该变形接头上圆下方，表面由四个等腰三角形和四个相等的倾斜椭圆锥面组成，其轴测图如图2-28b所示。它的下底面*ABCD*为水平面，水平投影反映了下底面多边形的实形，多边形的边长即为等腰三角形的底边长，所以只要求出腰的实长就可以得到等腰三角形的实形。对于变形接头的椭圆锥面可将其分为若干个三角形，用棱锥面近似代替椭圆锥面，然后求出三角形的实形，最后将变形接头的全部组成部分的实形依次画在同一个平面内，就可得到接头的展开图。

变形接头展开图作图方法与步骤如图2-28所示：

1）在变形接头的水平投影上，将顶圆的每1/4周长分为三等份，得到点1、2、3、4，并求出其正面投影1′、2′、3′、4′，再将它们与*A*点的同面投影连线，得到椭圆锥面的四条线*A*Ⅰ、*A*Ⅱ、*A*Ⅲ、*A*Ⅳ的两面投影，如图2-28所示。

2）取素线的水平投影和其正面投影两端点的z坐标差为两直角边作直角三角形，求出素线的实长为*A*Ⅰ、*A*Ⅱ、*A*Ⅲ、*A*Ⅳ，且*A*Ⅱ=*A*Ⅲ，*A*Ⅰ=*A*Ⅳ，同为等腰三角形的实长，用同样方法求出等腰三角形的实长*E*Ⅰ，如图2-28所示。

3）作等腰三角形*AB*Ⅳ的实形，取$AB=ab$，分别以*A*、*B*点为圆心，以腰长*A*Ⅳ为半径作圆弧得到交点Ⅳ，△*AB*Ⅳ为实形，如图2-28所示。

4）作椭圆圆锥的实形，分别以Ⅳ、*A*点为圆心，以点3和点4间的距离、*A*Ⅱ为半径作圆弧得交点Ⅲ，则△*A*ⅢⅣ为椭圆锥面的1/3实形。

5）以*A*、Ⅰ为圆心，分别以$\frac{1}{2}AD$、*E*Ⅰ为半径作圆弧得到交点*E*，则△*AE*Ⅰ为等腰三角形*A*Ⅰ*D*一半的实形，*E*Ⅰ为变形接头展开图切口的结合边。

6）重复上述的作图步骤，依次作出变形接头其余组成部分的实形，并且画在同一个平面内，从而得到整个变形接头的展开图。

四、划线工艺

划线是根据图样或实物尺寸，在工件表面划出加工界线的操作。只需在一个平面上划线就能明确表示出工件加工界线的，称为平面划线；要同时在工件几个不同方向的表面上划线，才能明确表示出工件加工界线的，称为立体划线。划线的基本作用有：确定工件上各加工面的加工位置和加工余量；可全面检查毛坯的形状和尺寸是否符合图样，能否满足加工要求；坯料出现某些缺陷的情况下，可在划线时采用“借料”法补救；按划线下料，保证正确排料并合理地使用材料。

1. 划针、钢直尺和90°角尺的使用

（1）划针的使用　划针（图2-29）用弹簧钢丝或高速钢制成，直径一般为3～5mm，尖端磨成15°～20°的尖角，并经淬火硬化或在尖端焊上硬质合金。使用划针时，应使针尖与钢直尺或样板底边接触并向外倾斜15°～20°，向划线方向倾斜30°～60°，如图2-30所示。用均匀的压力使针尖沿钢直尺或样板移动进行划线，线的宽度不能超过0.5mm。

划针针尖要保持尖锐，划线时尽量一次划成，线条清晰、准确。如果划线时针尖没有紧靠直尺或样板的底边，则导致误差。

（2）钢直尺的使用　钢直尺主要用于测量，也可作为划直线时的标尺，其使用方法如图2-31所示。测量读数时应使视线与测量处垂直，否则也会导致误差。

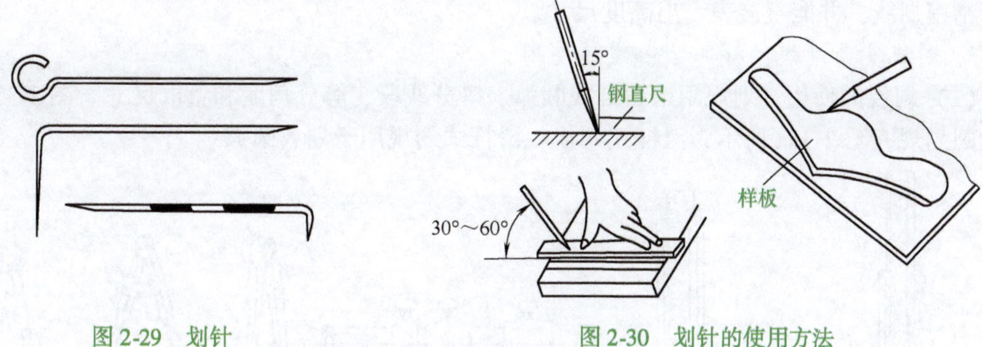

图2-29　划针　　图2-30　划针的使用方法

（3）90°角尺的使用　90°角尺常用作划平行线或垂直线的导向工具，也可用来找出工件平面在划线平台上的垂直位置，其使用方法如图2-32所示。

图2-31　钢直尺的使用方法　　图2-32　90°角尺的使用方法

2. 划线平板、划针盘、高度尺的使用

（1）划线平板的使用　划线平板又称划线平台，用做划线时的基准面。通常将V形块或方箱放在平板上，再将工件靠在V形块或方箱上，然后用划针盘或高度尺对工件进行划线。划线平板工作表面应经常保持清洁；工件和工具在划线平板上要轻拿轻放，不能损伤划线平板的工作面；用后擦拭干净，并涂上润滑油防锈。

（2）划针盘的使用　划针盘（图2-33）用来在划线平板上对工件进行划线或找正工件在平板上的正确安放位置。划针的直头端用来划线，弯头端用于找正工件安放位置。

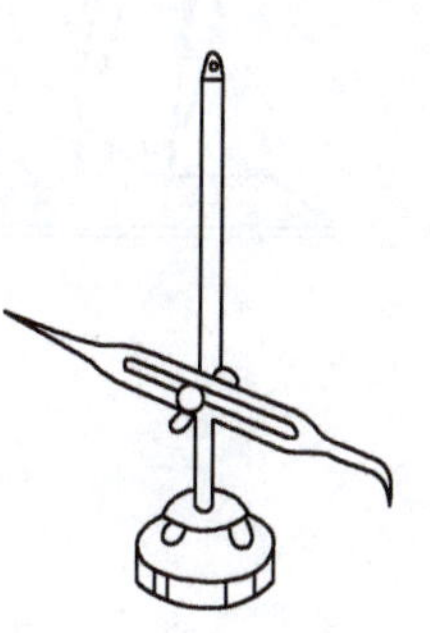

图2-33　划针盘

用划针盘划线时应注意以下几点：

1）划针应尽量处于水平位置，不要倾斜太大，划针伸出部分应尽量短，并牢固夹紧以免划线时产生振动和尺寸变动。

2）划针盘在划线移动时，底座底面始终要与划线平板平面贴紧，无摇晃或跳动。

3）划针与工件划线表面之间沿划线方向应保持40°～60°夹角，以减小划线阻力，防止划针扎入工件表面。

4）用划针盘划较长直线时，应采用分段连接划法，以减小划线误差。

5）划针盘用完后应使划针处于直立状态，以保证安全并节省空间。

（3）高度尺的使用　常用的高度尺有两种，分别是普通高度尺（图2-34a）和高度游标尺（图2-34b）。

普通高度尺由钢直尺和底座组成，用来量取划针盘高度尺寸。高度游标尺附有划针脚，用于精密划线，并能直接表示出高度尺寸。

3. 划规、角度规、样冲、粉线的使用

（1）划规的使用　划规用来划圆或圆弧、等分线段、等分角度和量取尺寸。图2-35b所示为圆划规，图2-35a所示为滑杆式划规，滑杆式划规用于划大圆弧。

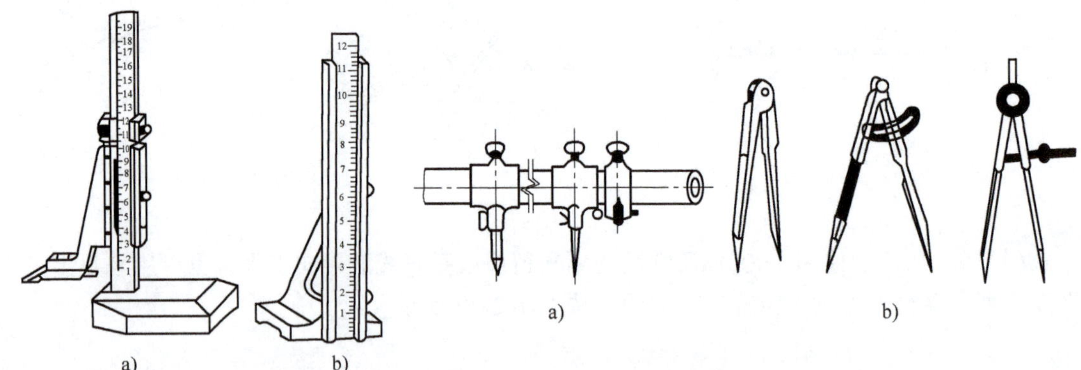

图2-34　高度尺

a）普通高度尺　b）高度游标尺

图2-35　划规

a）滑杆式划规　b）圆划规

1）量取尺寸。为了使划规尖脚移取的尺寸准确，应在钢直尺上重复移取几次，这样可以看出误差的大小，如量取10mm，一次差0.1mm，往往不容易看出来，若量5次后相差0.5mm就能明显看出来。划规开档位置的调整如图2-36所示。

2）中心点在工件边缘的划法。如图2-37所示，如果圆弧的中心点在工件边缘上，可借助辅助支座划线。

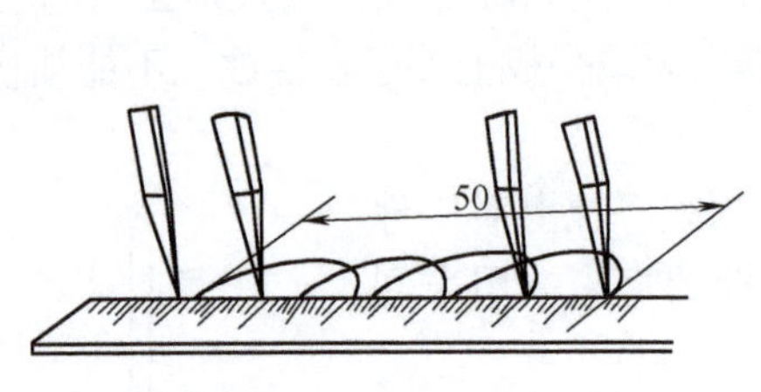

图2-36　划规开档位置的调整

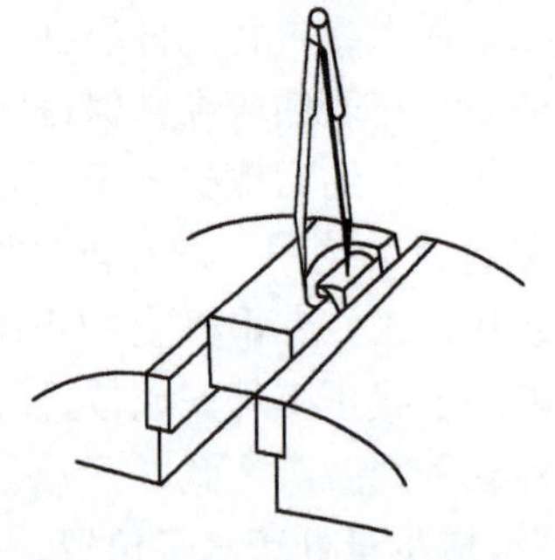

图2-37　中心点在工件边缘的划法

3）中心点在工件之外的划法。如图2-38所示，如果圆弧中心点在工件之外，可将一块打样冲孔的延长板夹在工件上。如果中心点与圆弧线不在同一个平面上，可先将可调尖脚划规的两个尖脚调至等长且平行的状态量取尺寸，再把一只尖脚伸长或缩短以抵消高度差后划线，否则划出的弧线会比需要的尺寸大。

4）圆的划法。如图2-39所示，用圆规划圆时，掌心压住圆规顶端，使划规尖扎入金属表面或样冲孔中，正反各划半个圆周线从而成一个整圆。

（2）角度规的使用　如图2-40所示为角度规用于划角度线的过程。

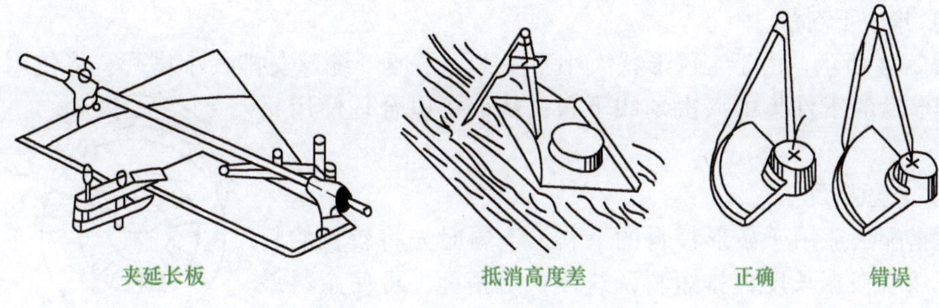

图 2-38　中心点在工件之外的划法

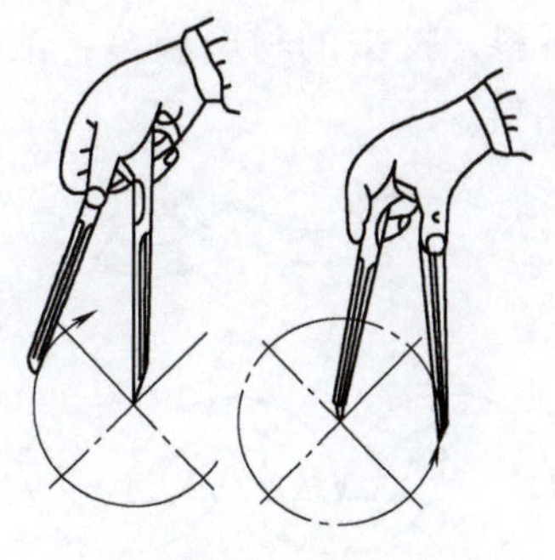

图 2-39　划圆

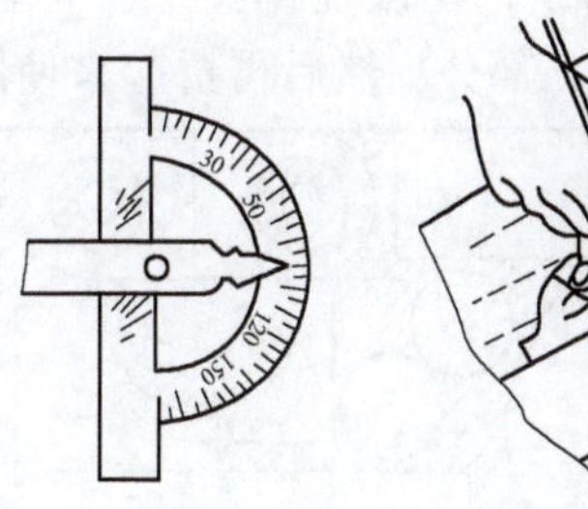

图 2-40　划角度线

(3) 样冲的使用　样冲（图 2-41）用于在工件所划加工线条上冲点，作为加强界线的标志（称为检验样冲点）和作为划圆弧或钻孔所定的中心（称为中心样冲点），顶尖角度用于加强界线标记时大约为 40°，用于钻孔定中心时约取 60°。

剪切下料前，对钻孔标记线应使用样冲打上中心孔，打样冲孔时，要把冲尖对准中心点，斜着放上去；在锤击时，要把样冲竖直并握牢，轻轻敲击，如图 2-42 所示。冲点位置要准确，中点不能偏离线条；在曲线上冲点距离要小些，在直线上冲点距离可大些。在线条的交叉转折处必须冲点；在薄壁或光滑表面上冲点要浅些，在粗糙表面上要深些。

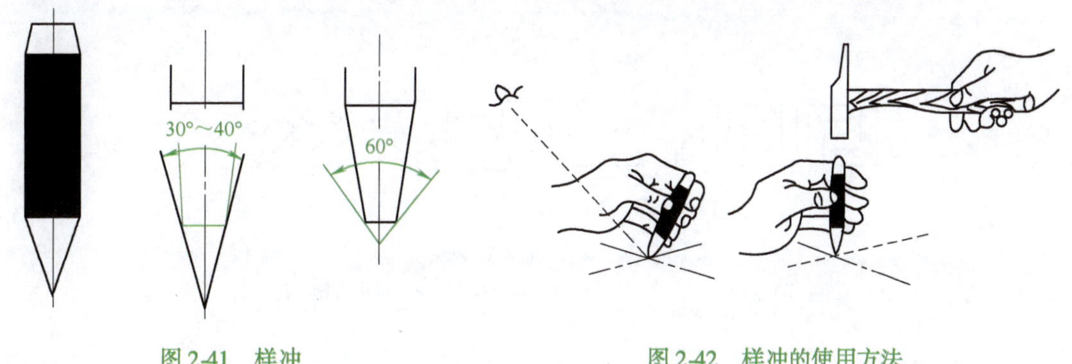

图 2-41　样冲　　　图 2-42　样冲的使用方法

(4) 粉线的使用　粉线是用于划长直线时，确保划线精度和划线效率所采用的工具，直径一般不允许超过 1mm，如图 2-43 所示。

五、配裁工艺

(一) 集中下料法

如图2-44所示，由于工件形状大小不一，为了便于统筹安排大小搭配，将使用同样牌号、同样厚度的工件集中一次划线下料，从而可以合理使用材料。

(二) 长短搭配法

长短搭配法适用于条形板料的下料。下料时先将较长的料排出来，然后根据长度再排短料，这样长短搭配，可使余料最小。

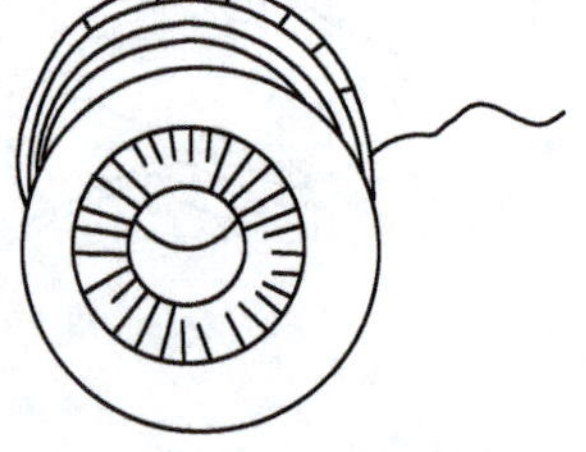

图2-43 粉线

(三) 零料拼整法

如图2-45所示，在钣金作业中，有时按整个工件下料，挖去的材料较多，浪费较大，如果将工件裁成几部分，然后再拼起来使用就可以节省用料。

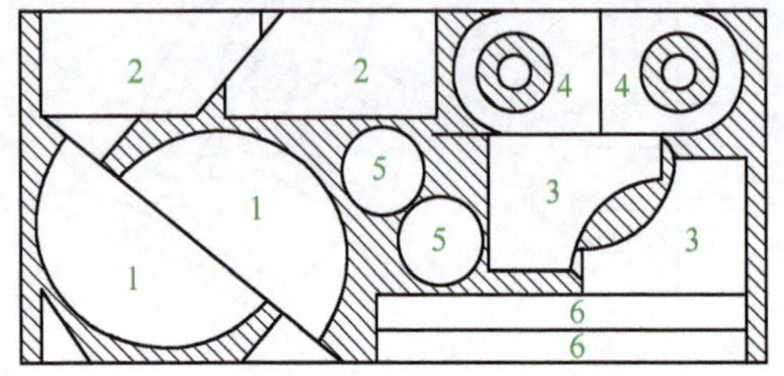

图2-44 集中下料法

图2-45 零料拼整法

(四) 排样套裁法

如图2-46所示，当工件下料的数量较多时，为了充分利用板料，必须对同一形状的工件或各种不同形状的工件排样套裁，排样的方式通常有直排、斜排、单行排列、多行排列、对头直排、对头斜排等。

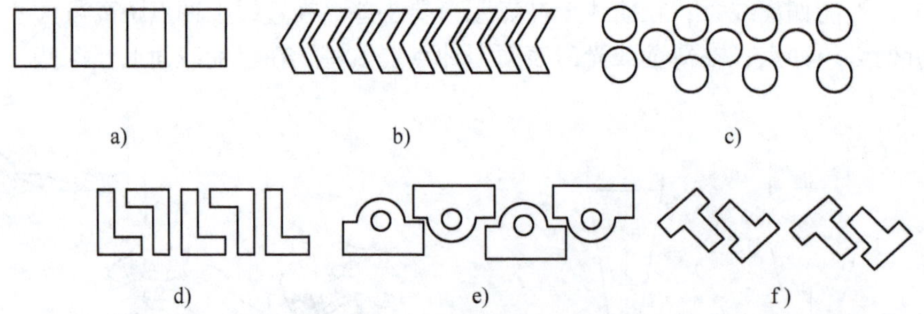

图2-46 排样套裁法

a) 直排 b) 斜排 c) 多行排列 d) 单行排列 e) 对头直排 f) 对头斜排

六、剪切工艺

(一) 直线的剪切方法

如图2-47所示，在短料上剪切直线时，被剪去部分一般都放在剪刀右边，左手拿板料，右手握住剪刀柄末端。剪切时，剪刀要张开大约2/3刀刃长，上下两刀片间不能有空隙，否

则剪下的材料边缘会有毛刺。剪切长或宽板材料的长直线时，必须将被剪去的部分放在剪刀左边，以使被剪去的部分容易向上弯曲。

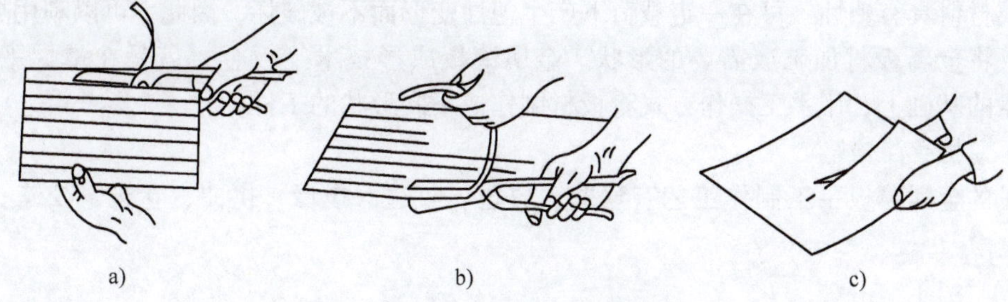

图2-47　直线的剪切方法

a）剪短料　b）剪长料　c）剪板料

（二）外圆的剪切方法

如图2-48所示，剪切外圆应从左边下剪，按顺时针方向剪切，边料会随着剪刀的移动向上卷起；若边料较宽时，可采取剪直线的方法。

（三）内圆的剪切方法

如图2-49所示，剪切内圆时，应从右边下剪，按逆时针方向剪切，边料会随着剪刀的移动向上卷起。

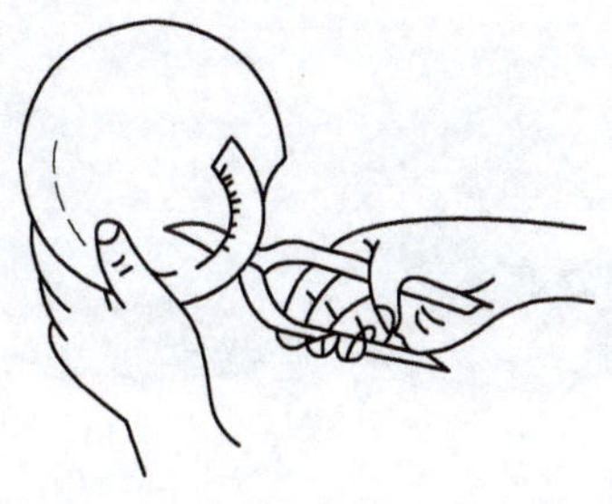

图2-48　外圆的剪切方法

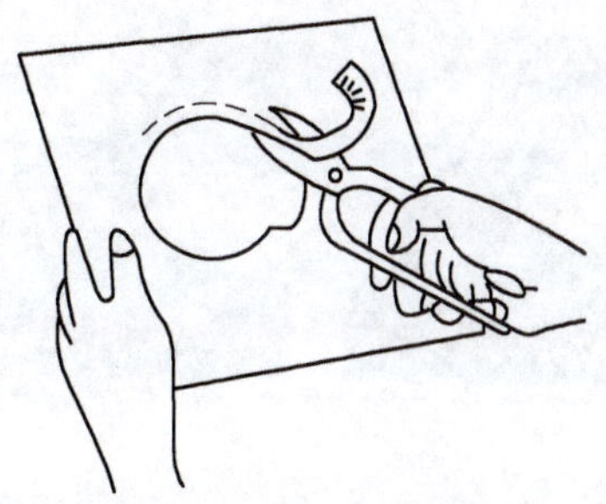

图2-49　内圆的剪切方法

（四）厚料的剪切方法

如图2-50所示，剪切较厚板料时，可将剪刀夹在台虎钳上，在手柄上套一根管子，右手握住管子，左手拿住板料剪切；也可由两人操作，一人敲击，另一人持剪刀和板料，这样也可以剪切较厚的板料。

图2-50　厚料的剪切方法

a）在台虎钳上用剪刀剪切厚料　b）用敲击法剪切厚料图

任务实施

金属材料具有塑性，可在一定载荷下产生塑性变形而不被破坏，因此，可以利用金属这个性质，将金属板材加工成需要的形状。金属薄板成形技术（钣金）就是在掌握平、直、圆三要素的基础上，用手工操作方式将板材制作成不同形状的工件。

一、薄扳手工成形

常见的金属薄板手工制作工艺有弯曲、放边、收边、拔缘、拱曲、卷边、咬缝及制筋等。

（一）弯曲

板料弯曲是整形操作的基本工艺，弯曲形式一般有两种，即角形弯折和弧形弯曲。

1. 角形弯折

板料角形弯折后出现平直的棱角。弯折前，根据零件尺寸划线下料，并在需弯折处划出折弯线，一般折弯线划在折角内侧。如果零件尺寸不大，折弯可在台虎钳上进行。将板料夹持在台虎钳上，使折弯线恰好与钳口衬铁对齐，且夹持力度合适。当弯折工件在钳口以上较长或板料较薄时，应用左手压住工件上部，用木锤在靠近弯曲部位轻轻敲打，如图 2-51 所示，如果敲打板料上方，易使板料翘曲变形。

若板料在钳口以上部分较短，可用硬木垫在弯角处，再用力敲打硬木，如图 2-52 所示。

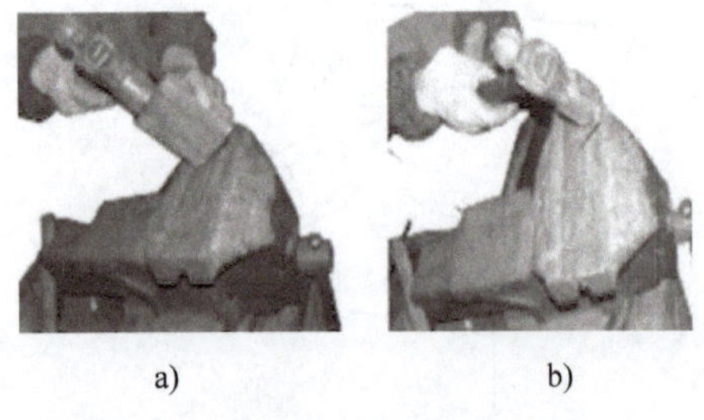

a)　　b)

图 2-51　弯钳口上段较长的角形弯折

a）错误　b）正确

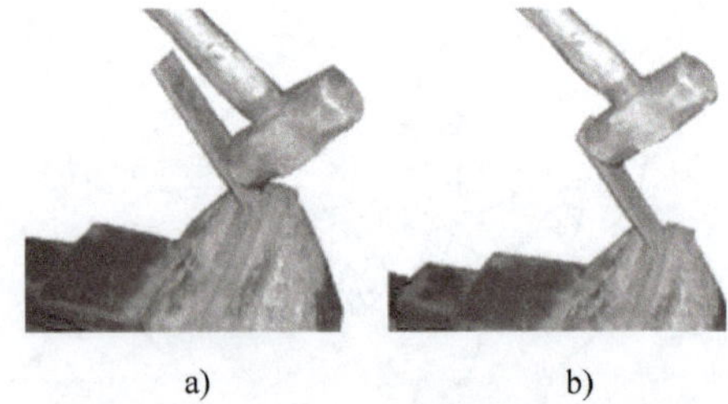

a)　　b)

图 2-52　弯钳口上段较短的角形弯折

a）错误　b）正确

钳口宽度较零件宽度小，可借助夹持工具如角铁来完成，如图 2-53 所示。弯成各种形状工件时，可借助木垫或金属垫等作为辅助工具。

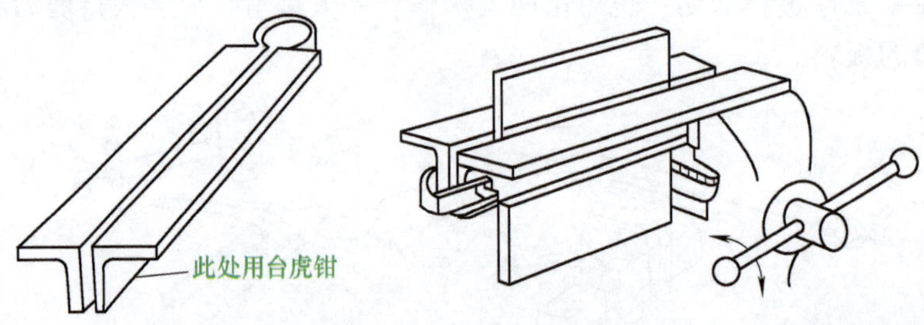

图 2-53　用角铁夹持弯直角

1）弯 S 形件。其操作顺序如图 2-54 所示。依划线夹持板料，弯成 α 角，然后将方衬垫垫入 α 角，再弯折 β 角。

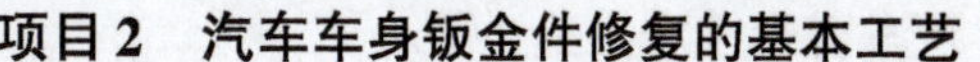

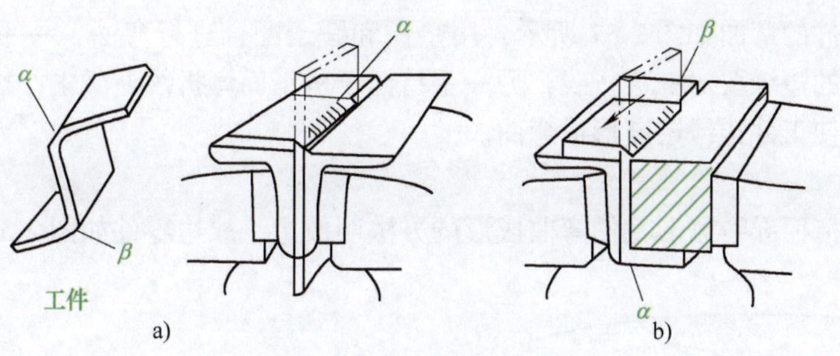

图 2-54　弯 S 形件的操作过程

a）工序 1：依划线夹入角铁衬垫，弯成 α 角

b）工序 2：方衬垫放入 α 角里，对准划线夹入角铁衬垫弯成 β 角

2）弯 n 形件。其操作过程如图 2-55 所示，先弯成 α 角，再用衬垫弯成 β 角，最后完成 θ 角。弯曲封闭的盒子时，其方法步骤与弯 S 形件大致相同，最后夹在台虎钳上，使缺口朝上，再向内弯折成形。

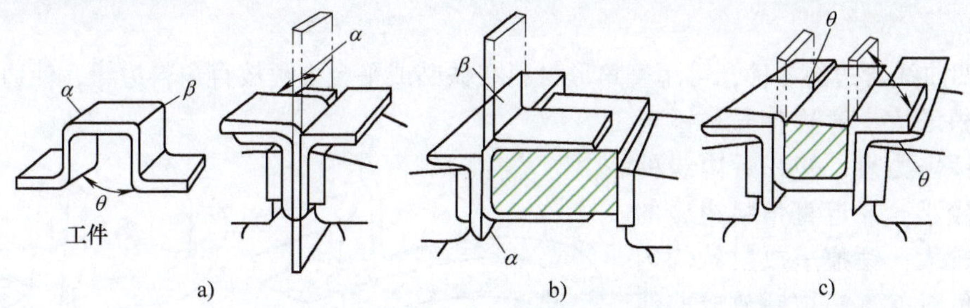

图 2-55　弯 n 形件的操作过程

a）工序 1：弯成 α 角　b）工序 2：用衬垫弯成 β 角　c）工序 3：用衬垫弯成 θ 角

2. 弧形弯曲

以圆柱弯曲为例，首先在板料上划出若干与弯曲轴线平行的等分线，作为弯曲时的基准线，后用槽钢作为胎具，将板料从外端向内弯折。当钢板边缘接触时，将对接缝焊接几点。将零件在圆钢管上敲打成形，再将接缝焊牢。击时，应尽量使用木锤，以防板料变形。圆柱面的弯曲如图 2-56 所示。

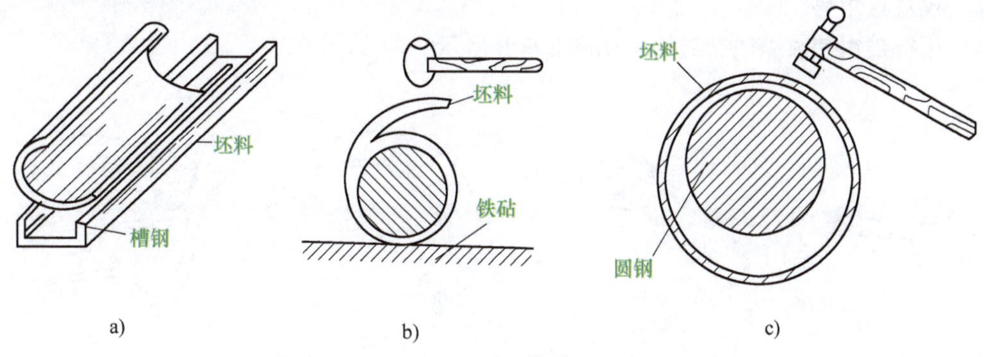

图 2-56　圆柱面的弯曲

a）在槽钢上弯曲　b）在铁砧上弯曲　c）在圆钢上整圆

复杂形状工件的弯曲如图2-57所示，用垫铁和锤子配合进行弯曲，一手持垫铁在工件背面垫托，垫铁的边缘要对准弯折线，另一手持锤子从正面弯折线处敲击，边敲击边移动垫铁，循序渐进，使工件边缘逐渐形成弯曲。

（二）放边

通过板料变薄而导致角形零件弯曲成形的方法叫放边，放边零件如图2-58所示。

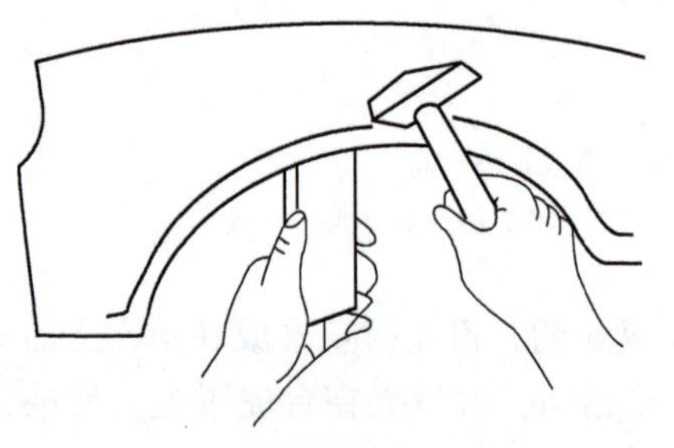

图2-57　复杂形状工件的弯曲

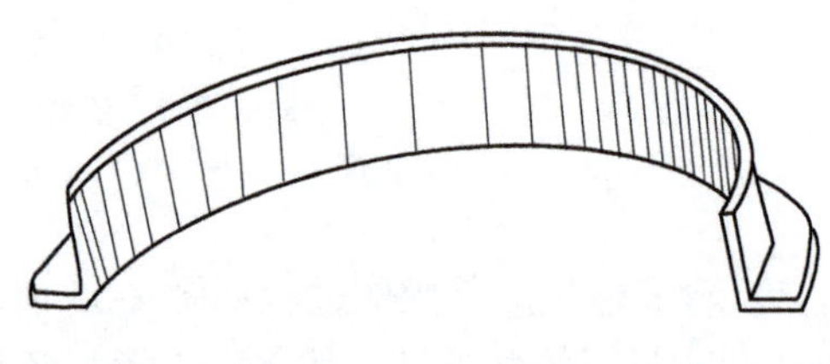

图2-58　放边零件

制造凹曲线弯边的零件，可用直角形材料在铁砧或平台上锤放直角料边缘，使边缘材料变薄、面积增大、弯边伸长。锤击时，注意锤击力度，使靠近内缘的材料伸长较小，靠近直角料边缘的材料伸长较大，锤痕呈放射状均匀分布，直角料就逐渐被锤放成曲线弯边的工件，打薄边的位置如图2-59所示。

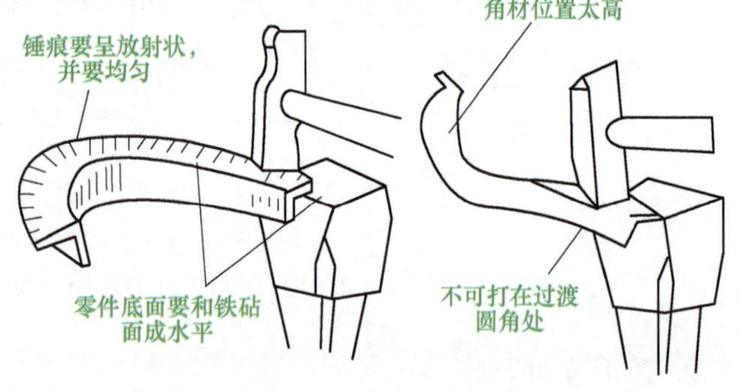

图2-59　打薄边处的位置

（三）收边

收边有折皱钳起皱收边和搂弯收边两种方法。

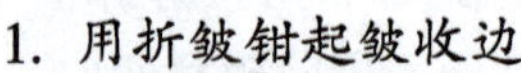

1）将零件折弯，如图2-60a所示。

2）校直直角料。

3）用折皱钳使收缩边起皱褶，如图2-60b所示。

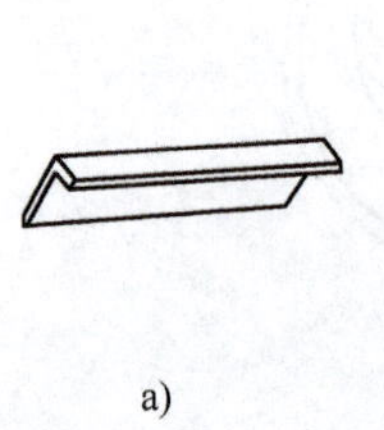

a)

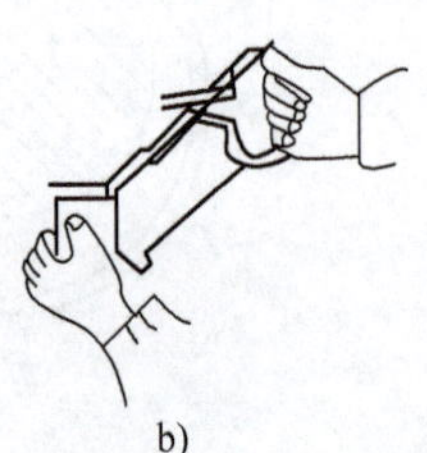

b)

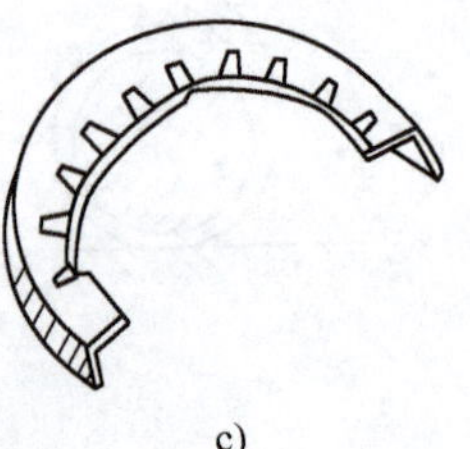

c)

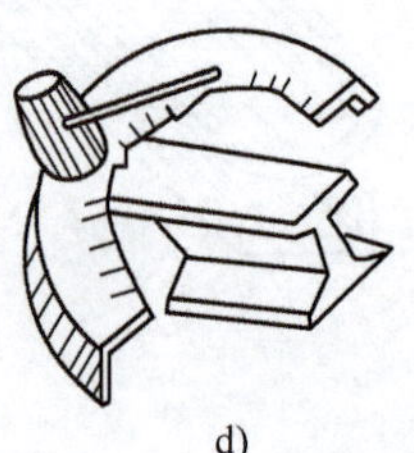

d)

图2-60　收边操作过程

a）折弯　b）收缩边起皱褶　c）角料成弧形　d）敲平

4）收缩边边缘长度减小，使角料呈圆弧形，如图 2-60c 所示。

5）放在铁砧上用铁锤敲平，如图 2-60d 所示。

6）锉削毛边。

2. 搂弯收边

搂弯收边如图 2-61 所示，将坯料夹在型胎上，用铝棒顶住毛坯，用木锤敲打顶住部分，使板料弯曲逐渐收缩后靠胎。

（四）拔缘

用手工锤击板料边缘，使之弯曲成弯边的方法称为拔缘。拔缘主要针对环形板料边缘的弯曲，有外拔缘和内拔缘两种形式。图 2-62 所示为拔缘加工后的工件。

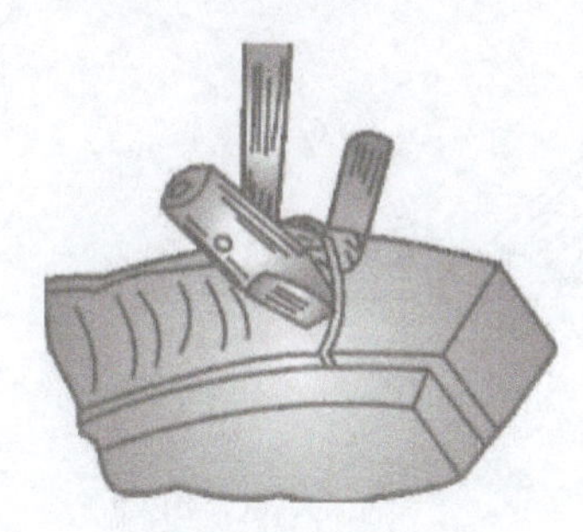

图 2-61　搂弯收边

图 2-62　拔缘加工后的工件

拔缘有自由拔缘和型胎拔缘两种方法。

1. 自由拔缘

自由拔缘是利用一般的拔缘工具进行的手工拔缘，如图 2-63 所示。其加工方法如下：先划出拔缘标记线，将板件靠在砧座边缘，标记线与砧座边缘靠齐，板料锤击部位与座平面形成 30°左右的夹角；锤击伸出部分，使之拉伸并向外弯曲，敲击时用力适当，敲击均匀，并随时转动板件。若凸缘要求边宽或角度大时，可适当增加敲击次数。

（1）薄板拔缘

1）计算坯料直径，坯料计算直径 D 等于零件内腔直径加上两倍拔缘宽度。

2）在坯料上划出内圆与外环的分界线，然后按毛坯直径剪切圆坯料（图 2-64a），去毛刺。

3）在铁砧上，参照零件外缘宽度线，用木锤敲击进行拔缘，如图 2-64b 所示。

4）将坯料周边弯曲，在弯边上制出皱褶再打平，使弯边收缩成凸边，如图 2-64c 所示。

5）再次起皱褶、打平，使弯边再次收缩。如此反复多次即可获得所需外拔缘件，如图 2-64d 所示。

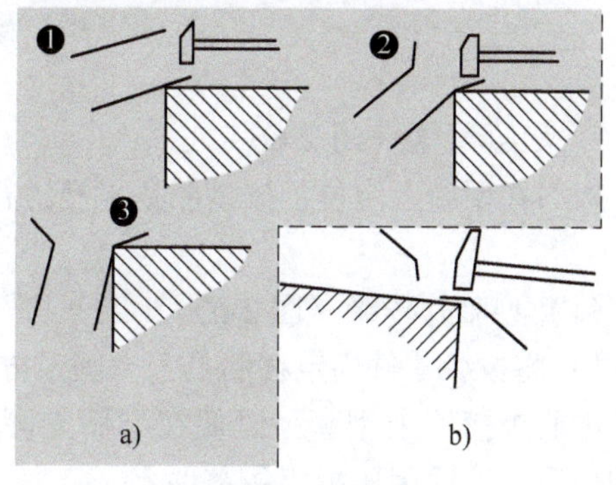

图 2-63　自由拔缘
a）外拔缘　b）内拔缘

（2）圆筒形零件拔缘

1）用钢锉锉光板料边缘毛刺。

2）划出边缘的标记线。

3）将制件靠在平台或砧座的边棱上，标记线和边棱对齐，使伸出部分与砧座的平面保持30°左右的夹角，如图2-65a所示。

4）在铁砧上用锤子将标注线处敲打成圆角。敲击用力要适当，击点要均匀，以免产生裂纹，如图2-65b所示。

5）最后打平波纹，使弯边收缩，如图2-65c所示。

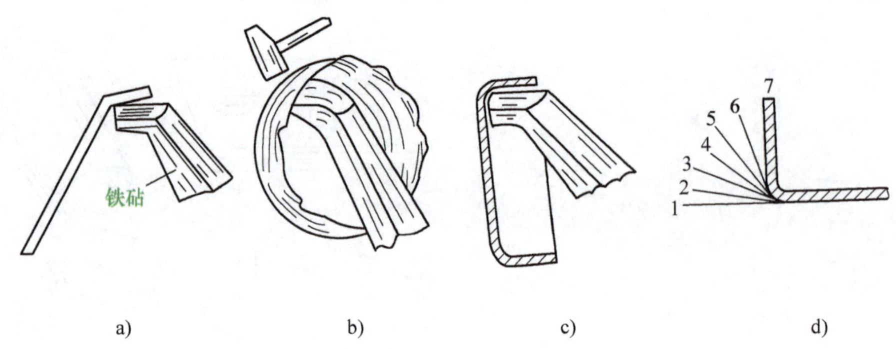

图2-64　薄板外拔缘操作过程

a）剪切圆坯料　b）敲击拔缘　c）打平皱褶　d）反复收缩

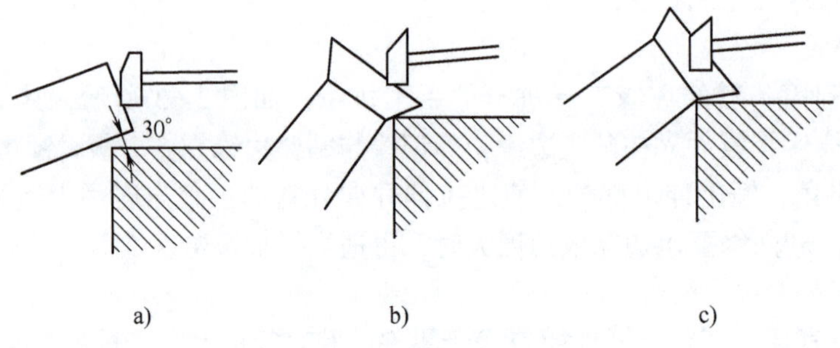

图2-65　圆筒形零件拔缘过程

2. 型胎拔缘（图2-66）

板料在型胎上定位，按型胎拔缘孔进行拔缘，适合制作口径较小的零件拔缘，可一次成形。

（1）型胎外拔缘（图2-67）

1）将拔缘零件固定在胎具上。固定方法：在坯料的中心焊接一个钢套，以便在型胎上固定坯料拔缘的位置，然后用压板压住零件。

2）用氧-乙炔火焰对拔缘零件边缘加热。

3）进行拔缘。

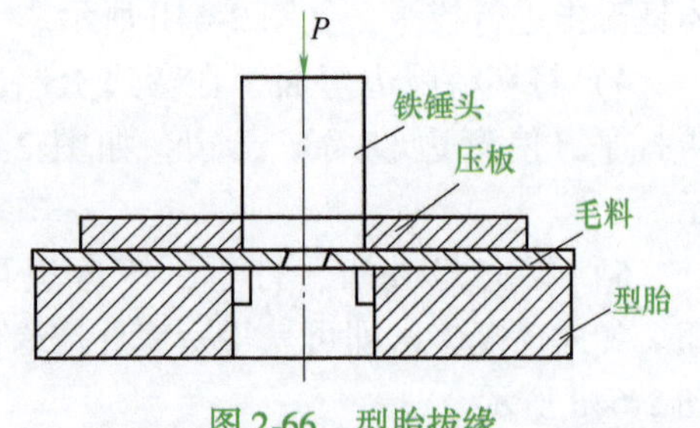

图2-66　型胎拔缘

（2）型胎内拔缘（图2-68）

1）下料，并去毛刺。

2）将零件放在胎模上，用压板压住。

3）内孔直径不超过80mm的薄板内拔缘，可采用一个圆形木锤一次冲出弯边，如图2-68所示。对于较大的圆孔和椭圆孔的厚板内拔缘，可制作相应的钢凸模来一次冲出弯边。

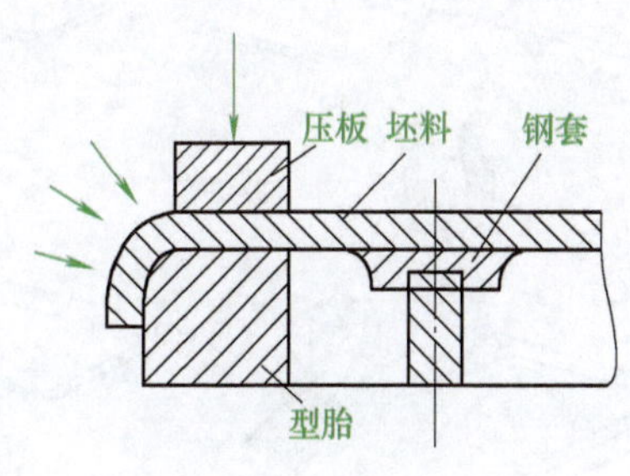

图2-67　型胎外拔缘

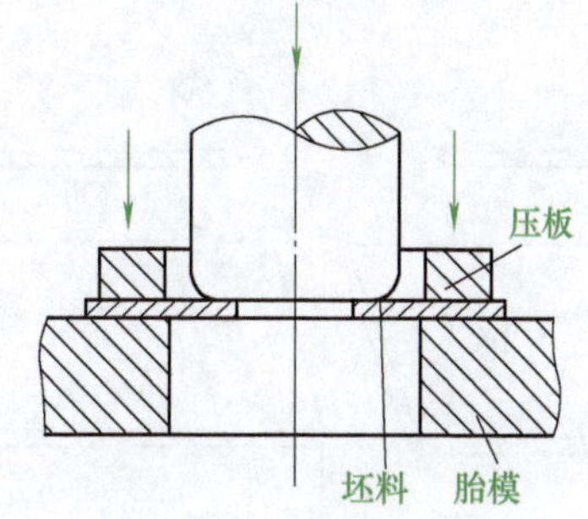

图2-68　型胎内拔缘

（五）拱曲

把较薄的金属板料锤击成凹面形状的零件，称为拱曲。操作时需要带凹坑的座，将板料对准座凹坑放置，左手持板料，右手锤击。半球形拱曲过程如图2-69所示。

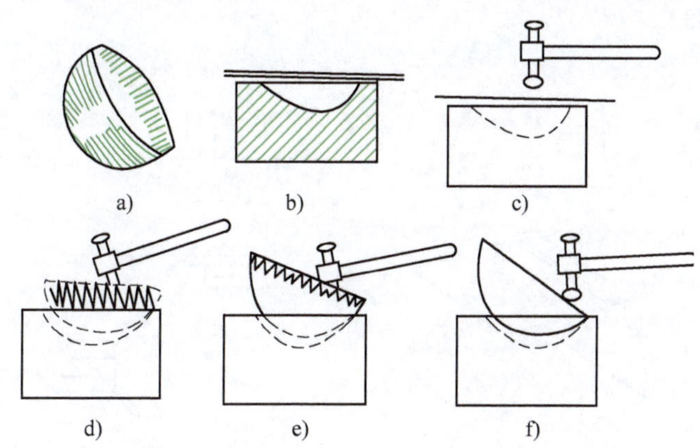

图2-69　半球形拱曲过程

（六）卷边

卷边是将板件的边缘卷起来，其目的是增强边缘的刚度和强度。卷边分为夹丝卷边和空心卷边两种，如图2-70所示。

卷边的操作过程以图2-71为例进行：

1）将板料剪切成所需尺寸。

2）沿边缘量出2.5倍铁丝直径距离并划线。

3）将板料按划线弯折成直角（图 2-71a）。

4）用钢丝钳剪一段适当长度的铁丝，用木锤在光滑平板上打直铁丝。

5）将铁丝放入已经折好的直角边内（图 2-71b），并用手钳固定铁丝位置（图 2-71c）。

6）用木锤或铆钉锤锤打板缘以包住铁丝（图 2-71d）。

7）用铆钉锤逐段扣紧成形（图 2-71e）。

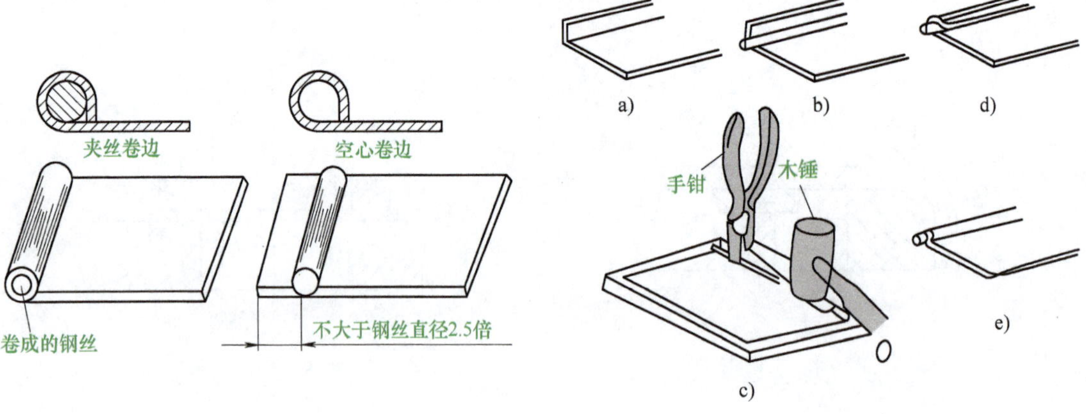

图 2-70　卷边

图 2-71　卷边的操作过程

（七）咬缝

常见的咬缝种类，按结构不同可分为挂扣、单扣、双扣（图 2-72）；以形式不同可分为站扣和卧扣（图 2-73）。

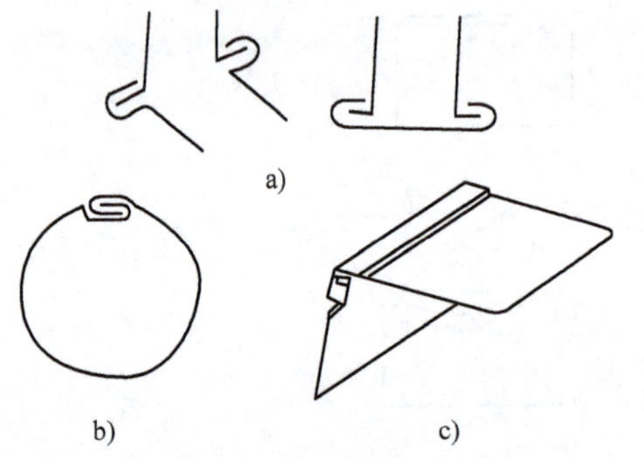

图 2-72　咬缝的种类（一）

a）立式管接单扣　b）圆管卧式单扣

c）角式复合扣

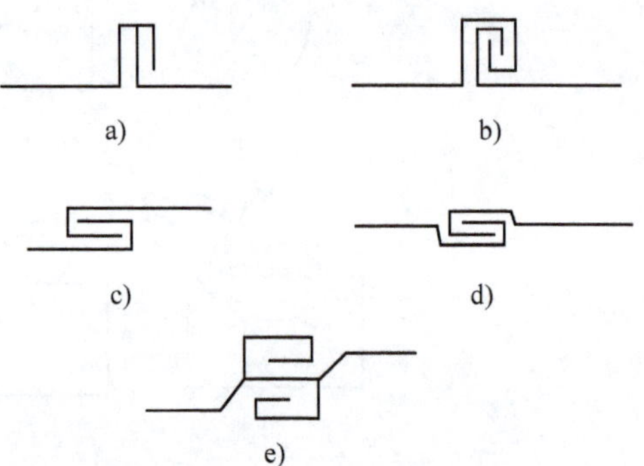

图 2-73　咬缝的种类（二）

a）站扣（半咬）　b）站扣（双扣）　c）卧扣（单咬）

d）卧扣（咬缝）　e）卧扣（双扣）

（八）制筋

在钣金件表面上制出各种凸筋，可以提高其刚度和使用性能，增加美感。筋的横截面一般为圆弧形或角形，如图 2-74 所示。

简易的手工整形制筋方法有两种，如图 2-75 所示。

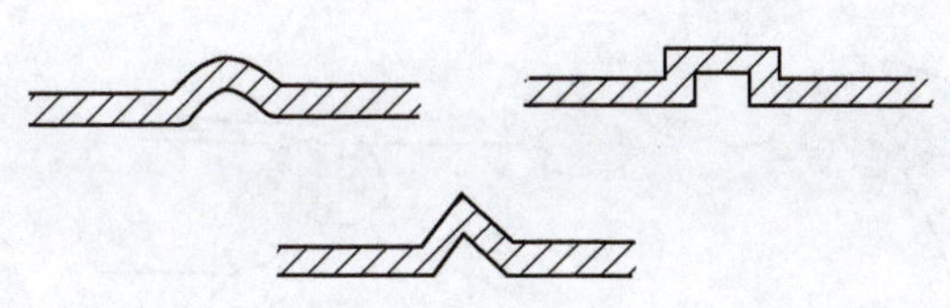

图 2-74　筋的横截面形状

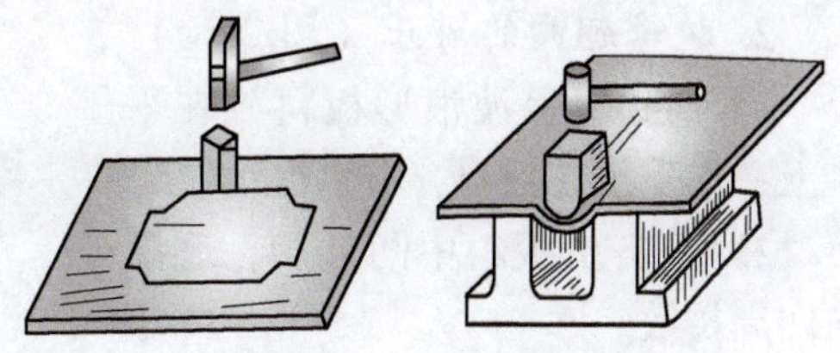

图 2-75　手工整形制筋方法

二、板件的手工矫正工艺

（一）板件矫正的方法

手工矫正是在平板、铁砧或台虎钳上用锤子等工具矫正板件。常用的手工矫正方法有延展法、扭转法、弯形法和伸张法。

1. 延展法

延展法主要针对金属薄板中部凹凸而边缘呈波浪形以及翘曲等变形的情形，如图 2-76 所示。

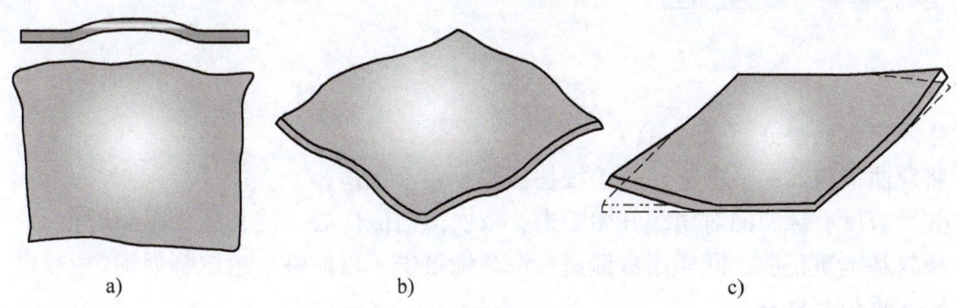

图 2-76　延展法矫正金属薄板

a）中间凸起　b）边缘呈波浪形　c）对角翘起

2. 扭转法

扭转法用来矫正条料扭曲变形，操作时将条料夹持在台虎钳上，用扳手把条料扭转到原来形状，如图 2-77 所示。

3. 弯形法

弯形法用来矫正各种弯曲的棒料和在宽度方向上弯曲的条料。

4. 伸张法

伸张法用于矫直各种细长线材，如图 2-78 所示。

（二）板件的矫正步骤

1. 凸鼓面的矫正（图 2-79）

1）将板料凸面向上放在平台上，左手按住板料，右手握锤。

2）敲击由板料四周边缘开始，逐渐向凸鼓面中心靠拢。

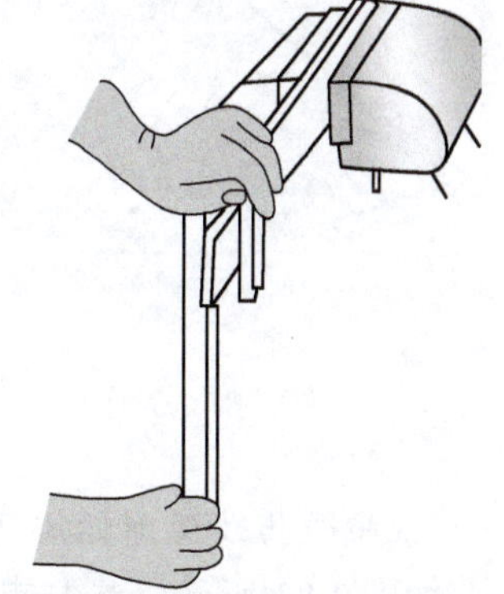

图 2-77　扭转法矫正条料

3）板料基本矫正后，用木锤进行调整性敲击，以使整个组织舒展均匀。

2. 边缘翘曲的矫正（图2-80）

1）将边缘呈波浪形板料放在平台上，左手按住板料，右手握锤。

2）敲击由板料中间开始，逐渐向四周扩散。

3）板料基本矫正后，也用木锤进行调整性敲击，以使整个组织舒展均匀。

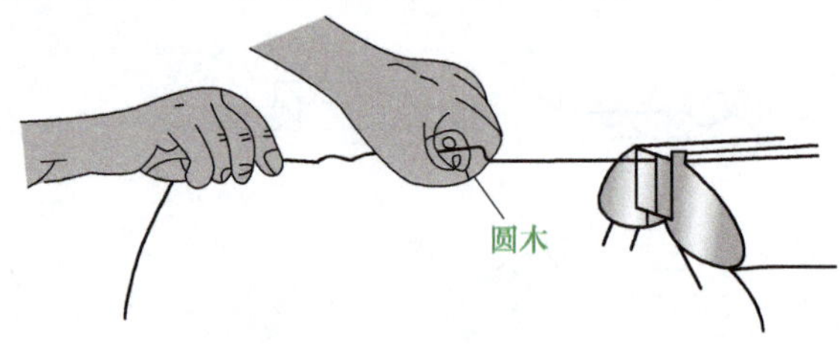

图2-78　伸张法矫直线材

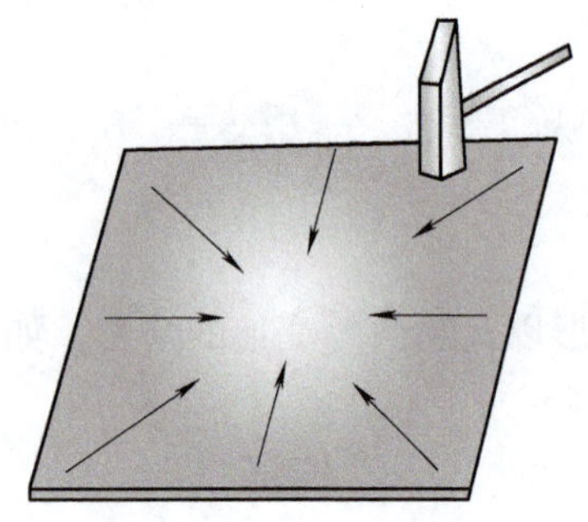

图2-79　凸鼓面矫正

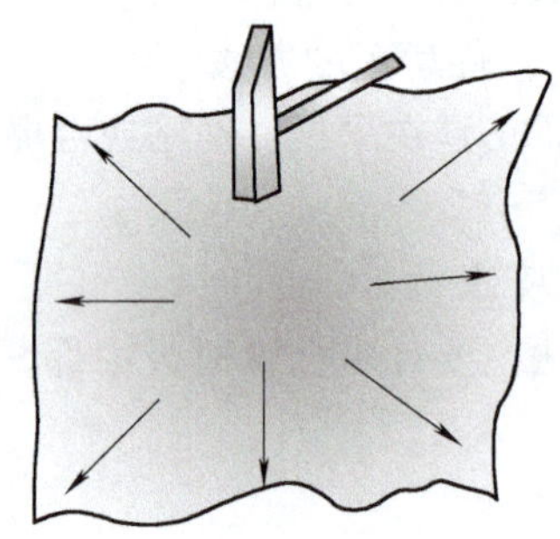

图2-80　边缘翘曲的矫正

3. 对角翘曲的矫正（图2-81）

1）将翘曲板料放在平台上，左手按住板料，右手握锤。

2）先沿着没有翘曲的对角线开始敲击，依次向两侧伸展，使其延伸得到矫正。

3）板料基本矫正后，同样用木锤进行调整性敲击，以使整个组织舒展均匀。

4. 板料的拍打矫正

如图2-82所示，用拍板在板料上拍打，使板料凸起部分受压变短，同时张紧部分受压伸长，从而达到矫正的目的。

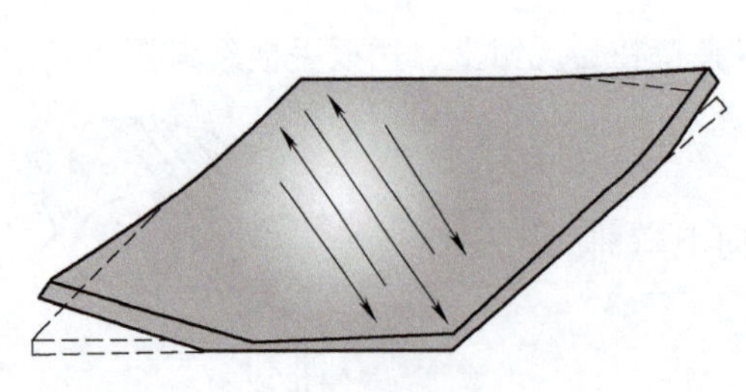

图2-81　对角翘曲的矫正

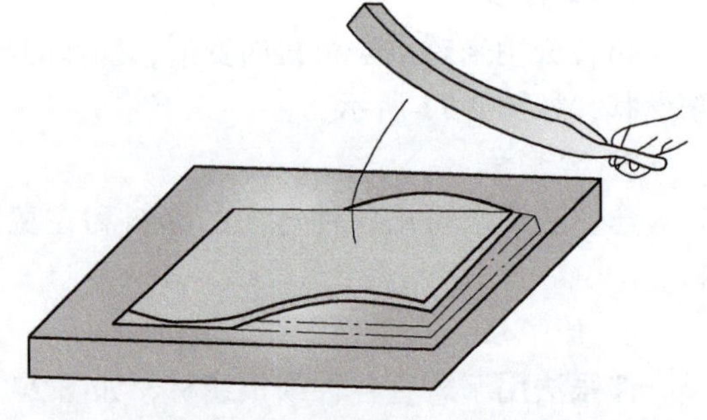

图2-82　板料的拍打矫正

5. 曲面凸鼓变形的矫正

如图2-83所示，首先使锤与顶铁中心对阵，然后进行敲击修整，握锤的手不宜过紧，以手腕的力量敲击，敲击速度大约100次/min为宜。

6. 曲面凹陷变形的矫正

如图 2-84 所示，顶铁放在稍偏于锤击之处，锤击点为凸凹不平表面的较高部位，使钢板在顶铁与锤击点中间处受力。

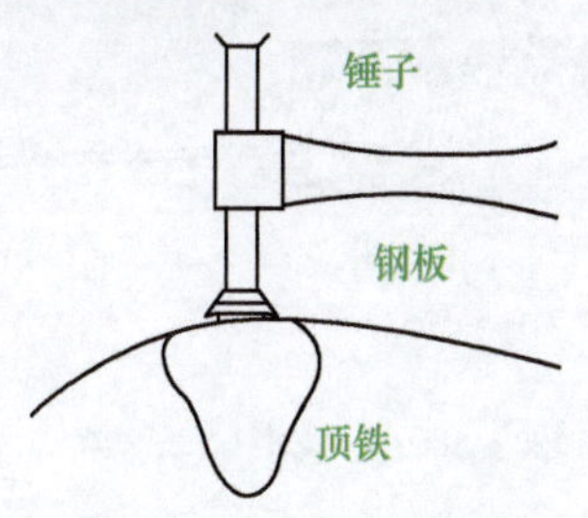

图 2-83　曲面凸鼓变形的矫正

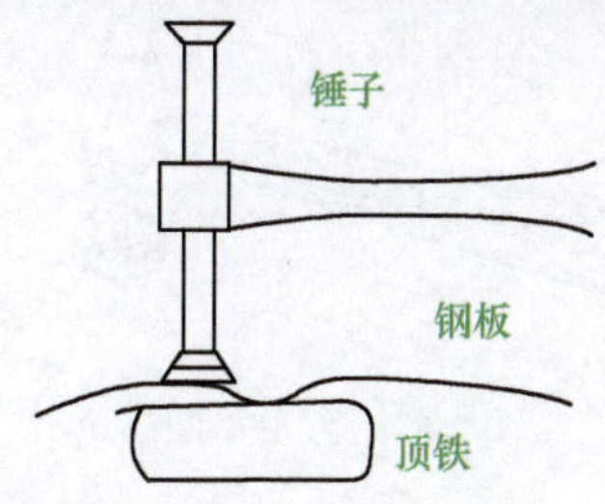

图 2-84　曲面凹陷变形的矫正

7. 大凹面的矫正（图 2-85）

首先用喷灯将凹面中间部位加热至粉红色的炽热状态，然后在中间部位下侧以顶铁顶起，使原来的凹陷初步复位，再用锤和顶铁相互配合将四周变高的部分逐渐敲平，恢复原来的形状。

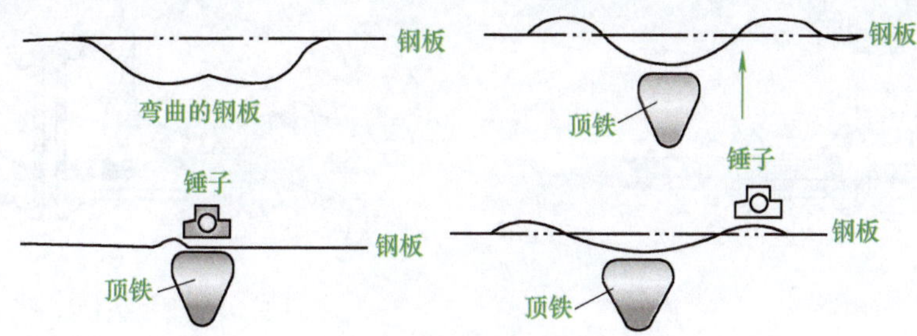

图 2-85　大凹面的矫正

8. 大曲率表面的矫正（图 2-86）

修整如翼子板、挡泥板等表面曲率较大的部位（如高凸面）时，先用火焰加热，然后用顶铁顶起，最后锤击敲平，达到原来的外观。

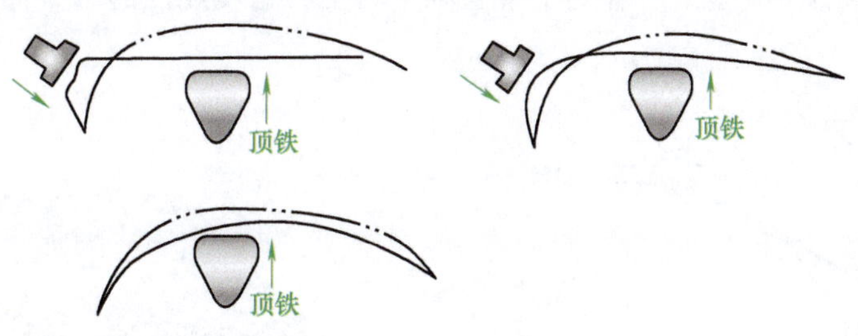

图 2-86　大曲率表面矫正

9. 小凹痕的矫正

1）如图 2-87 所示，用鹤嘴钳的尖头把凹陷处从里往外锤平。

2）如图 2-88 所示，用撬棍伸进狭窄的空间，把凹陷撬平，一般用于车门、后翼子板和其他封闭式车身板的凹陷。

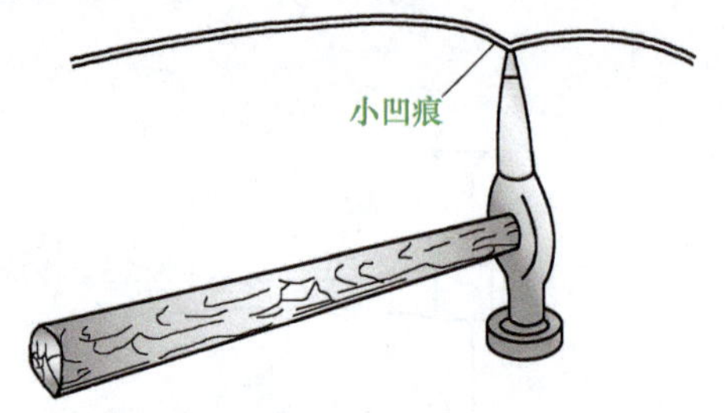

图 2-87　敲平小凹陷

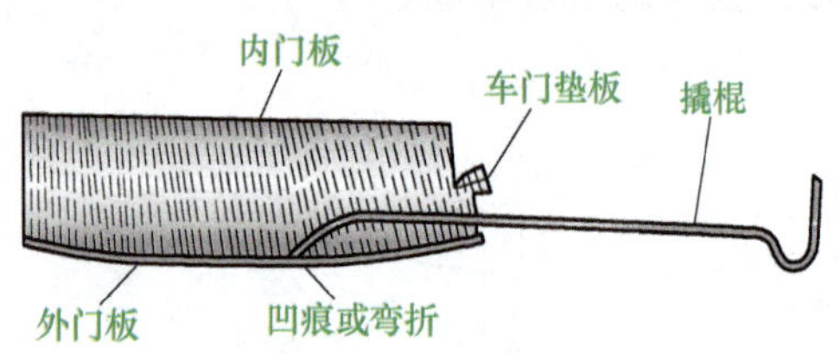

图 2-88　用撬棍撬平凹陷

3）如图 2-89 所示，用拉拔器将凹陷拉平，主要用于封闭型车身板或从后面无法接近的皱褶。

4）用拉拔杆将凹陷拉平，敲打和拉拔使凸起部降低、凹陷上升，如图 2-90 所示。

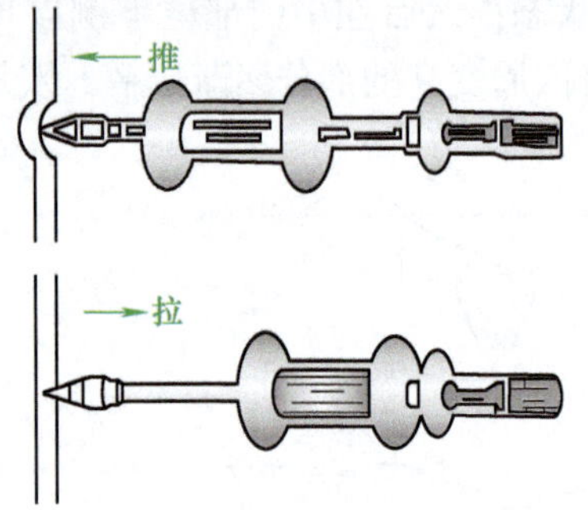

图 2-89　用拉拔器拉平凹陷

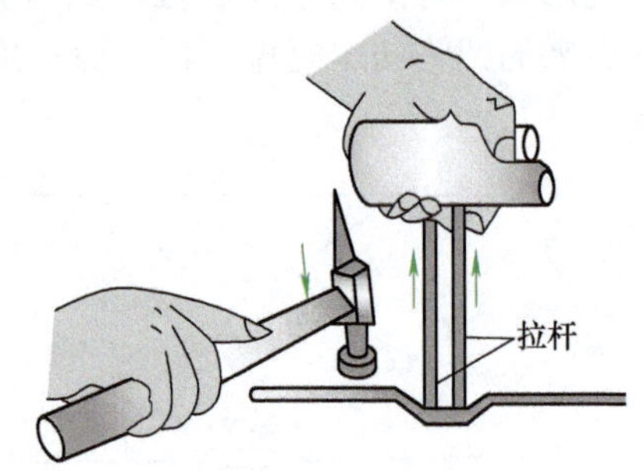

图 2-90　用拉拔杆拉平凹陷

10. 扁钢扭曲的矫正

1）将扁钢夹持在台虎钳上。

2）用呆扳手夹住扁钢的另一端，用力往扁钢扭曲的反方向扭转，如图 2-91 所示。

3）扭曲变形基本消除后，采用锤击法将其矫正。

4）锤击时，将扁钢斜置，平整部分搁置在平台上，扭转翘曲的部分伸出在平台上，如图 2-92 所示。

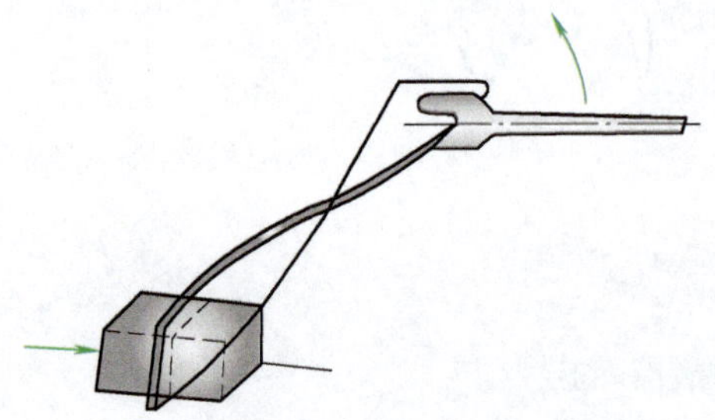

图 2-91　用呆扳手往扁钢扭曲的反方向扭转

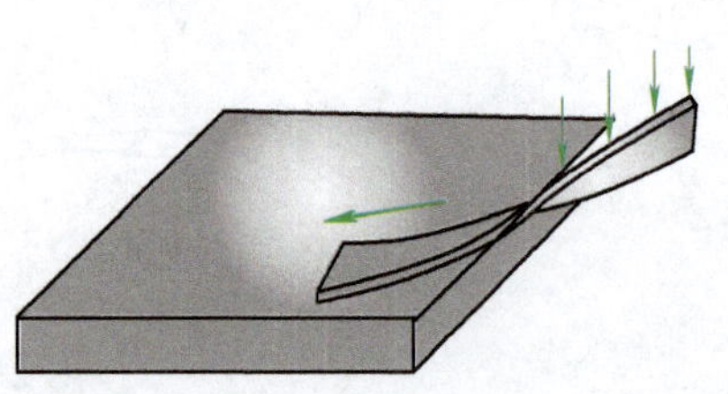

图 2-92　扭曲的锤击矫正

11. 角钢的变形（图2-93）与矫正

1）将外弯角钢和内弯角钢放在圆筒铁砧或带孔的平台上。

2）对外弯角钢，锤击两直角边的边缘，从边缘往里锤击，如图2-94a所示，对内弯角钢，锤击两直角边的根部，如图2-94b所示。

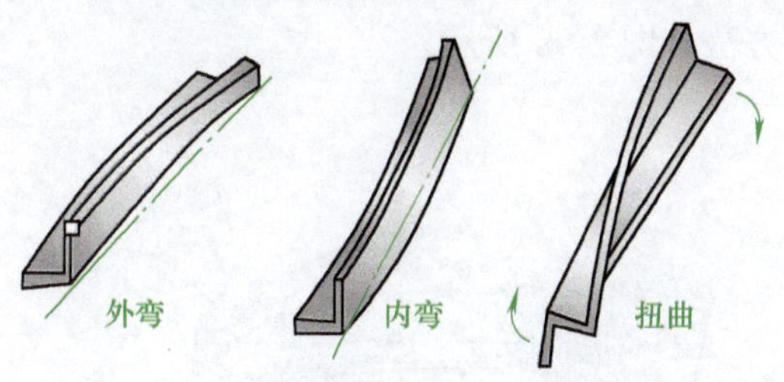

图2-93　角钢的变形

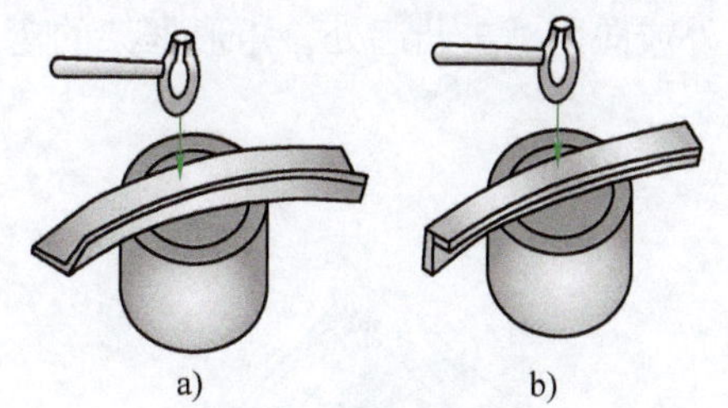

图2-94　弯曲角钢的矫正

3）将扭曲角钢的一端夹紧在台虎钳上。

4）用呆扳手夹住角钢另一端的直角边，用力使角钢沿相反的方向扭转，并稍微超过角钢的正常状态，如图2-95所示。

5）反复几次基本消除角钢的扭曲变形。

12. 变形圆钢的矫正（图2-96）

圆钢多为弯曲变形，矫直只需将其放置于平台上，使凸起处向上，用适当的中间锤置于圆钢的凸起处，然后敲击中间锤的顶部进行矫正。

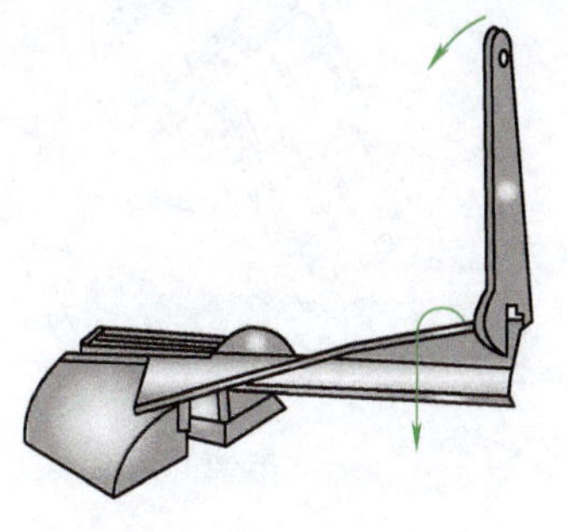

图2-95　扭曲角钢的矫正

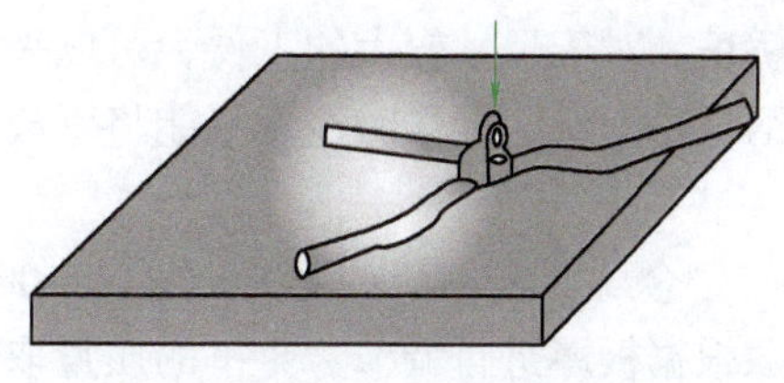

图2-96　变形圆钢的矫正

对于铝合金构件，由于加工硬化的影响，在矫正时要注意以下几点：

1）应尽量采用错位敲击，避免对位敲击。由于铝的延展性不及钢板，在受到敲击变得过薄之后不易恢复到原来的尺寸且容易断裂，所以应采用比较缓和的错位敲击矫正铝板变形。

2）如若必须采用对位敲击的方法修复时，应该特别注意，随着敲击次数的增加铝板会迅速弯曲，所以应该多次轻敲。

3）用于修理钢板的收缩锤不能用于铝板，以免铝板开裂。有些专门针对钢板的工具，比如重锤和收缩锤，并不适合铝板的矫正，加工铝板应使用较轻的整形工具。

13. 焊接件的矫正

（1）L形焊接件角度的矫正　两根角钢垂直地焊在一起构成的L形焊接件，冷却后焊接角度会发生变化，矫正方法如图2-97所示。

（2）矩形框架的矫正　矩形焊接件*AD*边与*BC*边出现双边弯曲现象时，可将框架立于平台上，外弯边*AD*朝上，*BC*边两端垫上垫板，锤击凸起点*E*如果四边都略有弯曲，可分别向外或向内锤击凸起处，矩形框架的弯曲矫正方法如图2-98所示。

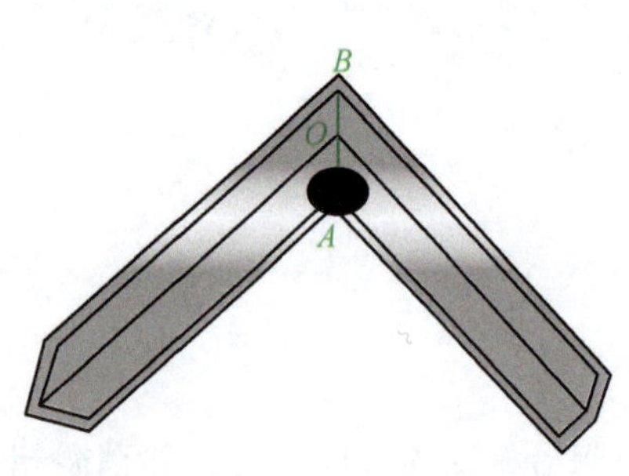

图2-97　L形焊接件角度的矫正

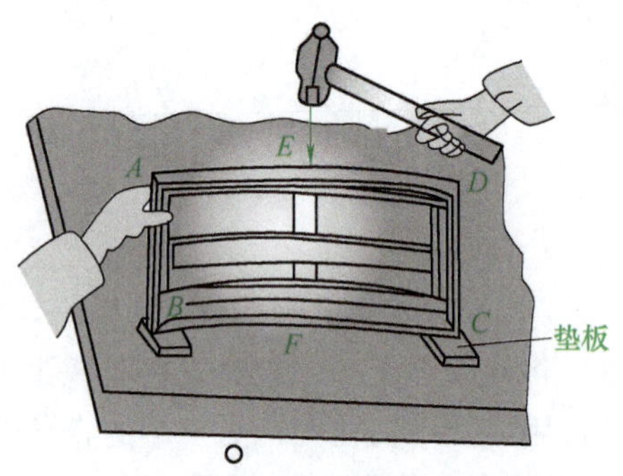

图2-98　矩形框架的弯曲矫正1

当尺寸误差不太大时，把框架竖起来，锤击较长一边的端头，使其总成缩短。如∠*B*和∠*D*小于90°，采用图2-99所示的方法，锤击*B*点使其扩展。

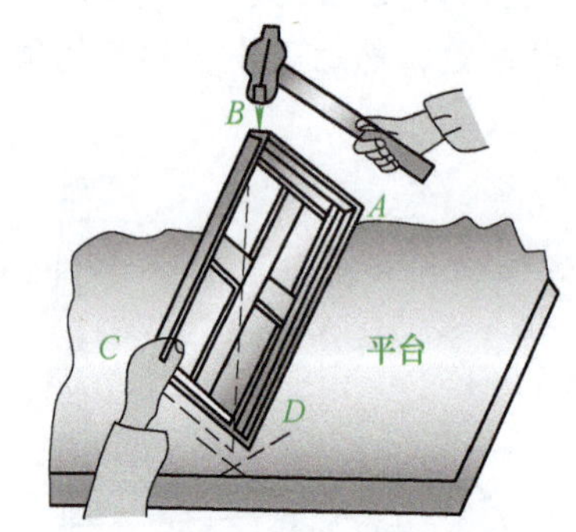

图2-99　矩形框架的弯曲矫正2

三、机械矫正工艺

手工矫正效率低，劳动强度大，仅适用于对小件的矫正。对于尺寸较大的工件，可以采用轴辊平行式钢板矫正机，操作时注意不能将手放在辊子周边。

（1）金属板料的机械整平（图2-100）　轴辊的间隙根据板厚进行调节，整平的质量取决于辊子的精度。

（2）滚压已预先成形的工件　如图2-101所示，将工件下面的辊子换成较工件之上的辊子曲率略小的辊子，然后利用急松装置将底辊升起，同时将工件置于辊子之间，调整底轮的压力，使工件承受适度的压力在辊子间滑动。

操作过程中应注意全面滚压，避免局部延展伸长，随时利用样板核对工件的曲率。将钣金件在一个方向依次滚压完后，再将工件调转90°，重复以上操作，滚压线路与原来方向交叉进行，如图2-102所示。

（3）滚压平钣金件的波形皱纹　如图2-103所示，滚压时金属板移动的方向与原来移动的方向成对角线，压力保持均匀，并平稳地移动，以免再度造成波纹。

（4）大型板件的成形方法　在滚压大型板件时，需要两个人把持工件，在滚压机上按以上方法依次进行。

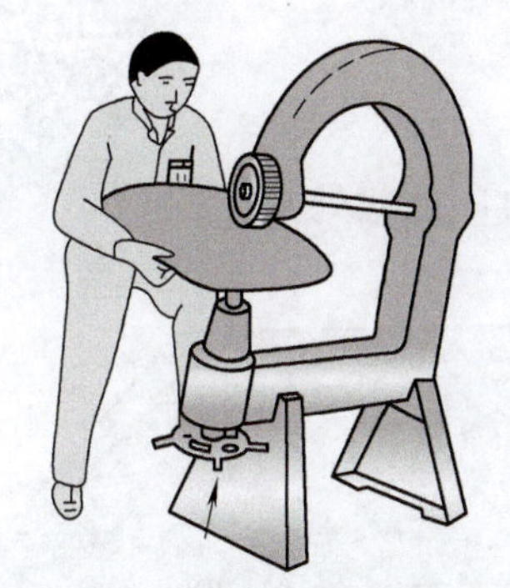

图 2-100　金属板料的机械整平

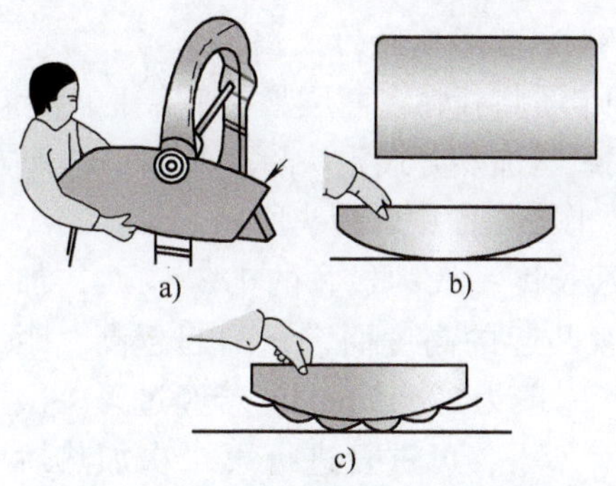

图 2-101　滚压已预先成形的工件

a）前后滚压方法　b）样板核对　c）钣金件的波形皱纹

图 2-102　将整形件转 90°后滚压

图 2-103　滚压平整形件的波形皱纹

四、火焰矫正工艺

火焰矫正是对变形的金属材料采用火焰局部加热的方法进行矫正。金属材料具有热胀冷缩的特性，火焰矫正正是利用这种新的变形去矫正原来的变形。

火焰矫正的效果取决于加热的位置和火焰的能率，不同的加热位置可以矫正不同方向的变形。如果位置选择错误，不但起不到矫正的作用，反而会使变形更加复杂、严重。

1. 中部凸鼓工件的火焰矫正

1）将板料置于平台上，用卡子将板料四周压紧。

2）用点状加热方式加热凸鼓处周围，如图 2-104a 所示。也可采用线装加热方式，从中间凸鼓部分的两侧开始加热，逐步向凸鼓处围拢进行矫平，如图 2-104b 所示。

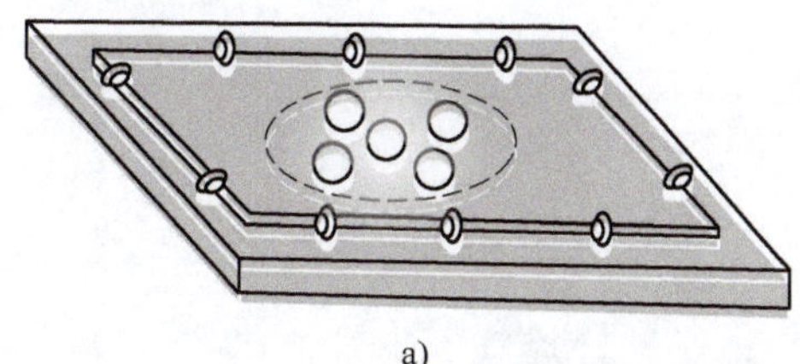

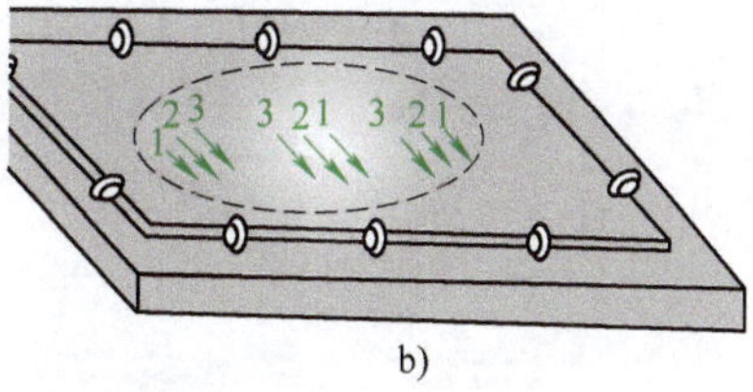

图 2-104　中部凸鼓工件的火焰矫正

a）点状加热　b）线状加热

3）矫平后再用锤子沿水平方向轻击卡子，以松开卡子取出板料。

铝件的处理

2. 边缘波浪形工件的火焰矫正

1）用卡子将板料三面压紧在平台上，波浪形变形集中的一边不要卡紧。

2）用线状加热方式先从凸起两侧平的地方开始加热，再向凸起处围拢，加热持续如图 2-105 中的箭头所示。

加热线长度一般为板宽的 1/3 ~ 1/2，加热线距离视凸起的高度而定，凸起越高，距离应越近，一般为 20 ~ 50mm。若经过第一次加热后还有不平，可重复进行第二次加热矫正，但加热线位置应与第一次错开。

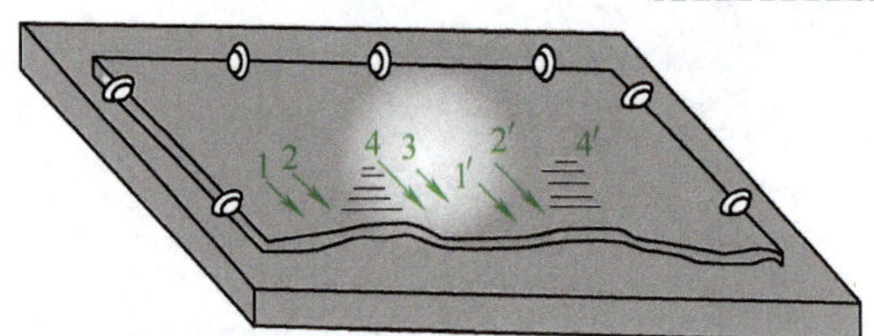

图 2-105　边缘波浪形工件的火焰矫正

对于铝板也可以进行火焰矫正，以实现收缩或者释放应力，铝板加工硬化的部位也只有用加热的方法才能使应力得到释放。

铝在 660℃的温度下就会熔化，无论是为了收缩还是释放应力，对铝板加热矫正时都要注意控制温度。首先在待加热的部位外围大约 25mm 的地方用 100℃的测温涂料画圆，然后在加热部位均匀地加热；由于热的传导，热敏涂料在 100℃时开始变色，此时加热部位的温度大约是 400 ~ 450℃，离铝板熔点还有一定的温度差，停止加热，使铝板缓慢冷却，避免因激冷造成铝板过度变形及产生额外的应力。释放应力后的铝板会变得较柔软，便于加工矫正。

对铝板收缩操作时与上述方法相同。加热铝板到 400℃时移开焰炬，由于铝板导热能力很强，加热过程中已经使周边区域都受热，因而单靠加热产生的压缩应力使回缩量变得较小，再加上不能进行激冷操作，只能用锤子在加热部位周围轻轻敲打促进收缩。

思考题

1. 不同的材料矫正时，方法是否相同？为什么？
2. 手工折弯的关键是什么？应注意哪些要点？为什么？
3. 收边和放边操作有哪些区别？
4. 在制作曲面过程中应注意哪些问题？
5. 手工矫正综合变形时应注意哪些问题？
6. 使用锤子和顶铁矫正铝板时应注意哪些问题？

项目3　汽车车身测量

车身损伤状况需要用车身的具体变形尺寸来衡量，而车身测量是确认车身损伤部位和判定损伤形式的必要手段，并以此为基础制订合适的车身修理工艺和方法。

车身变形尺寸的测量，在维修作业前、作业中和修复后都要进行。作业前的检测，是为了确认车身损伤状态、评估变形程度的大小；作业中的检测，有助于对修复质量进行控制；修复后的测量，是为修复完成后的验收提供依据。为了保证汽车使用性能良好，车身总成的安装位置必须正确，要求维修后车身尺寸配合公差不能超过3mm。

学习目标

知识目标

掌握汽车车身的各项基本尺寸及测量基准。

技能目标

1. 能识读车身数据图。
2. 会对车身三维尺寸进行机械和电子测量。

工作任务

工作任务1　读车身数据图

每个汽车厂家都有自己的车身数据图，有些车身测量设备生产商也会通过测量新车来获得尺寸数据。不同厂家和车身测量设备生产商提供的车身数据格式可能不同，但要表达的内容基本上都是一致的，都要提供车身主要结构件、板件的安装位置和机械部件的安装尺寸。

知识准备

一、汽车的外廓

（一）汽车的外廓尺寸

1. 车长 L（图3-1）

汽车车长是垂直于车辆纵向对称平面且在外端突出部位的两垂面之间的距离，也就是沿着汽车前进的方向，从汽车最前端到最后端的距离。

车身长则纵向可利用的空间大，前后排空间宽裕，舒适度提高，但是车身太长会使汽车的灵活性降低，转弯、调头不便；如果车身较短，前后排之间空间较小，驾乘人员则很容易产生疲劳感。

2. 车宽 S（图3-2）

汽车车宽是平行于车辆纵向对称平面并分别抵靠车辆两侧固定突出部位的两平面之间的

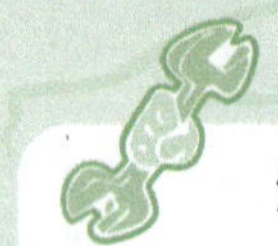

距离，也可以说是汽车最左端到最右端的距离。

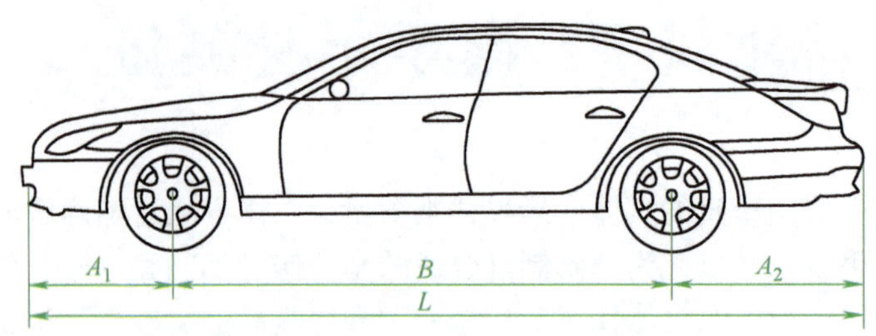

图3-1 车长、轴距、前悬和后悬尺寸

图3-2 车宽、车高和轮距尺寸

“两侧固定突出部位”不包括后视镜、侧面标志灯、示位灯、转向指示灯、挠性挡泥板、防滑链以及轮胎与地面接触部分的变形。车身宽度主要影响乘坐空间和灵活性。轿车如果要求横向布置的3个座位，每个座位都有足够空间容纳乘客的肩宽，那么车宽一般都要达到1.8m。考虑到对汽车安全性要求的提高，车门壁厚增加，车宽也普遍加大。车身宽大能提高乘坐的舒适度，但同时会影响汽车的通过性，所以轿车车身宽度一般不超过2m。

3. 车高 *H*（图3-2）

汽车车高是车辆支撑平面与车辆最高突出部位相抵靠的水平面之间的距离，也就是从地面到汽车最高点的距离。

车高通常是指加满燃料和冷却液的汽车在空载情况下的高度，其直接影响汽车的质心和空间。大部分轿车高度都在1.5m以下，以降低全车质心位置，确保高速转弯时不翻车。MPV、面包车等为了营造宽阔的前部和载货空间，车身高度一般都在1.6m以上，但整车质心升高容易造成翻车。

4. 轴距 *B*（图3-1）

汽车在直线行驶位置时，同侧相邻两轴的车轮落地中心点到车辆纵向对称平面的两条垂线间的距离称为轴距。

5. 轮距 K_1、K_2（图 3-2）

在支撑平面上，同轴左右车轮两轨迹中心间的距离称为轮距，分前轮距 K_1 和后轮距 K_2（轴两端为双轮时，为左右两条双轨迹的中线间的距离）。轮距越宽，汽车的稳定性越好。

6. 前悬距离 A_1（图 3-1）

汽车在直线行驶位置时，汽车前端刚性固定件的最前点到通过两前轮轴线的垂面间的距离为前悬距。

7. 后悬距离 A_2（图 3-1）

汽车后端刚性固定件的最后点到通过最后两车轮轴线的垂面间的距离为后悬距。

8. 最小离地间隙 C（图 3-3）

汽车满载时，支撑平面与车身最低点之间的距离为最小离地间隙。

9. 接近角 α（图 3-3）

汽车空载时，前端突出点向前轮引出的切线与地面的夹角为接近角。

10. 离去角 β（图 3-3）

汽车空载时，后端突出点向后轮引出的切线与地面的夹角为离去角。

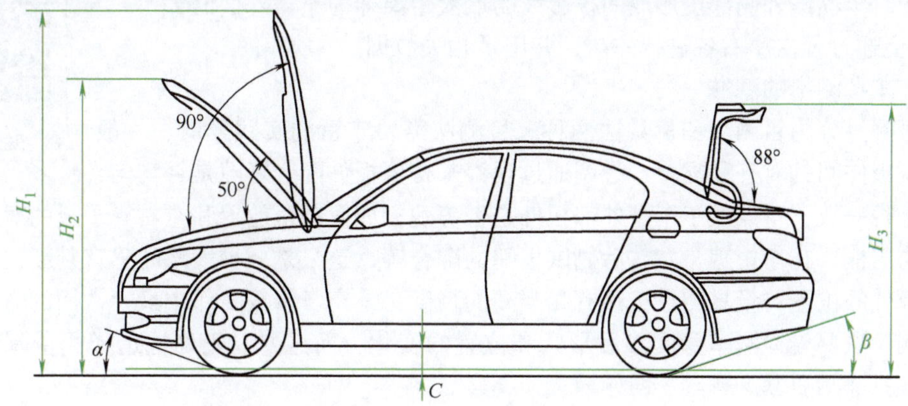

图 3-3 接近角、离去角、最小离地间隙尺寸

（二）车身外廓尺寸的国家标准

GB 1589—2004 中规定乘用车车身的外廓尺寸最大极限为：车长 12000mm，车宽 2500mm，车高 4000mm。

（三）车辆外廓尺寸的其他要求

1）当汽车处于满载状态、外后视镜底边离地高度小于 1800mm 时，其单侧外伸量不得超过汽车或汽车列车最大宽度处 200mm。外后视镜底边离地高度大于或等于 1800mm 时，其单侧外伸量不得超出汽车或汽车列车最大宽度处 250mm。

2）汽车的顶窗、换气装置等处于开启状态时不能超出车高 300mm。

3）汽车的后轴与挂车前轴间的距离不能小于 3.00m，牵引中置轴挂车除外。

4）汽车必须能在同一个车辆通道圆内通过，车辆通道圆的外圆直径 D_1 为 25.00m，车辆通道圆的内圆直径 D_2 为 10.60m。汽车和汽车列车由直线行驶过渡到上述圆周运动时，任何部分超出直线行驶时的车辆外侧面垂直面的值（车辆外摆值）T 不能大于 0.80m。单铰接客车的车辆外摆值 T 不能大于 1.20m。

（四）汽车通道圆与外摆值的测量（图3-4）

1）汽车或汽车列车以直线行驶状态停于平整地面上。

2）汽车或汽车列车起步，由直线行驶过渡到直径 D_1（按照车辆最外侧部位计算）为25m的圆周内行驶，至少在圆周内行驶1/2圈（半个圆周），此过程中车速应控制在5～10km/h之间。

3）在此圆周内运动的车辆，最外侧部位在地面上的投影所形成的圆周轨迹即为车辆通道圆的外圆。

4）在此圆周内运动的车辆，最内侧部位在地面上的投影所形成的圆周轨迹即为车辆通道圆的内圆。

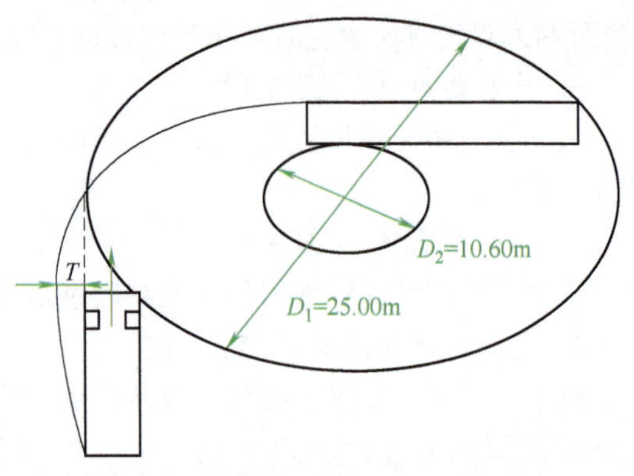

图3-4　汽车通道圆与外摆值的测量

上述过程中车辆外侧任何部位在地面上的投影形成外摆轨迹，该轨迹与车辆静止时车辆最外侧部位形成的投影线的最大距离即为车辆外摆值 T。

5）上述过程左、右各进行一次，并记录相关数据。

二、车身测量的基准

车身测量分为目测法和量具法两种。目测法需要丰富的实践经验，一般用于车身板件间的对齐和配合，强调通过观察来检查板件配合缝隙是否均匀、车身线是否一致，重点在于车身外部板件是否美观，如发动机舱盖和左右翼子板的对齐，前后车门与门框、行李箱盖与左右后侧围板间的配合等，这只是一种大略的感官判断，不能精确判定板件的位置；量具测量法具有相当高的精度，是车身修复工作中最为常用的方法，运用量具测量法要先检测车身变形后形状和位置的变化，而这要以正确地选择测量基准来进行。车身尺寸测量基准有点、线、面三个要素。

1. 基准中心线及中心面

测量宽度尺寸的基准面一般是取假想中将汽车纵向分为对称两半的中心面，它垂直于水平基准面。从车顶俯视下去，这个中心面就是一条线，即车架或车身的中心线，这条线称为基准中心线，车身左右对角线以它为交汇点。

车身上各点通常是沿中心面对称分布的，因此所有宽度方向上的尺寸参数及测量，都以中心面为基准。若左面损伤，则可以右边尺寸为参考进行修理，参看图3-5a中的 $E—E$ 线。

2. 基准面

为测量车身高度，汽车设计制造时假想一个与地板平行的平面作为水平基准面，一般为汽车轮胎的接地面，侧面看它是一条平行于底面的线，如图3-5b所示。车身高度方向尺寸都是车身各部与此水平基准面的距离。

在实际测量中，如果不便于使用量具直接测量时，可以使用数据传递的方法将基准平面平移。

3. 零平面

对于承载式车身的测量基准面，一般取变形较小的平面。将汽车看作一个方形结构把车身分为前、中、后三部分，这三个部分的基准面称为零平面（图3-6）。有的汽车以前部、中部交接的面为零平面或零线，并以此为准标注前后各点与零线相距的尺寸，如图 3-7 所示。

除上述方法表示车身尺寸外，生产厂还对各主要框架标注对角线尺寸，用特定的测量点标注内框尺寸，这些尺寸精确反映出汽车标准尺寸，有利于汽车零部件修整及安装。

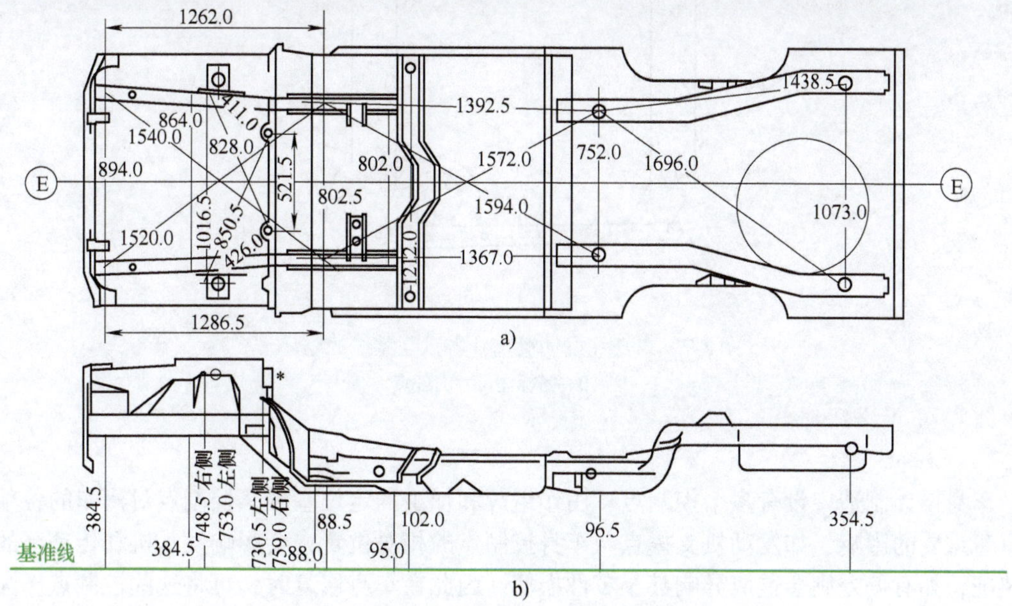

图 3-5　承载式车身地板尺寸图（单位 mm）

备注：①各点之间尺寸均为实际尺寸　②尺寸公差为 ±3mm

③除非特别注明，a 视图上尺寸均为对称　④孔的测量以下缘为准

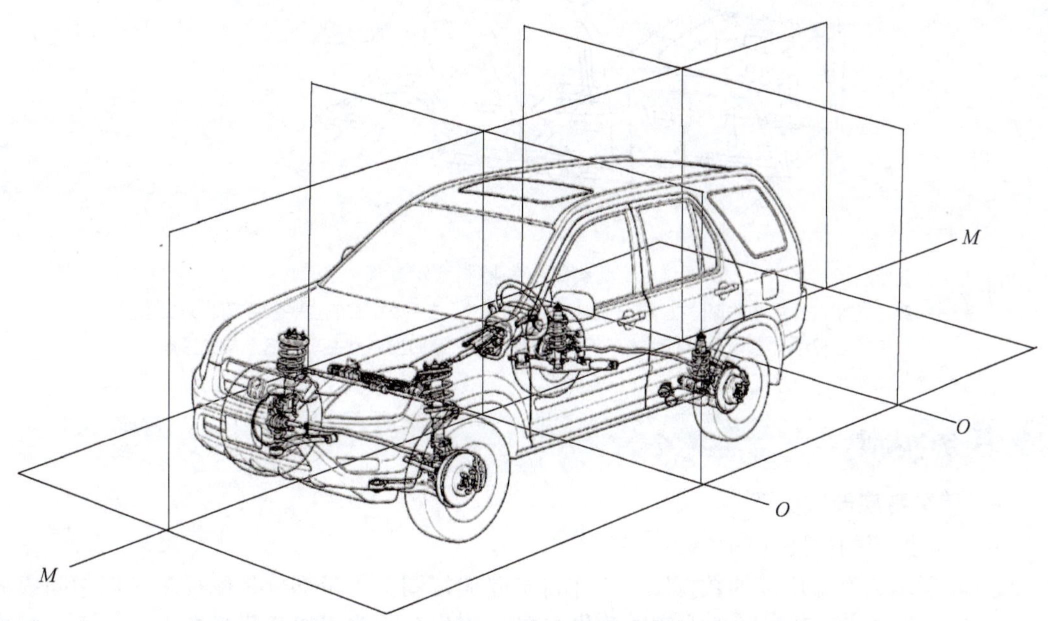

图 3-6　车身测量的基准平面、中心面及零平面

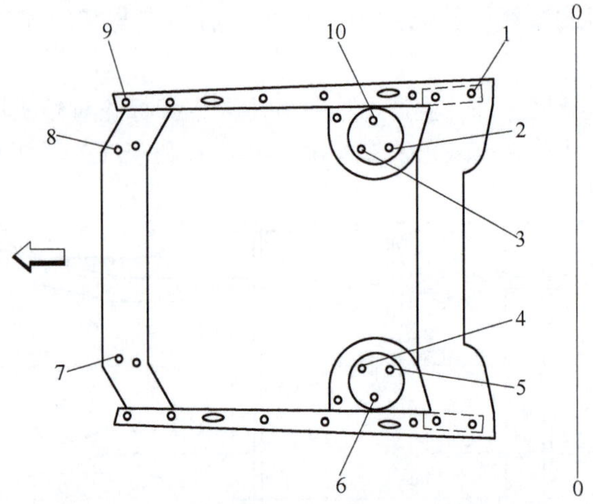

图 3-7　车身（发动机室）各点与零线的距离

1～10—需标注尺寸的各点

4. 基准点

车身设计制造中设有多个控制点，用作组焊和加工的定位基准。控制点对汽车的各项性能有着重要的影响，如发动机支撑点与车身控制点的相对位置，会影响发动机和传动系的正确装配，如有偏差则会造成异响甚至零件损坏。因此在车身修复时，可将这些控制点作为车身测量时的定位基准，以检测车身损伤及变形的程度。

控制点通常是孔、特殊螺栓、螺母、板件边缘或汽车上的其他点。承载式车身控制点如图 3-8 所示。

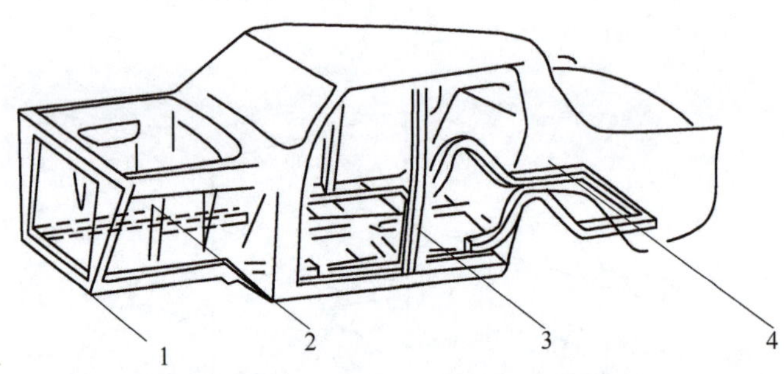

图 3-8　承载式车身控制点示意图

1—第一控制点通常在前保险杠或散热器框架支撑部位　2—第二控制点一般在前悬架支撑点
3—第三控制点在车身中间相当于后门框部位　4—第四控制点在车身后悬架支撑点

任务实施

一、读车身底部数据图

（一）数据图的识读（图 3-9）

图 3-9 所示为车身底部的数据图，上半部分是俯视图，下半部分是侧视图（以中间虚线为界），用一条虚线隔开。图的左侧部分代表车身的前方，右侧部分代表车身的后方。要读取数据，首先要找到图中长、宽、高的 3 个基准。

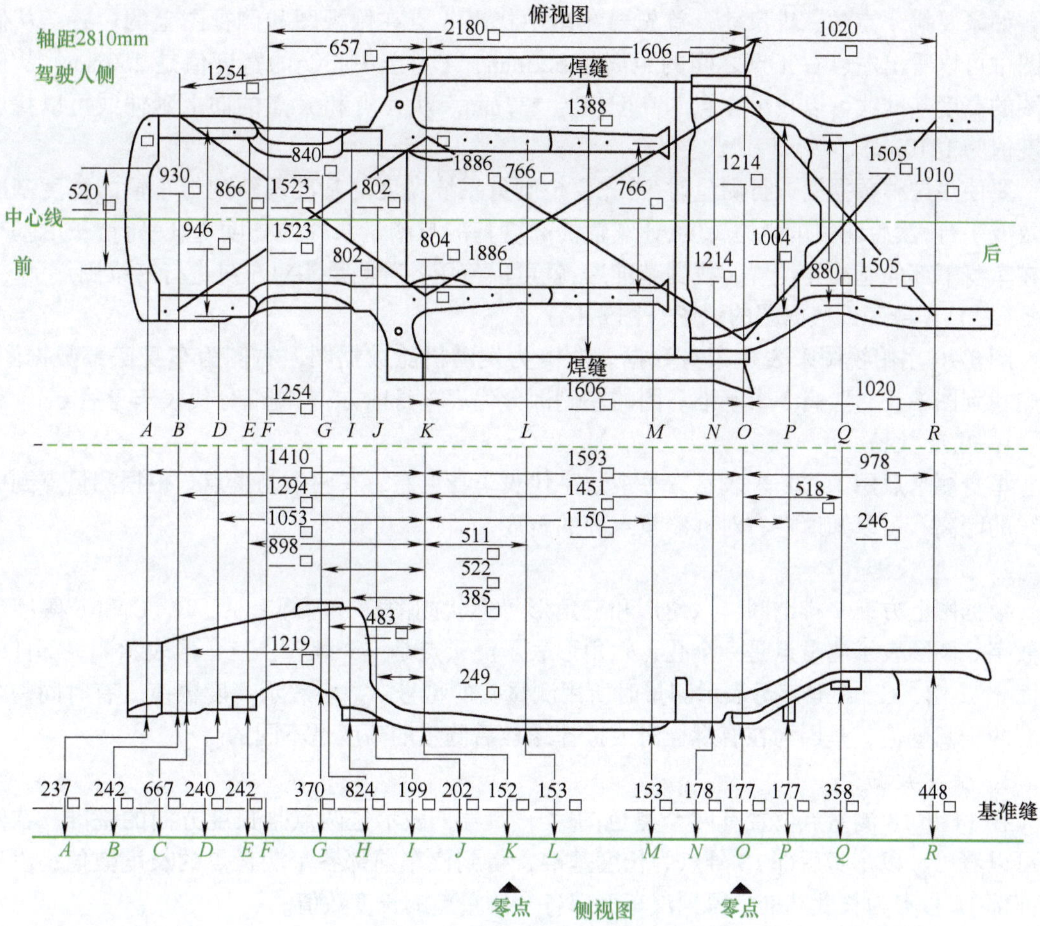

图 3-9　车身底部数据图 1

1. 宽度数据

在俯视图中间位置有一条贯穿左右的线就是中心线，它把车身一分为二。俯视图上的黑点表示车身测量点，两黑点间的距离就是车宽数据，单位是毫米（mm），有些数据图还会在括号内标出英制数据，每个测量点到中心线的距离是图示数值的一半。

2. 高度数据

在侧视图的下方有一条较粗的黑线，这条线就是车身高度的基准线。线的下方有从 *A* 至 *R* 的字母，表示车身测量点的名称，每个字母表示的测量点一般在俯视图上部显示两个左右对称的测量点。俯视图上每个点到高度基准线都有数据表示，这些数据就是测量点的高度值。

3. 长度数据

在高度基准线的字母 *K* 和 *O* 的下方各有一个黑三角符号，表示 *K* 和 *O* 是长度方向的零点。从 *K* 点向上有一条线延伸至俯视图，在虚线的下方位置可以看出汽车前部每个测量点到 *K* 点的长度数据显示。从 *O* 点向上有一条线延伸至俯视图，在虚线的下方位置可以看出汽车后部每个测量点到 *O* 点的长度数据显示。长度基准点有两个，*K* 点是车身前部测量点的长度基准，*O* 点是车身后部测量点的长度基准。

如果要找 A 点的三维尺寸，首先要在图中找出 A 点在俯视图和侧视图上的位置。从俯视图中可以看出左、右 A 点之间的距离是520mm，A 点至中心线的宽度值是260mm。从侧视图的高度基准线可以找出 A 点的高度值为237mm。从 A 点和 K 点的向上延伸线可以找出长度值为1410mm。

要使用这种数据图进行测量时，首先要把测量系统宽度的基准调整到与车辆的宽度基准一致或平行，然后调整车辆的高度，让车辆的高度基准与测量系统的高度基准平行，长度基准就在车身下部的基准孔位置。找到基准后，就可以使用各种测量头对车身进行三维测量了。

（二）车身底部数据图的识读（图3-10）

图3-10用俯视图来表达车身数据。左侧为发动机舱数据图，右侧为车身底部数据图，要先找到图中长、宽、高3个基准。图的左侧部分代表车身前方，右侧部分代表车身后方。

1. 宽度数据

车身测量点用1~28来表示，每个数字代表车身上左、右两个测量点。根据测量点到中心线的距离，可以知道左右对称测量点间的宽度。

2. 高度数据

数据图上方有一排圆圈、六角形和三角形等形状的图标，内部有A、B、C和E等字母和数字。圆圈表示测量点是一个孔，六角形表示测量点是一个螺栓，三角形表示测量部件的表面，A、B、C、E等字母表示测量时所用测量头的型号，数字表示高度数值。有时同一个点有两个高度值，是因为在有螺栓时或拆掉螺栓后测量的高度是不同的。

3. 长度数据

在14和18测量点位置有两个黑色的“×”号，表示这两点是长度方向的基准。在图中可以看出，以车身后部18号点为长度基准，得到汽车前部各个测量点的长度数值；以车身前部14号点为长度基准，得到汽车后部各个测量点的长度数值。

数据图左侧发动机舱的宽度基准与车身俯视图的宽度基准相同，发动机舱图下方的数字表示1~5号点距离6号点的长度，而6号点为发动机舱新的长度基准，它距离18号点1790mm。高度尺寸是从距离18号点1790mm的位置，再向上850mm作为新的高度基准测量得到的发动机舱各测量点的高度数据。

如果要找属于发动机舱5号点的三维尺寸数据，应首先找到5号点在车身上的位置，读出5号点的左右测量点分别到中心线的宽度数据为628mm。5号点的高度尺寸是从原基准面向上850mm为新基准测量的，在数字5的下方圆圈内有字母C和数字233，六角形内有字母C和数字200，表示用C型测量头测量时，5号测量点是孔时高度为233mm，5号测量点为螺栓时高度为200mm（5号点距离原高度基准的高度尺寸是850mm－233mm＝617mm和850mm－200mm＝650mm）。在发动机舱图的下方表示的是长度尺寸，5号点的长度尺寸是184mm（5号点距离新长度基准6号点184mm，而距离18号点的长度数值是1790mm＋184mm＝1974mm）。

如果要找10号点的三维尺寸数据，首先找到10号点在车身上的位置，可以读出10号点左右测量点分别到中心线的宽度数据为465mm。在数字10的下方圆圈内有字母B和数字452，表示用B型测量头测量10号点圆孔时，高度数据值是452mm。从10号点的延伸线可以找出距离18号点的长度数值是2394mm。

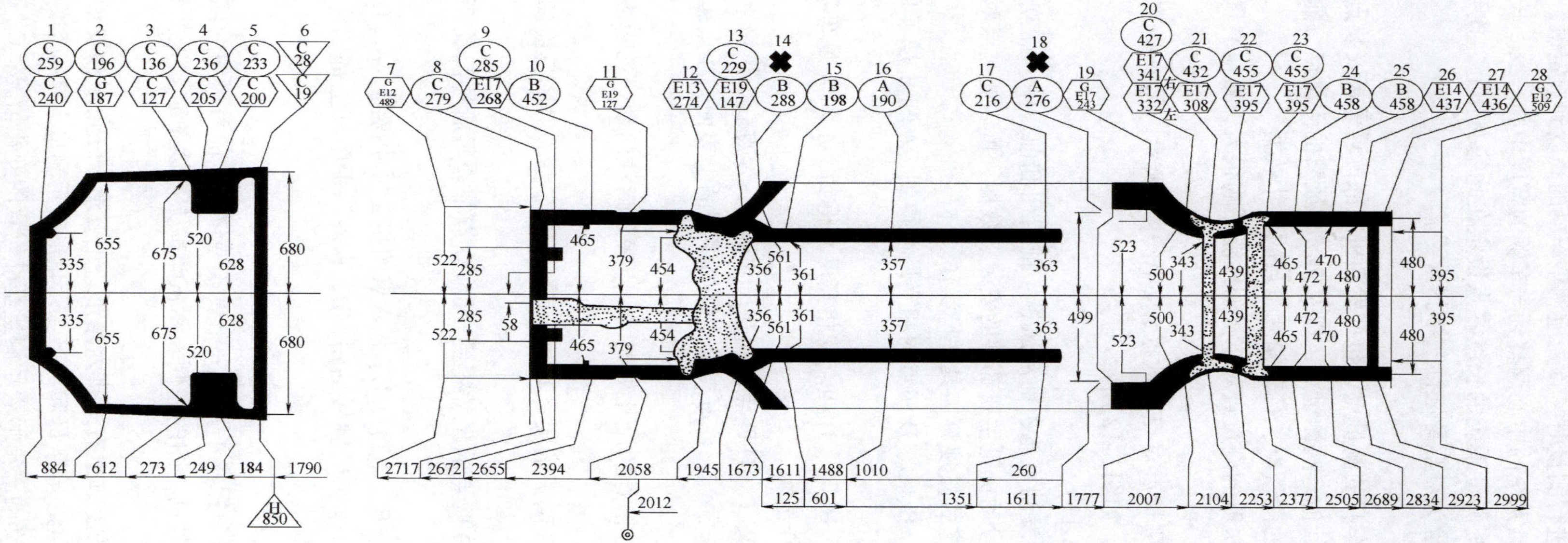

右侧

前部　（从车后部向前看）

左侧

228mm标尺柱尺寸数据

孔号	尺柱位置	长度	○ 高度	○ 高度
11	X	117	GE19140	
12	Y	154	E13242	
13	Z	34	E19115	C197

长度尺寸设置均为Y为基准

螺钉去除后高度变化

孔号	高度	○ 高度
2	C185	C194
7	GE12492	
10		B454
12	E13242	
20	E19115	

极限偏差

长度方向：8mm

宽度方向：5mm

高度方向：5mm

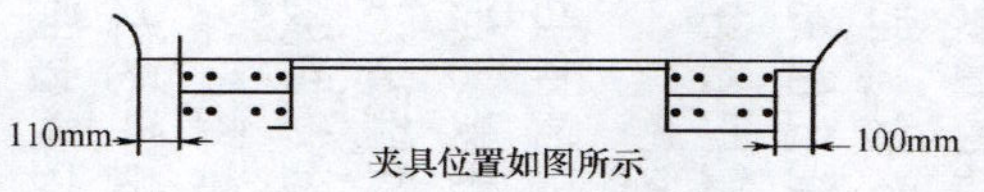

110mm　100mm

夹具位置如图所示

图3-10　车身底部数据图2

使用这种数据图配合测量系统进行测量时，首先应调整车辆的高度到规定值，然后用夹具固定车辆。移动测量系统，把测量系统的中心调整到与车辆的宽度中心一致。长度基准的位置就在车身下部的基准孔位置，把测量系统的长度零点设定在此基准孔上。找到长、宽、高的基准以后，就可以使用各种测量头对车身进行三维测量了。

二、车身上部数据图

车身上部数据图主要显示上部车身的测量点，包括发动机舱部位翼子板安装点、散热器框架安装点、减振器支座安装点和其他一些测量点，以及前、后风窗的测量点，前、后门测量点，前、中、后立柱铰链和门锁的测量点，行李箱测量点的尺寸数据。

上部车身的这些测量点如发动机舱的测量点对车身的性能影响很大，其他测量点数据对车身的外观尺寸调整非常重要。

有些数据图显示的是车身上部测量点对点的数据，如图3-11所示。另一些数据是显示每个车身上部测量点的三维数据值，如图3-12所示。

（一）车身数据图的识读（图3-11）

图3-11所示的车身数据图包括发动机舱、前后风窗、前后门和前、中、后立柱及行李箱的尺寸。发动机舱的数据图显示发动机舱主要部件的安装点数据，可以通过点对点测量的方式测量，一般可以使用卷尺、轨道式量规等工具进行操作。

前风窗的尺寸通过测量图中A、B、C、D四点的相互尺寸得到，A和B是车顶板的角，D和C是发动机舱盖铰链的后安装孔。

后风窗的尺寸通过测量图中A、B、C、D四点的相互尺寸得到，A和B是车顶板的角，D和C是行李箱点焊裙边上一条搭接缝隙。

前门的尺寸通过测量图中A、B、C、D四点的相互尺寸得到，A点表示风窗立柱上的搭接焊缝位置，B点表示前柱铰链的上表面，C点表示中柱门锁闩的上表面，D点表示中柱门铰链的上表面。

后门的尺寸通过测量图中A、B两点的尺寸得到，A点表示后柱门锁闩的上表面，B点表示中柱门铰链的上表面。

中柱的尺寸通过测量图中A、B两点的尺寸得到，A、B点都表示中柱门锁闩的上面固定螺栓的中心。

后柱的尺寸通过测量图中C、D两点的尺寸得到，C、D点都表示后柱门锁闩的上面固定螺栓的中心。

行李箱的尺寸通过测量图中A、B、C、D、E、F六点的相互尺寸得到，A、B表示行李箱边上一条焊接搭缝，E、F表示行李箱后围板的角，D、E表示保险杠上部固定螺钉的中心。

（二）车身数据图的识读

图3-12是车身上部的三维数据，标注了发动机舱盖铰链位置、前后风窗、前后门、背门、角窗和前、中、后立柱的尺寸数据，图的左侧表示汽车前方。读图时要先找到长、宽、高3个基准。

和图3-10类似，数据图3-12的上方也有一排六角形、正方形、三角形和菱形等形状的图标，内部有C、E、F、DS、GF、GC等字母和数字：六角形表示测量点是一个螺栓，正方形表示测量部件的表面；数据图下部的三角形表示测量基准位置的变化情况；C、E、F、DS

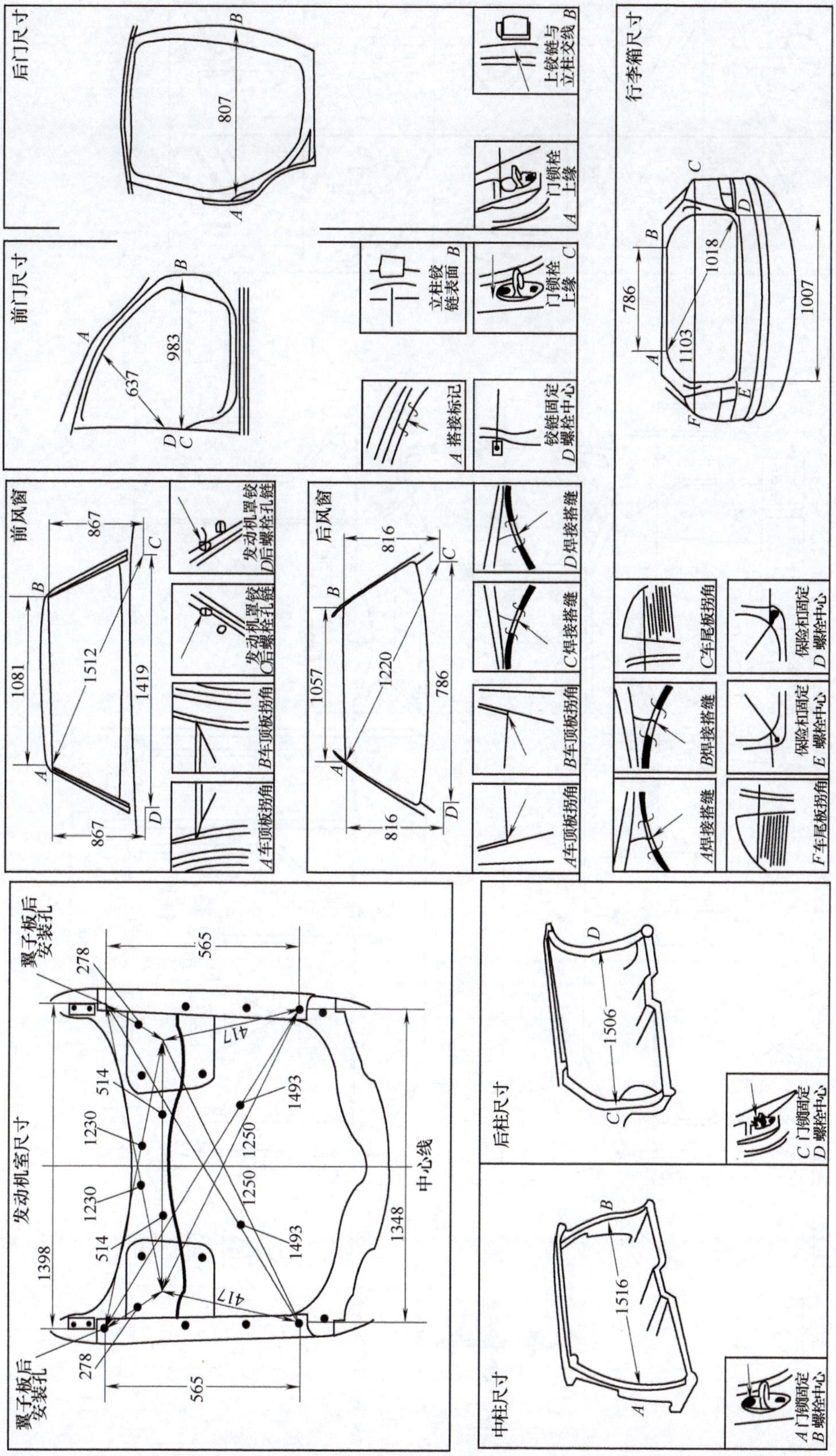

发动机室尺寸
翼子板后安装孔
翼子板后安装孔
1398
278
278
514
514
1230
1230
565
565
417
417
1250
1250
1493
1493
1348
中心线

前风窗
1081
A
B
867
867
1512
1419
D
C
A车顶板拐角
B车顶板拐角
发动机罩铰链C后螺栓孔
发动机罩铰链D后螺栓孔

后风窗
1057
A
B
816
816
1220
786
D
C
A车顶板拐角
B车顶板拐角
C焊接搭缝
D焊接搭缝

前门尺寸
A
637
D
C
983
B
A 搭接标记
立柱铰链表面 B
铰链固定 D螺栓中心
门锁栓上缘 C

后门尺寸
807
A
B
A 门锁栓上缘
上铰链与立柱交线 B

中柱尺寸
1516
A
B
A门锁固定
B螺栓中心

后柱尺寸
1506
C
D
C 门锁固定
D 螺栓中心

行李箱尺寸
786
A
B
1103
1018
F
C
E
D
1007
A焊接搭缝
B焊接搭缝
C车尾板拐角
F车尾板拐角
保险杠固定 E 螺栓中心
保险杠固定 D 螺栓中心

图3-11　车身上部测试点对点的数据

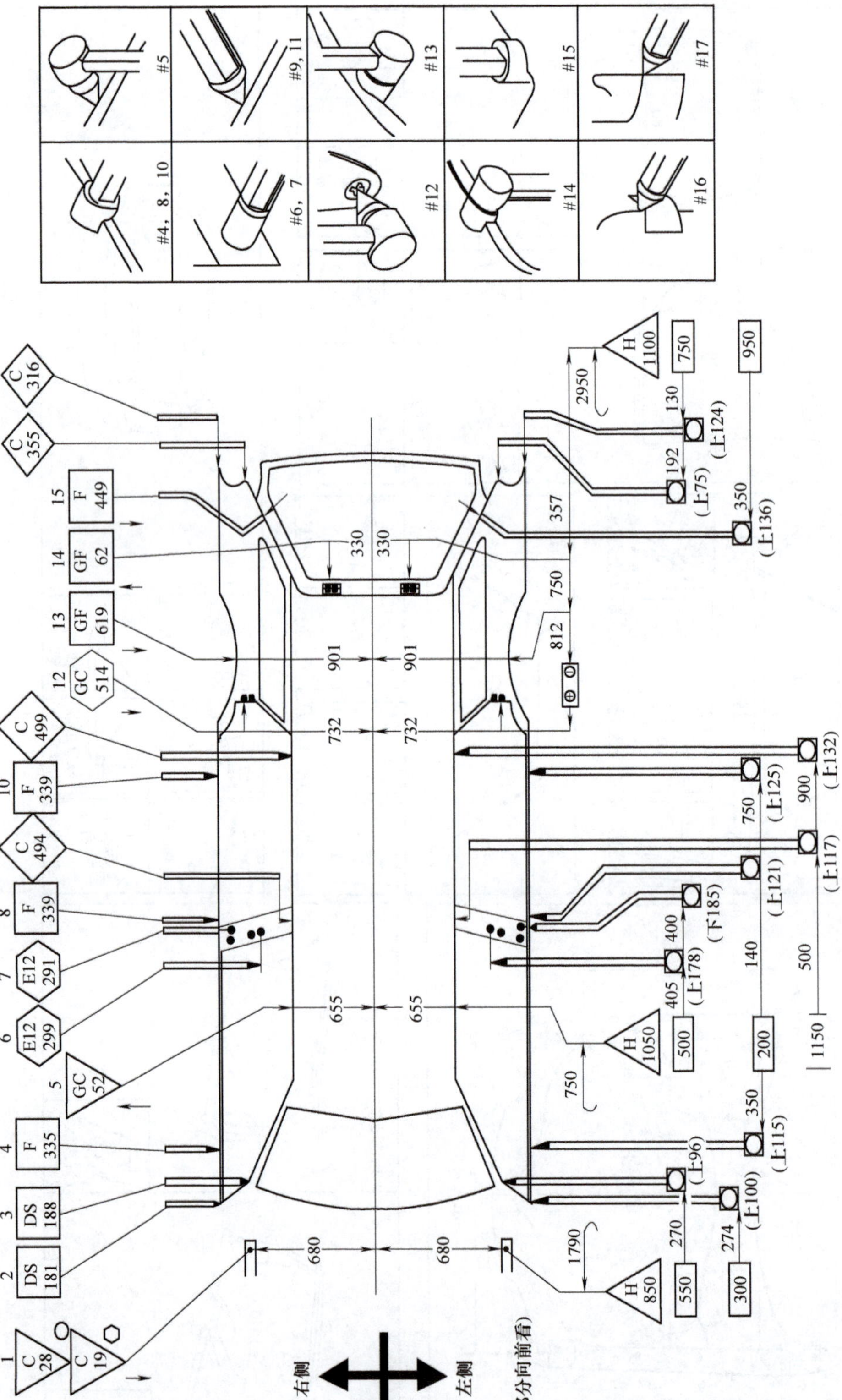

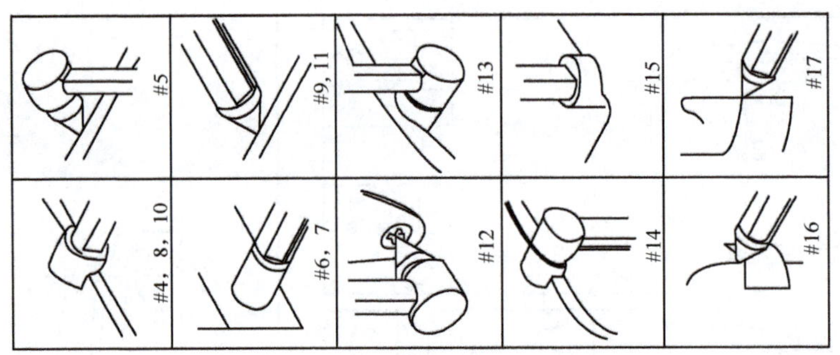

图3-12 车身上部的三维数据

等字母表示测量时所用测量头的型号，G 表示需用 G 型测量头与其他测量头配合使用；图标中的数字表示高度数值。

如果要找 1 号点的三维尺寸数据，应首先找到 1 号点在车身上的位置，读出 1 号点左右到中心线的宽度数值为 680mm。在数字 1 的下方有两个倒三角、一个圆圈和一个六角形图标，内有字母 C、数字 28 和 19，表示用 C 型测量头测量 1 号圆孔时，高度数据值是 28mm，用 C 型测量头测量 1 号螺栓时，高度数据值是 19mm。在 1 号点延伸线的下部标有 1790 的弯箭头和内部有 H 和 850 的三角形图标，表示 1 号点的长度是图 3-10 中 18 号点前方 1790mm；而 850 表示 1 点的高度尺寸是在此位置高度基准向上 850mm 作为新的高度基准测得的。

工作任务 2 车身三维尺寸的机械测量

车身三维尺寸主要采用钢卷尺、杆规和测量尺等进行机械测量，价格相对便宜，但测量精度没有电子测量设备高。

知识准备

一、车身测量的方法

（一）参数法

参数法以车身图纸或技术文件为依据进行测量，得到的数据最直接可靠。将测得的车身尺寸与图纸或技术文件上的标准参数尺寸对比，可判别相应各部位的变形与损伤。

图 3-13、图 3-14 和图 3-15 所示为车身前、中、后段典型的测量点。

图 3-16 所示为车身门窗等各主要框架对角线测量位置，测量对角线尺寸能快速地判断变形情况，便于快速修整及安装。

（二）对比法测量

对比法测量是以同一款汽车车身的参数为对比依据，所选择的车身应该完全符合厂家技术质量要求。

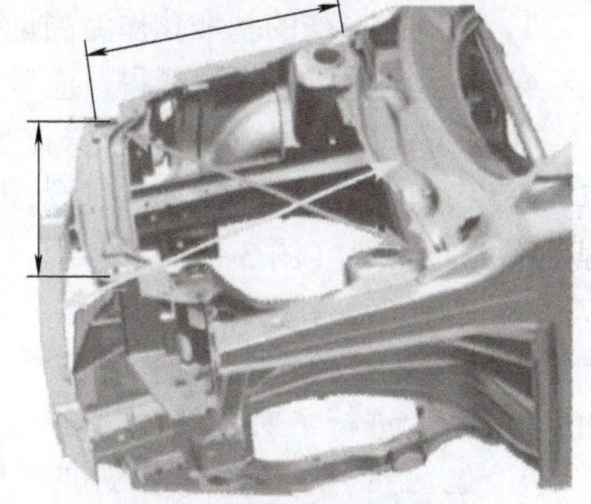

图 3-13 车身前部的典型测量点

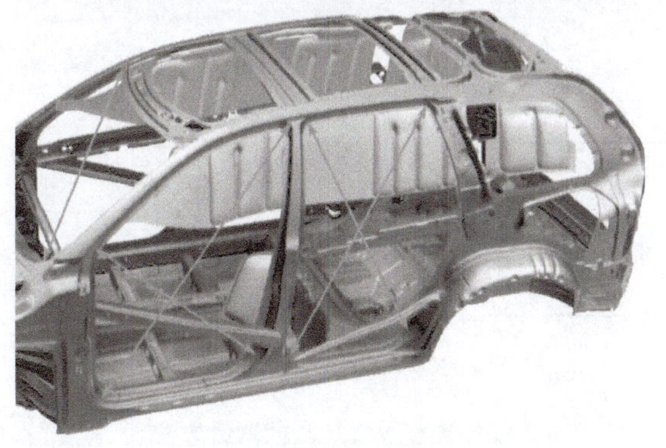

图 3-14 车身中部的典型测量点

图 3-15 车身后部的典型测量点

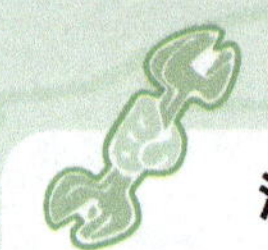

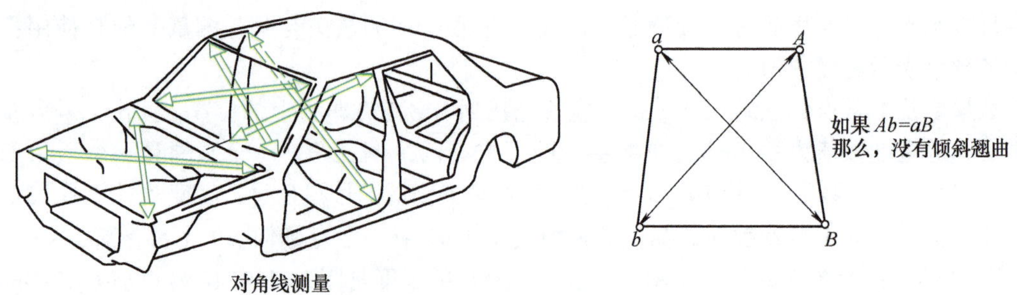

图 3-16　车身门窗各主要框架对角线测量位置

操作时应遵循以下原则：

1）充分利用车身基准面、中心面、零平面以及基准孔为基准。

2）以基础零件和主要总成在车身上的正确装配位置为依据。

3）比照其他同类车型车身图中的标示方法，确定测量方案。

与参数法相比，对比法测量的可靠性差，这就要求应尽可能将测量误差限制在最小范围内。在操作时应注意以下几点：

1）用作对比标准的车身尽可能选取多台，因为厂家生产时也会有制造装配的公差，多几台可得到相对可靠的标准值。

2）选择便于使用的测量工具，多次测量取平均值。

3）不能以损伤的基准孔作为测量基准。

4）参数值最好一次性测得，应尽量避免分段量取，以免误差叠加。

在没有可供参考的图样和车身作为对比标准的条件下，也可利用车身构件对称性的特点，采用对角线比较法和长度比较法进行测量，如图 3-17 所示。但这种方法仅适用于损伤程度不大的变形（图 3-17a、图 3-17b、图 3-17c），并要求将两者结合起来综合评价才能判明损伤，如图 3-17e 所示进行了对角线比较和长度比较，最终确定其是右侧变形。但这种方法不适用于车身左右两侧都发生损伤变形情况下的检查（图 3-17d），也不适用于扭曲的情况，因为这时测不出左右对角线长度的差异。

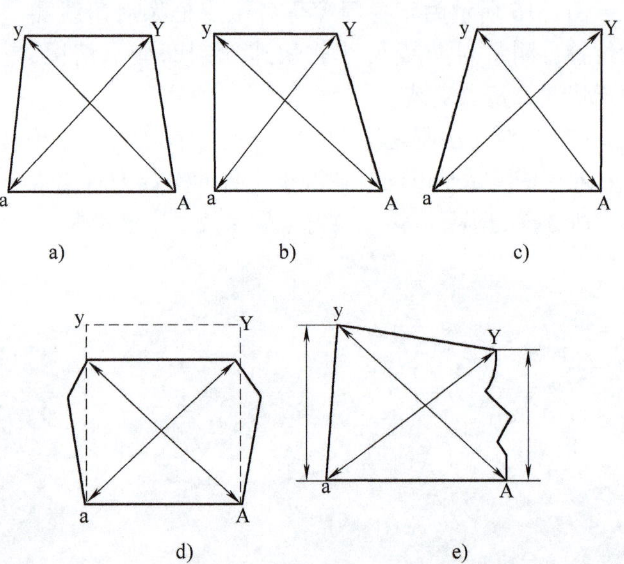

图 3-17　对角线比较和长度比较的测量方法

a）无变形　b）左侧变形　c）右侧变形

d）左右变形相同　e）右侧变形

二、测量工具及设备

合适的测量工具便于快速确定车身损坏的范围和程度，提高维修质量和效率。

（一）钢卷尺

钢卷尺常用于点对点的测量，其使用方法简便易行，但测量精度低、误差大。当两个测量点不在同一平面或其间有障碍时，很难用钢卷尺测量两点间的直线距离。

用钢卷尺测量孔的中心距时，可从孔的边缘起测，以便于读数，如图 3-18a 所示。应注意的是：当两孔的直径相等并且孔本身没有变形时，可以使用孔的边缘间距代替中心距（图 3-18b）；当两孔的直径不同时，应该测量两个孔的内侧边缘和外边缘（图 3-18c），然后取其平均值即是两个孔的距离。

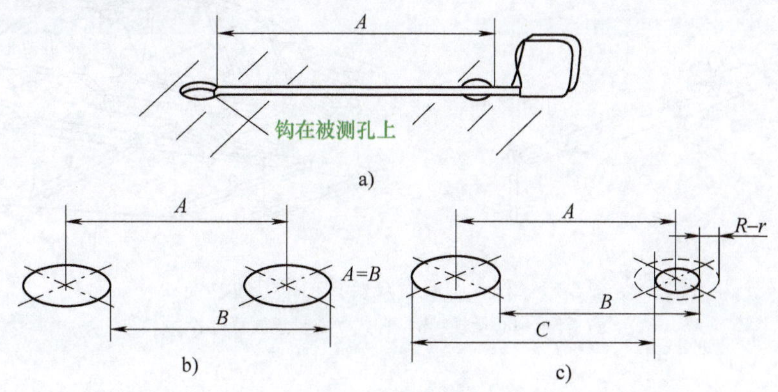

图 3-18　测孔的中心距

a）在孔的边缘上测量　b）孔径相等时　c）孔径不等时

（二）滑轨式测距尺

图 3-19 所示为滑轨式测距尺，它可以将量脚探入测量点，使用方便、灵活。

滑轨式测距尺的量脚为锥形结构，按图 3-20 所示的方法使用。锥形量角可自行定位在孔的中心线上，所测得的数值就是两孔中心距，即使两个被测孔的孔径不相等也不受影响。当孔径较大，量脚不能在孔中自行定位时（图 3-20b），也可以按照钢卷尺测孔距的方法进行测量。

图 3-19　滑轨式测距尺

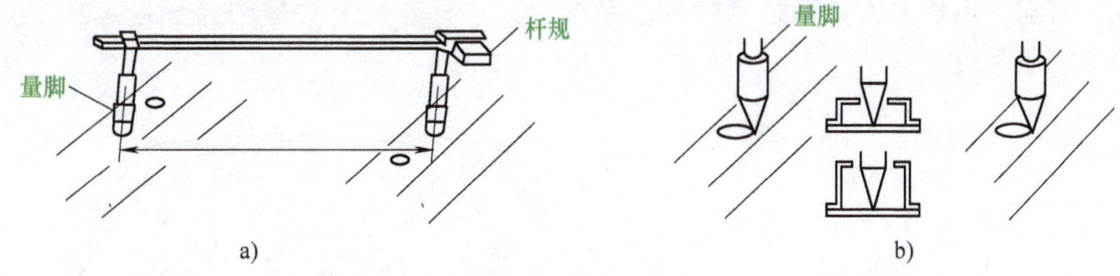

图 3-20　滑轨式测距尺测距

a）量脚自行定位　b）量脚不能自行定位

（三）中心量规

1. 杆式中心量规

图 3-21a 所示为杆式中心量规，它有两个滑动时总保持平行的横臂、中心销（中心销指针或中心观测孔）及挂钩组成。不管横臂的宽度为多少，中心量规上的中心销或中心观测

孔，都能保持在量规的中心位置。许多中心量规左、右侧各有一个立尺且可以调节，以保证量规与底的距离合适，如图 3-22 所示。单个或两个量规不能用于实际检查，通常是将 3 个或 4 个中心量规挂于车身的基准孔上（图 3-21b），通过目测检查中心销是否处于同一条轴线上、各量规的横臂是否相互平行，就能对车身的各种弯曲、翘曲或扭曲变形做出诊断。

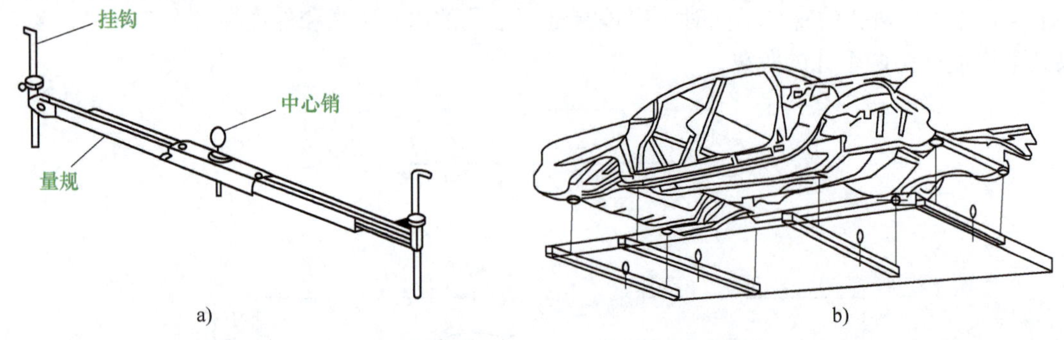

图 3-21　杆式中心量规及其在车上的放置

a）杆式中心量规　b）杆式中心量规放置位置

2. 链式中心量规

链式中心量规如图 3-23a 所示，它一般悬挂在车身壳体的基准孔上，通过检查中心销、垂链及平行尺是否平行、中心销是否对中，就能判断出车身壳体是否变形。

（四）机械三维测量系统

点对点测量法使用简捷，但是一些大的事故，车身底部如纵梁、门槛板、地板等部件变形后仅用点对点法测量不能确保维修后的尺寸准确；同时由于轿车车身为多曲面外形，很难测得点与点之间的距离，这就需要使用三维坐标测量方法。三维测量系统一般分为机械式和电子式，目前应用较多的分别是米桥测量系统和超声波测量系统。

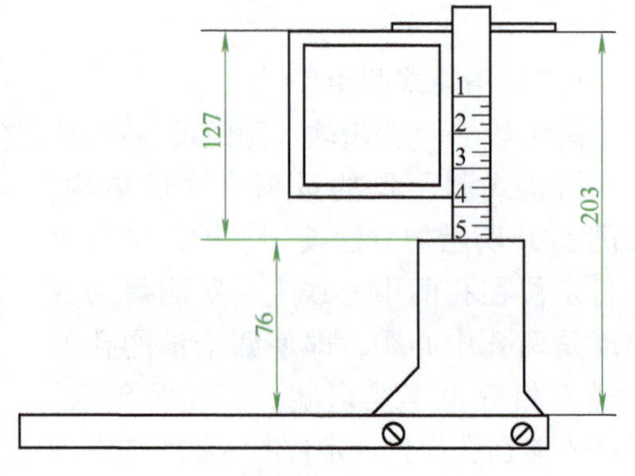

图 3-22　量规立尺的高度调节

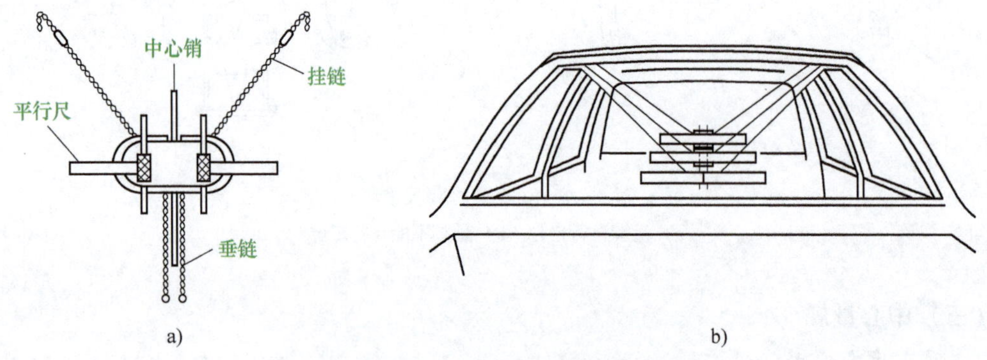

图 3-23　链式中心量规及其在车上的放置

a）链式中心量规　b）链式中心量规放置位置

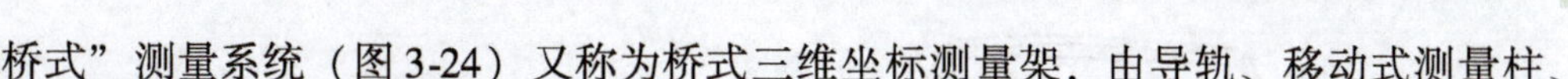

“米桥式”测量系统（图3-24）又称为桥式三维坐标测量架，由导轨、移动式测量柱、测量杆和测量针等组成。测量针根据车身尺寸参数安装在测量架上，测量时根据需要将指针调节在适当位置，使测量针在接触到车身表面的同时，还能够直接从导轨、立柱、测杆及测量针上读出所对应的测量值。

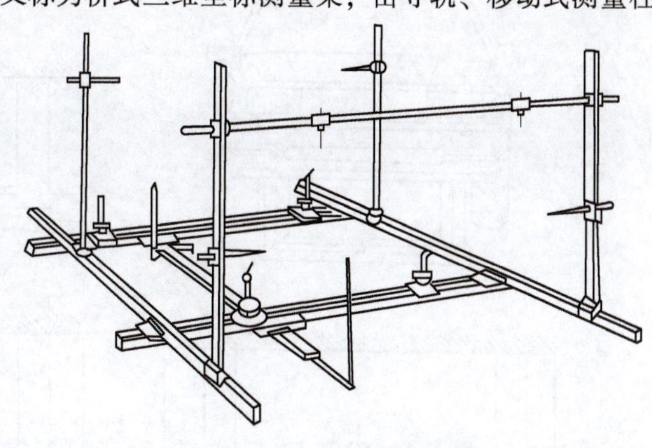

图3-24　“米桥式”测量系统

该测量系统可依照车身尺寸参数对车身上、下两部分的参考点进行检测，并对车身一侧部件与另一侧部件之间的三项尺寸指标（长度、宽度和高度）的测量结果进行比较。测量完毕后将参考点的实测值与标准值对比，从而诊断车身各部变形损伤情况。

需要注意的是，由于系统的精确度取决于指针的定位和精度，所以要确保测量桥在测量过程中不受任何压力且无任何损伤。车身矫正前应取下测量探头以免损坏测量系统。

三、利用中心量规测量车身的方法

汽车车身测量中常采用中心量规来判断车身的各种弯曲、翘曲或扭曲变形。

在对车身变形的整体检查诊断中常用4个量规，首先在两个无明显损伤的位置上挂好两个中心量规（图3-25），以此为基准，再在有明显损伤的地方悬挂两个量规，然后用视线检查悬挂在这两个位置上的量规，检验它们是否平行或中心销间是否存在错位，以确定车身的变形情况。

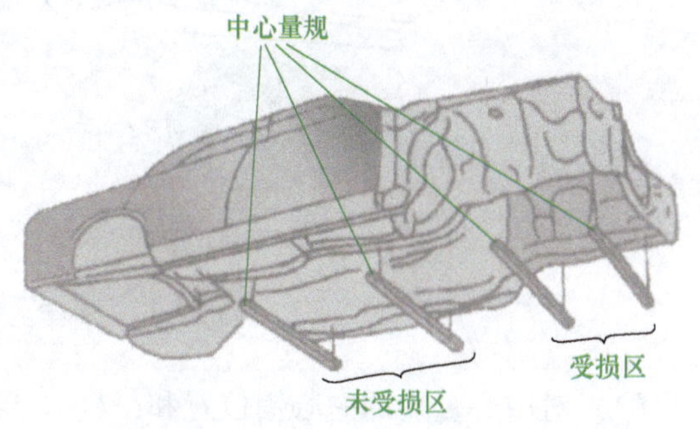

图3-25　中心量规检查方法

使用中心量规诊断车身变形有如下规律：当中心量规平行、高度一致，中心销位于同一轴线时，说明车身无变形，如图3-26a所示；当中心销左右方向偏离时，诊断为水平方向上有弯曲（图3-26b）；当中心量规出现如图3-26c的现象时，诊断为扭曲变形；当中心量规平行但高低位置发生错落时，则可诊断为垂直方向上的弯曲，如图3-26d所示。

用中心量规法诊断车身变形从理论上讲是精确的，但如果操作不当却很容易出现差错，甚至造成测量结果的严重失真，所以在使用中心量规时应注意下列问题：

（1）不能使用损坏的孔悬挂中心量规　对于必须安装中心量规的参考孔要检查，发现如果有变形，使用前应将其修复完好（图3-27），以免引起误诊断。还应注意，不能将中心量规安装在可能移动的部件上，如转向控制臂及各种弹簧等。

（2）保证中心量规的吊杆长度符合要求　当其中一个中心量规的高度确定后，应以车身参数表规定的数据为准，对其他中心量规吊杆的长度按高低差做增减调整，使悬挂高度符合标准，如图3-28所示，为按车身参数调整中心量规安装高度。

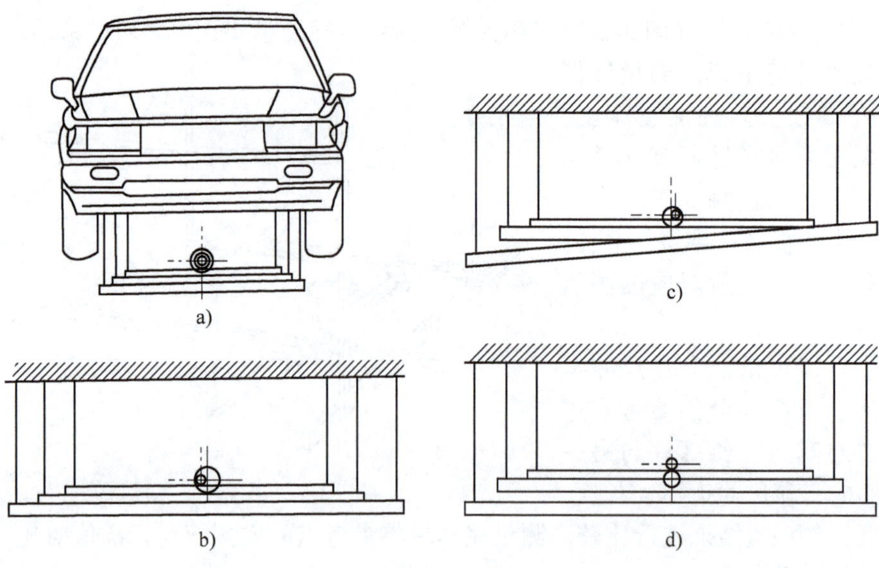

图 3-26　车身变形的评价方法

a）正常　b）水平方向弯曲　c）扭曲　d）垂直方向弯曲

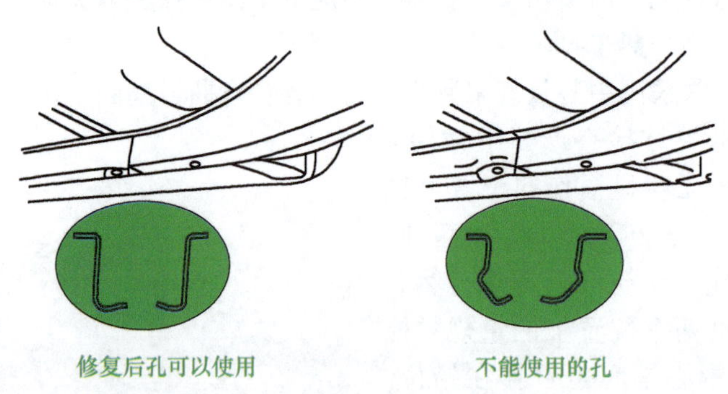

图 3-27　检查安装中心量规用孔

（3）对中心量规的中心销位置和吊杆（挂钩）的长度做好对称性调整　测量车身上不对称结构时，应有针对性地对中心销位置和吊杆（挂钩）长度做对称性调整（图 3-29），调整值以车身尺寸图中提供的数据为准，否则会产生错误的诊断。

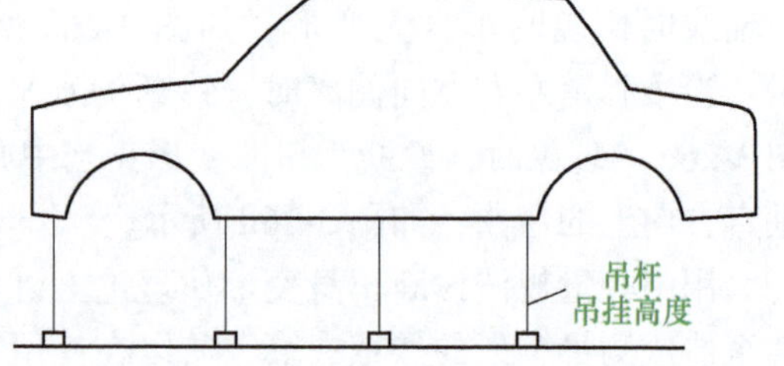

图 3-28　按车身参数调整中心量规安装高度

（4）正确目测　目测时，不应从受损截面处的量规一侧看，而应从作为基准量规的一侧看，这样会使测量更为精确。用视线瞄准时，不要站得离量规太近，以免降低测量精度；但如果站得很远，也不可能测量准确。用视线瞄准时，只能用一只眼睛对准基准量规的中心销，通过检查其他中心量规的中心销是否偏离了视线，就能诊断车身是否损伤。

用中心量规法诊断车身变形非常方便，但只有多操作、多实践，测量技巧和测量质量才会提高。

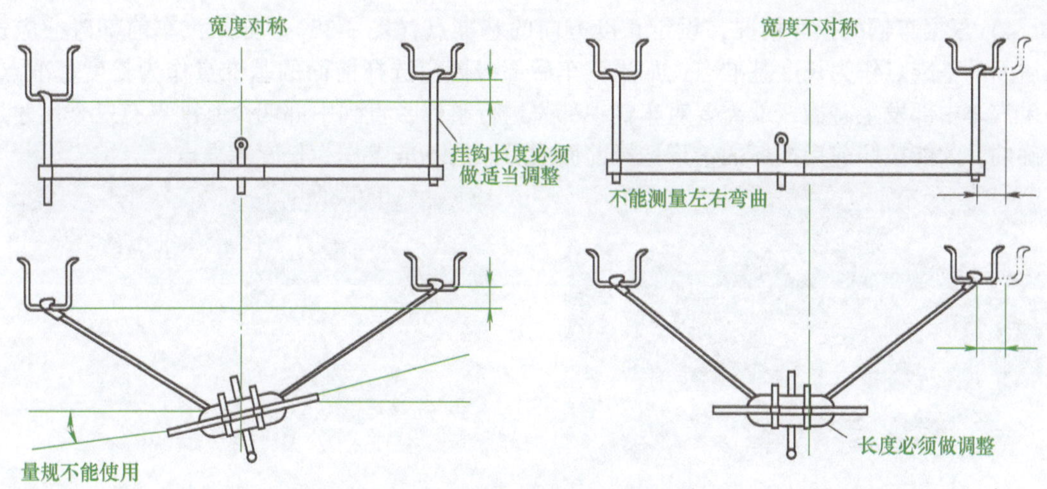

图 3-29　中心量规测量时的对称性调整

任务实施

以龙门式通用测量系统为例，实施测量操作。

一、调整车辆基准与测量系统基准

1）事故车被安置在车身矫正仪上时，尽量把车辆放置在平台的中部。调整四个主夹具的位置和钳口开合程度，车身底部裙边要完全落入主夹具的钳口中。高度的基准按照要求调整到测量系统所要求的高度（图 3-30）。

2）把测量横尺放入车身底部，在长梯上安装固定座，按照车身数据图选择合适的测量锥头，正确选择车身中部四个测量基准点进行定位测量，图 3-31 所示为安装基准点测量标尺。

图 3-30　调整基准高度

基准孔
A锥
标尺
标尺筒
横尺

图 3-31　安装基准点测量标尺

3）测量车身中部前后基准点的宽度尺寸，调整车身横向位置，使得前后两边基准点的宽度尺寸相等，这时测量系统的中心线和车辆的中心线是重合的，图 3-32 所示为通过前后基准找到宽度中心。

4）根据车辆的损坏情况，设定长度方向的基准点（图3-33）。如果汽车前部碰撞应选择后面的基准点作为长度基准点；如果汽车后部碰撞应选择前面的基准点作为长度基准点；如果汽车中部发生碰撞，就需要对车辆中部先进行整修，直到中部四个基准点有三个尺寸是准确的，才能按照前后损坏的情形选择前面或后面的基准点作为长度基准点。

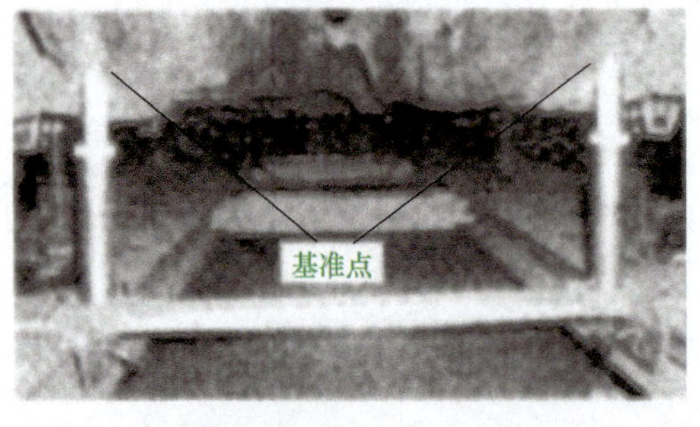

图3-32 通过前后基准找到宽度中心

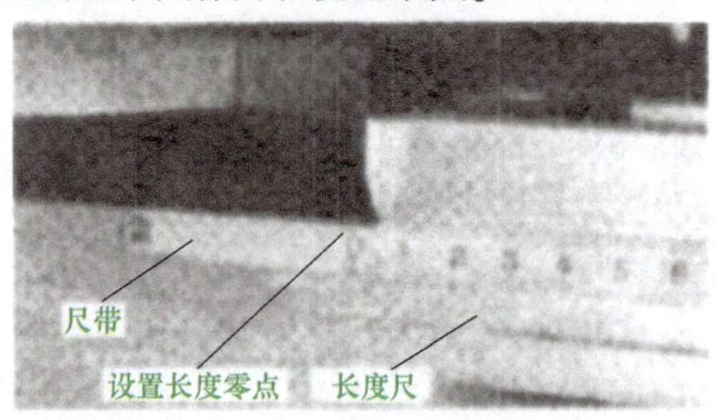

图3-33 设定长度方向的基准点

5）将底部测量横尺安装到矫正台上，在底部横尺的两端安装测量高度的立尺，然后在立尺上安装测量车身上部尺寸的量规以及测量车身侧面尺寸的刚性量规。龙门式测量系统组装完成后就可以进行车身尺寸的测量了，如图3-34所示。

图3-34 组装完成的门式车身测量系统

二、测量

（一）确定测量点

根据车辆的损坏情况，确定在车身上要测量的点，在图样上找出相应的数据标准。根据数据图的标注，正确选择量杆和量头，将其安装在中心线杆（横尺）上。在测量车身底部尺寸（图3-35）时，如果测量头选择错误，那么测得的高度数据尺寸将是错误的。

（二）车身底部测量点的测量

测量点的长度尺寸通过移动标尺固定座上的孔，去读取矫正台上的长度尺数据，如图3-36所示。宽度数据从测量横尺上读出，从不同高度的量杆上读出高度数据，得到三维尺寸数据后与标准数据对比就可以知道尺寸的偏差。

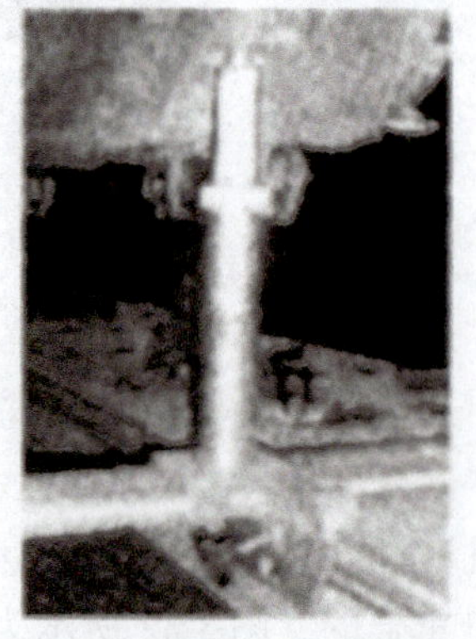
图3-35 测量车身底部尺寸

图3-36 读取长度数据

（三）侧面数据的测量

根据图样要求把立尺放置在底部测量横尺上，设置好立尺的长度基准。在立尺上安装刚性量规的安装座，把刚性量规安装好，把标尺安装在刚性量规上，把标尺筒安装在长标尺上，然后再根据图样要求选择合适的测量探头，对侧面测量点或测量面进行数据测量和对比测量（图3-37）。

（四）上部尺寸的测量（图3-38）

根据图样要求把立尺放置在底部测量横尺上，设置好立尺的长度基准。调整上横尺高度的基准，把上横尺安装在两个立尺上，然后把刚性量规安装在上横尺上。在刚性量规上安装标尺座，选择合适的标尺筒、标尺柱和测量头，然后安装在标尺座上就可以对上部发动机舱或行李箱的尺寸进行测量。

图3-37　侧面数据的测量

图3-38　上部尺寸的测量

（五）拉伸操作中测量

在拉伸操作中测量时，可以把测量头定在标准的宽度、长度和高度尺寸上拉伸部件，直到测量点的尺寸达到标准值。用测量头同时测量几组要拉伸的数据，同时监控拉伸中数据的变化情况，保证修理后数据的准确性。

工作任务3　车身三维尺寸的电子测量

知识准备

电子测量系统使用计算机和传感器能更方便、快捷地测量车身尺寸，评估车身结构的损伤情况，性能完备的电子测量系统甚至能在车身拉伸矫正过程中进行实时测量。

用于电子测量的计算机中储存了大量不同厂家、不同年代的车身数据，标准车身数据图随时可以被调出，测量系统可以自动比较测量值与标准值并在计算机上显示出来，大大提高了工作效率。

一、车身尺寸电子测量原理

（一）典型电子车身三维尺寸检测系统构成

典型电子车身三维尺寸检测系统结构如图3-39所示，其包括多个视觉传感器、全局校准、现场控制、测量软件等几部分。每个视觉传感器是一个测量单元，对应车身上的一个被测点。系统组建时，所有的传感器均已统一到基准坐标系下（即系统全局校准），传感器由计算机控制。测量时，每个传感器测量相应点的三维坐标，并将其转换到基准坐标系中，全部传感器给出车身上所有被测点的测量结果，即完成系统测量任务。

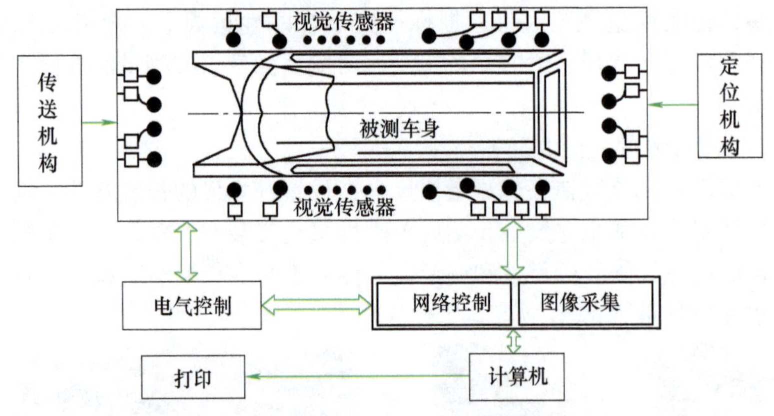

图 3-39　典型电子车身三维尺寸检测系统结构

（二）视觉传感器

传感器包括光平面投射器和摄像机两部分。测量时，光平面投射器投射出光平面，光平面和被测物表面相交形成光条，光条图像由摄像机经图像采集卡进入计算机，经计算机处理得到的图像，可提取被测点对应的图像特征在像面上的坐标，并通过摄像机模型及三角法测量原理可以得到被测点的三维坐标。

通常车身上的被测点可归纳成棱线点和一般特征点两类。棱线是车身上不同块面之间的交线，其装配精度对车辆的空气动力学性能有影响，检测棱线是通过检测其上点的位置完成的；车身上一般特征点是指控制整车装配精度的重要安装定位孔（如发动机安装孔等）及可以表征车身制造精度的一些标准点。棱线点和一般特征点相对视觉传感器而言是两种不同类型的被测点，需要结构光传感器来检测，这种传感器是最早得到应用的视觉传感器，技术发展成熟。

1. 光条结构光传感器和光栅结构光传感器

光条结构光传感器原理如图 3-40 所示，用于测量棱线点；光栅结构光传感器原理如图 3-41 所示，相当于具有多个光平面的光条传感器，一次测量可以同时得到多个不同空间位置上点的三维坐标（如测量圆孔时，可得到圆周上多个点的坐标），由此计算出被测特征点（如圆孔的孔心）的三维坐标。

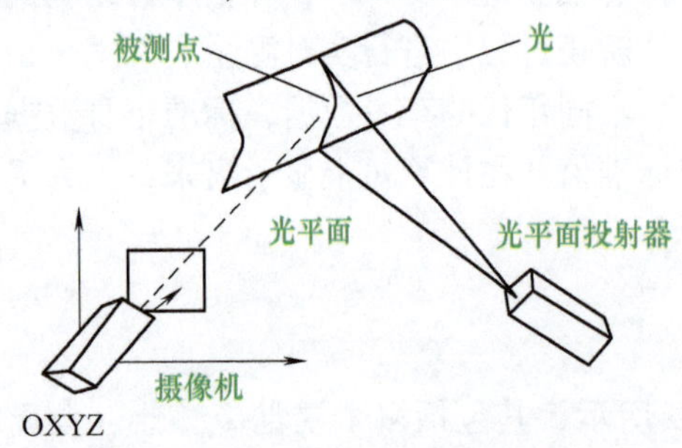

图 3-40　光条结构光传感器原理

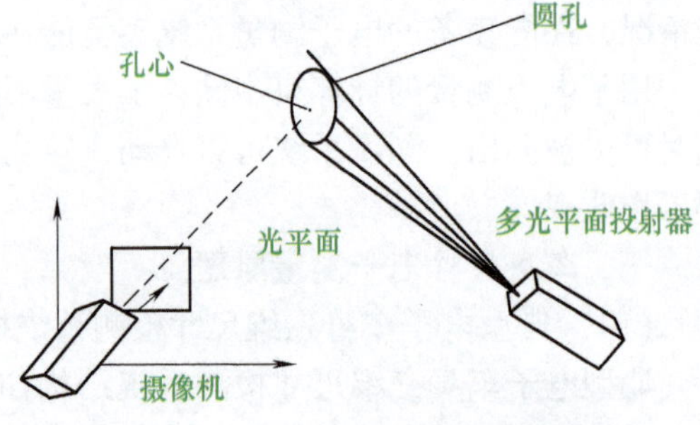

图 3-41　光栅结构光传感器原理

上述两种传感器已成功地应用在较早的车身三维尺寸视觉检测系统中，随着应用的逐步深入，这两种传感器暴露出明显的缺陷。

1）传感器校准困难、精度低。传感器在使用前必须标定光平面和摄像机之间的空间关系，该空间关系目前使用细丝散射结合经纬仪的方法实现，但受散射光点无法精确瞄准的影响，校准精度难以提高，而使用经纬仪也大大增加了传感器校准工作量。

2）两种传感器结构及校准方法不一致，整个检测系统组建及维护困难。在实际的检测系统中，每种传感器的数量随着车型的不同而变化，传感器结构及校准方法的不同严重影响系统的组建效率和维护成本。

2. 视觉传感器

最新研制的视觉传感器采用了基于立体视觉检测原理的统一结构，克服了上述两种传感器结构及校准方法不统一的缺点，其原理如图3-42所示。

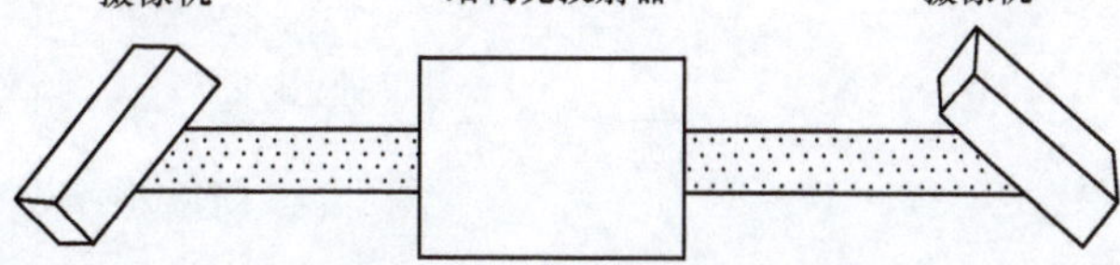

图3-42　基于立体视觉的检测原理

传感器采用立体视觉检测原理，由双摄像机和结构光投射器组成，被测点的空间坐标由两个摄像机得到的图像中该点对应的立体视差决定。结构光投射器的不同形式决定了传感器的不同类型，采用光条结构光投射器，相当于光条结构光传感器，采用光栅结构光投射器，相当于光栅结构传感器。此外，还可以通过设计特殊的投射器，进一步扩展视觉传感器的应用范围。

基于立体视觉统一结构的传感器具有突出的优点：不同类型传感器的结构和校准方法完全一致，可以采用基于标靶的精确校准技术，实现传感器的高精度校准；传感器的适应性优良，对于不同类型的被测点，只需变更传感器中的光投射器即可。

（三）全局校准

完整的车身三维尺寸视觉检测系统由多达几十个传感器组成，每个传感器均在自身的坐标系（传感器局部坐标系）中进行测量，必须将系统中全部传感器局部坐标系统一到一个全局坐标系（系统基准坐标系）中，才能实现系统功能，这就是全局校准技术，图3-43所示为全局校准原理。

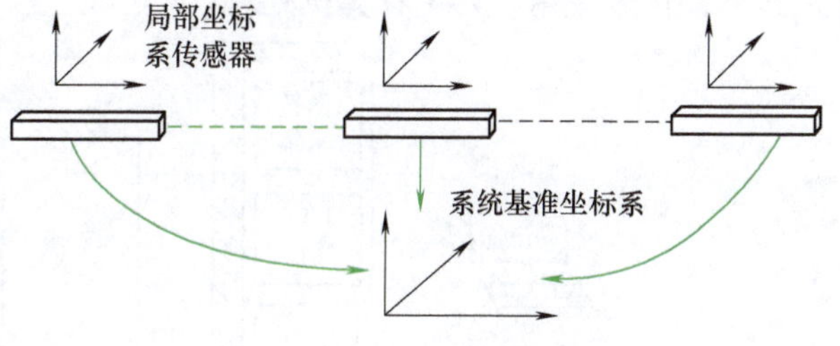

图3-43　全局校准原理

最直接的全局校准技术就是金规校准。在校准系统时，制作一个和被测对象完全一致的标准金规（如被测车身），标准金规上分布着控制点，其对应于被测车身上的被测点，控制点在金规基准坐标系中的位置是严格已知的。校准时，传感器测量控制点，通过控制点的位置坐标可以得到传感器局部坐标系与金规基准坐标系的统一。金规校准方法直观明确，但实际应用时存在重大缺陷，如金规应当和被测对象一致，不同车型的检测系统需要不同的金规等。此外，制作如车身大小的高精度金规，成本高，对于某些大型的车身，几乎不可能实现。

鉴于金规校准的上述缺点，当前车身视觉检测系统采用的是借助中间坐标测量装置的间接全局校准标准，原理如图3-44所示。该校准技术的核心是由两台经纬仪组成的移动式高精度空间坐标测量装置和一块精密标准标靶。全局校准时，首先将标靶放置在传感器的测量空间内并固定，用传感器测量标靶（标靶上设计有标准圆孔），得到传感器坐标系和标靶坐标系之间的关系；其次，同时用经纬仪坐标测量装置观测标靶在空间的位置，得到标靶坐标系和经纬仪测量装置坐标系之间的关系；再次，用经纬仪坐标测量装置观测视觉检测系统的基准坐标系，得到它们之间的关系；最后，由坐标变换链，即传感器坐标系—标靶坐标系—经纬仪坐标测量装置坐标系—基准坐标系，实现传感器坐标系到视觉系统基准坐标系之间的统一，即全局校准。

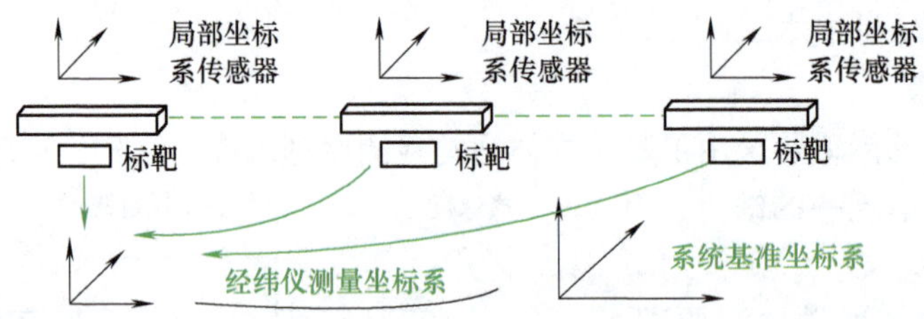

图3-44　间接全局校准标准

与金规校准相比，基于经纬仪坐标测量装置的全局校准有明显的优势，通用性好、成本低、能够用于不同规模（不同车型）的车身视觉检测系统。特别需要指出的是，如果视觉系统中为传感器采用基于立体视觉的统一结构，则基于经纬仪坐标测量装置的全局校准优点更为突出，不同的视觉检测系统可以采用完全相同的标靶及校准软件，从而给系统的组建和维护带来极大方便，这对大范围推广视觉检测技术非常有利。

（四）系统控制

车身三维尺寸视觉检测系统中传感器的有效控制对系统的性能有重要的影响。早期的传感器控制采用星形专线连接方案，如图3-45所示。每个传感器的控制线和视频线均独立连接到控制柜，计算机通过分配I/O端口分别控制传感器，传感器输出的视频信号经控制柜切换后进入图像采集卡，再由计算机处理。

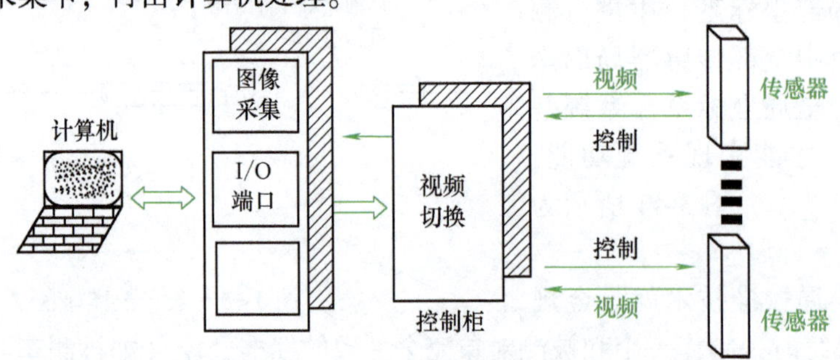

图3-45　采用星形专线连接方案

对于大型的车身视觉检测系统而言，上述控制方案存在如下不足：

1）布线复杂，线缆需求量大，影响系统工作稳定的隐患多。

2）系统不具备良好的伸缩性，扩展能力差，即当将一个有20个传感器的现有系统扩展到30个传感器时，必须重新设计控制柜并布线。

最新的视觉检测系统采用了现场总线控制方案，彻底解决了上述问题，其工作原理如图

3-46 所示。其方案具有优良的扩展性能，能够在不改变现有系统结构的基础上，对系统进行平滑扩充，且布线规范，线缆需求量小，安全隐患少，便于维护。目前，系统在使用RS-485中继器的情况下，可以扩展128 个以上数量的传感器。

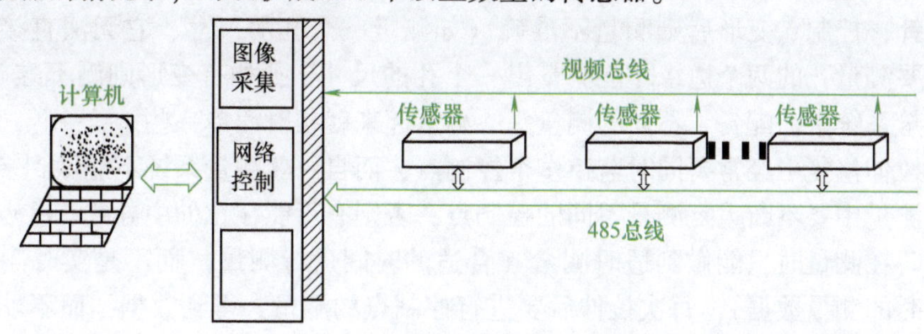

图 3-46　现场总线控制方案

（五）测量软件

车身三维尺寸视觉检测系统管理的硬件数量多，种类复杂，为保证系统功能的可靠性和达到设计测量精度，必须有强大的测量软件支撑。测量软件的设计必须考虑以下几点。

1）选择可靠性高的操作系统。视觉检测以图像处理为基础，涉及大量算法和运算量，需要消耗大量的计算机系统资源。

2）设计算法时，应当着重考虑容错性。图像的精确量化处理和一般的变换（几何变化、线形变化、颜色变化等）不同，常常伴随算法的不稳定，以至于产生很大的测量误差。

3）测量软件必须有直观易用的使用界面。对于普通操作者，应当屏蔽检测系统硬件的复杂性。另外，车身视觉检测系统是在线检测系统，系统在现场工作的实时状态应当在软件界面上有充分的体现，以便操作者了解现场工作状态，减轻工作强度。

车身电子测量系统主要有半机械半电子测量系统、半自动电子测量系统和全自动电子测量系统等几种类型。

二、电子车身测量系统的种类

（一）半机械半电子测量系统

常见半机械半电子测量系统如 CHIEF 公司的产品 VIRTEX 类型的测量系统，其测量工具是一个类似轨道式量规的测尺，在量规上安装了位移传感器，在测尺上可以电子显示测量的高度、长度两个方向的数值。该测尺一次只能测量两个测量点之间的高度和长度或高度和宽度，然后把数据通过有线或无线传输到计算机的软件系统内，软件系统将测量的数据与系统内标准数据对比，可以得知测量的结果。

这种测量系统每次只能测量一个或两个控制点之间的位置参数，不能同时测量多个控制点，并且不能随着测量点数据的变化及时地反映出来，需要不断反复测量不同的控制点来确定相关尺寸的正确性，操作比较烦琐，效率较低。

（二）半自动电子测量系统

常见的半自动电子测量系统如 Car-o-Liner、Car-benc、Spenis 等，使用自由臂方式进行测量，测量自由臂由一节节可以转动的关节连接，每两个臂之间可以在一个平面内 360°转动，多个臂的转动可以移动到空间的任意一个位置。在连接处有角度位移传感器，任何一个关节转过的任何一个角度会被传输记录到计算机上。自由臂的每个臂长是一定的，计算机会自动计算出自由臂端部到达的空间位置的三维数据尺寸。

自由臂测量系统只有一个测量臂，在测量中每次只能测量一个控制点，有的测量臂的端部是测量指针，控制点变形后则测量不准确（如测量一个孔的尺寸，它无法直接找到孔的中心，就需要测量孔的两个边缘才能测量出一个孔的尺寸，孔如有变形则测不准确）。在有些自由臂测量系统中，配备了不同的测量头，测量起来就相对简单一些。

在实际拉伸修复中经常要同时监控多个控制点，而自由臂测量系统不能做到多点同步进行测量。在测量中要不断重复测量不同的控制点，否则有可能在拉伸中导致有些点拉伸数据的失控。同时在测量时只能做到适时测量（合适的时间进行测量）而不是实时测量（随时可以显示当时的测量数据），每次拉伸后要进行控制点的测量，得到数据，而不能随着拉伸的进程随时监控数据变化，容易导致过度拉伸而使修复失败。计算机接收系统在测量前需要进行调平，在测量过程中接收器的任何移动会导致基准变化而使测量数据不准确。

（三）全自动电子测量系统

1. 红外线测量系统

红外线测量系统包括标靶、一个红外线发射接收器和一台计算机，如图 3-47 所示。现代红外线测量系统使用起来相对比较容易而且非常精确。它采用红外线测量技术，由两个准分子红外线发射器发射红外线并投射到标靶上，每个标靶上有不同的反射光栅，通过接收光栅反射的红外线束测量出数据并传输给计算机，由计算机通过计算可以得到测量点的空间三维尺寸。

图 3-47　红外线测量系统的标靶和红外线发射器

红外线系统提供直接且瞬时的尺寸读数。在拉伸和矫正作业过程中，车辆的损伤区域和未损伤区域中的基准点都可被持续监测。将车辆装到矫正架上之后，在车辆的中部下面放置红外线发射接收器，然后将红外线发射接收器的电缆插到计算机上；调出被修车辆的车身数据尺寸图。车身数据尺寸图可能有一个、两个或三个视图，一些图表还给出了发动机舱盖下面和车身上部的尺寸。

按照计算机的提示选择合适数字的标靶、标杆和磁性安装头，并安装到车辆上的测量点上。标靶和安装在测量孔上的磁性（或弹簧片）安装头通常存放在机柜里。磁性安装头（标靶座）将标靶固定在指定的位置或者车辆的基准点上。弹簧片或可调节的安装头（标靶座）可以张大，便于安装在车身不同尺寸的孔上。

为了测量车身上部的各个点，要在悬架拱形座（挡泥板上冲压成形的减振器支座）上安装一个专用支架。在量针接触减振器拱形座上特定的点时，支架底部的标靶反射的红外线就可以被红外线发射接收器读取。

在车辆上安装好红外线发射接收器和标靶之后，使用计算机对系统进行标定，然后再读取车辆的尺寸，通过一系列的计算机命令，测量系统就可以完成对结构损伤的精确测量。

2. 超声波测量系统

全自动电子测量系统中目前应用最广泛的一种是超声波测量系统，测量精度可以达到±1mm，测量稳定、准确，可以瞬时测量，操作简便、高效。可以对车辆的预检、修理中测量和修理后检验等工作提供有效的帮助，现也用在二手车交易的车身检验工作中。

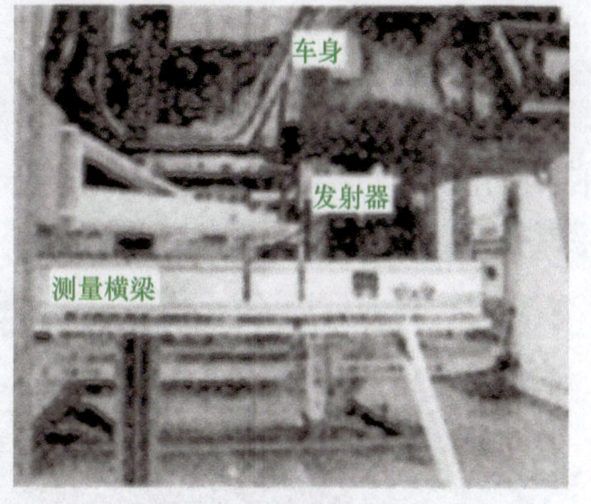

图3-48　超声波测量系统

超声波测量系统（图3-48）由超声波发射器、超声波接收器、控制柜（包括计算机，也称主机）及各种测量头组成。

发射器通过测量探头、加长杆以及测量探头转接器（图3-49）等安装到车身测量点的测量孔或螺栓头上，接收器装置在测量横梁上，如图3-50为超声波接收横梁。发射器发送超声波，由于声音是以等速传播的，接收器可快速精确地测量声波在车辆上不同基准点之间传播所用的时间。计算机根据每个接收器的接收情况自动计算出每个测量点的三维数据。

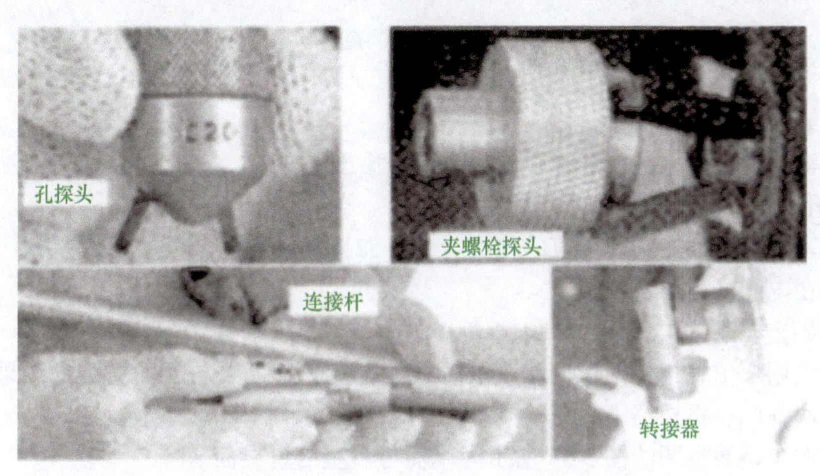

图3-49　超声波测量头及转接器

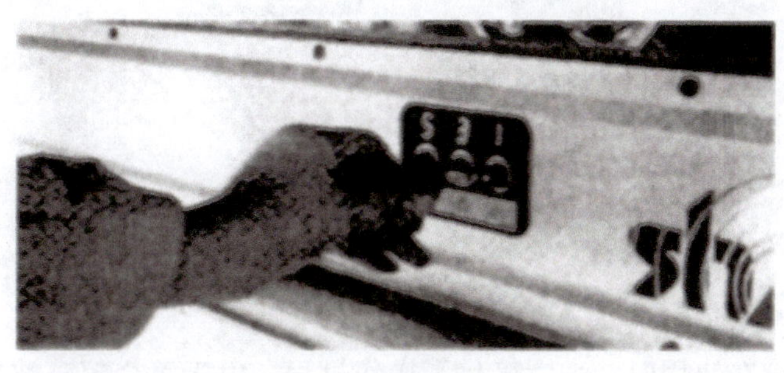
图3-50　超声波接收横梁

任务实施

以超声波测量系统为例进行车身尺寸测量。

一、安放测量横梁

将车辆举升到一定高度，将测量横梁安放到车身下部，要求车身下部的最低点距离横梁下平面在 30～40cm 之间，如图 3-51 所示，并且最好将测量横梁的前方与车辆前方一致，横梁支架要牢固，车辆举升位置稳定。

图 3-51　安放测量横梁

二、系统连接

将测量横梁与控制电脑相连，要求电源采用稳压电源。

（一）开机

开机进入系统界面，选择语言的种类（图 3-52）。为了方便各国的使用者，系统内安装了包括汉语在内的多种语言种类。

（二）选择车型

首先录入用户信息，包括车辆和车主信息，这些信息可以与后面测量的结果一起存储，方便以后再次查询；再根据事故车的类型选择汽车公司、汽车品牌、生产年代，从数据系统内调出符合的车型数据图。图 3-53 所示为车辆与车主信息界面。

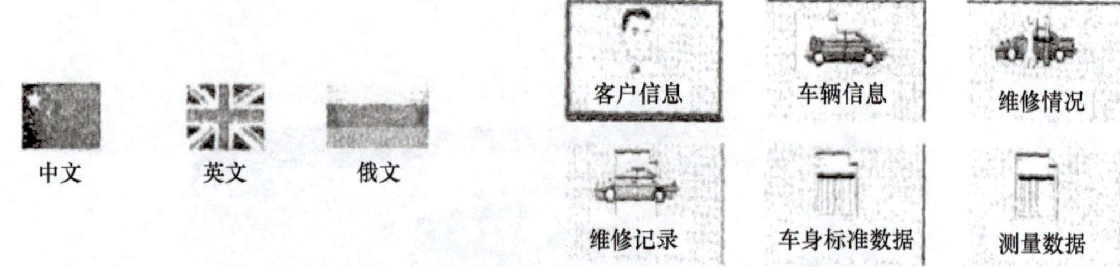

图 3-52　测量系统语言选择界面　　图 3-53　车辆与车主信息界面

（三）选择测量基准

超声波测量系统在使用时，大大简化了操作过程。由于每个超声波发射器有两个发射源，接收装置也有多个，系统可以自动计算出宽度和高度的基准，不需要人工调整。图 3-54

所示为长度基准的选择界面，可以根据车辆的损坏情况来选择长度基准。

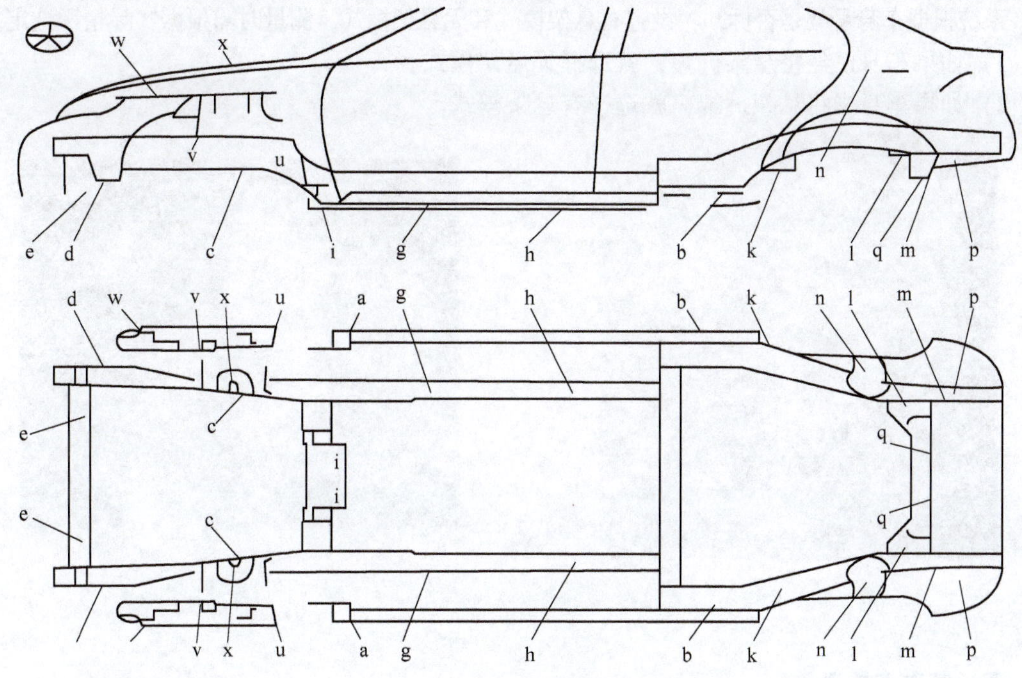

图3-54　长度基准的选择界面

（四）测量点传感器的安装

1）根据车身的损坏情况来选择车身上哪些点需要测量，需要测量的点按照计算机的提示选择合适的安装头，如图3-55所示。如果对要测量的车身不是太熟悉，计算机还可以显示要测量点的位置图片。

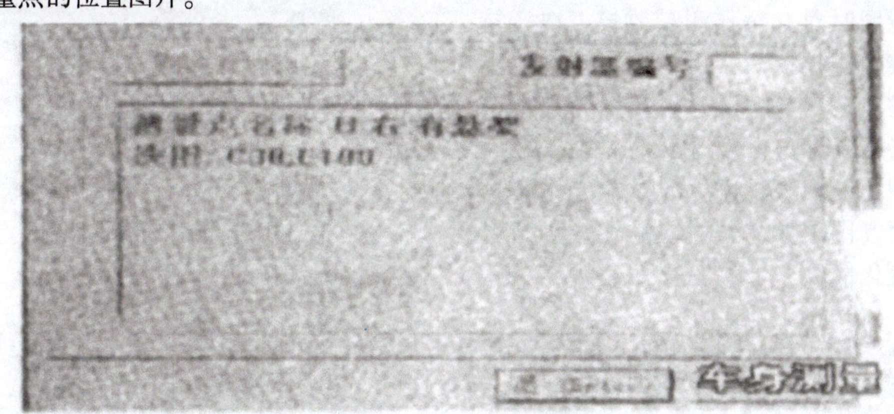

图3-55　提示选择合适的安装头

2）根据测量点的实际情况，选择探头。如果安装位置是孔，需要使用孔探头，如图3-56所示；如果安装位置是螺栓，需要选择螺栓探头夹，如图3-57所示；如果安装位置在立面上，需使用转换接头改变方向；如果长度不合适，可以选择合适长度的加长杆补偿。

3）将发射器根据要求安装到车身测量点的测量孔或螺栓头上。把传感器的连接线连接到选定的接口上，完成测量头的安装。图3-58所示为发射器安装并连接的情况。

三、选择测量模式

系统根据车身悬架是否拆卸，设置有悬架模式和无悬架模式，测量时需根据实际情况选定。

1）如果车身已经将悬架拆掉，就选择无悬架模式。

2）如果车身未将悬架拆掉，就选择有悬架模式。

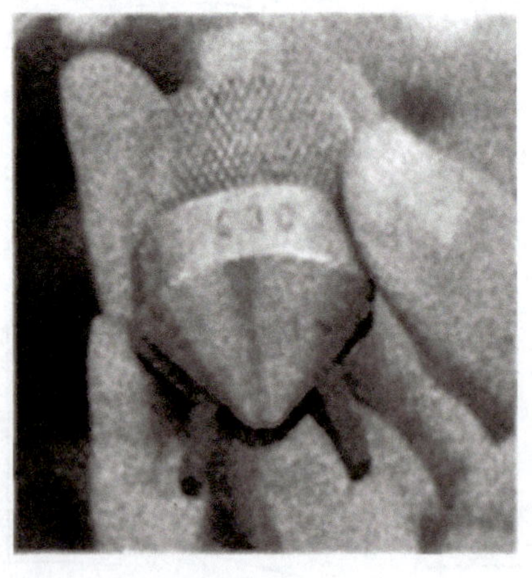

图 3-56　孔探头

图 3-57　螺栓探头夹

四、基准点的测量

计算机根据需要能自动地把基准点的测量数值显示出来，包括测量点的实际数值、标准数值和两者差值，如图 3-59 所示。

五、拉伸矫正中的测量

超声波测量系统一次可以测量多个测量点，能同时对几个点测量监控。选择持续测量实时监控模式，系统会自动每隔很短时间发射一次超声波进行测量，并把最新的测量结果在显示器上实时刷新。在矫正过程中，修理人员可以通过拉伸中数据显示界面（图 3-60）很直观地注意到车身尺寸的变化情况。

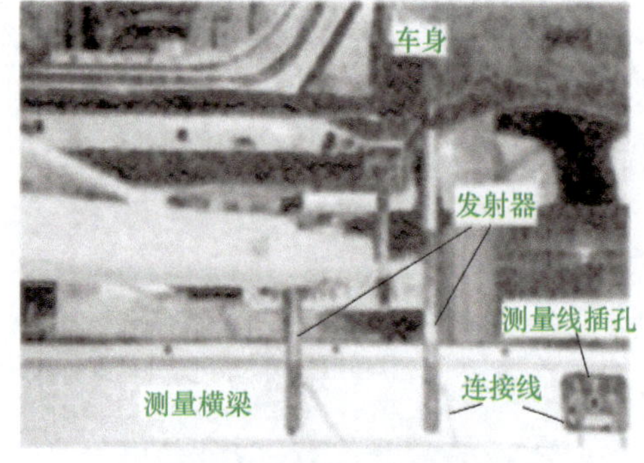

图 3-58　发射器安装并连接

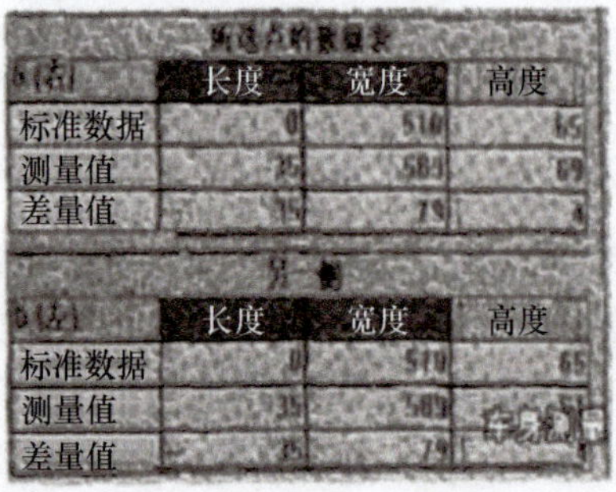

[illegible]	长度	宽度	高度
标准数据	0	510	65
测量值	35	589	69
差量值	35	79	4

[illegible]	长度	宽度	高度
标准数据	0	510	65
测量值	35	589	[illegible]
差量值	35	79	[illegible]

图 3-59　测量数据显示

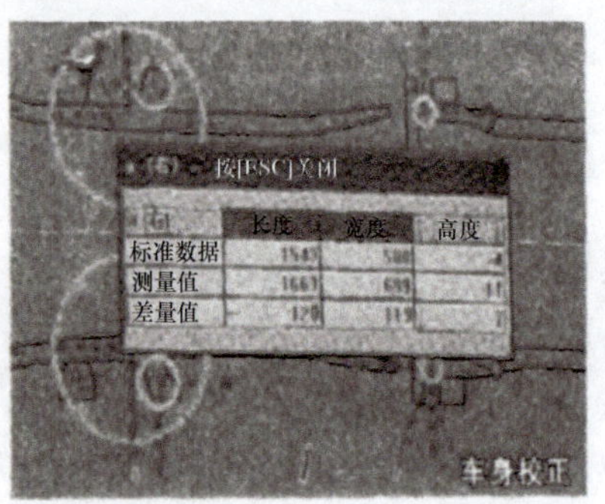

图 3-60　拉伸中数据显示界面

超声波测量系统在测量过程中，测量不会相互干扰，系统每隔1～2s会自动重新测量一次，把环境对它的影响减到最小。操作中不用调节水平，计算机自动找正，而且不会因为发射器、接收器的位置移动而改变数据；可以实现车辆碰撞修理前的预检、测量、定损、修理中的测量监控、修复后的数据存储及打印等工作。

图3-61为一辆2003年生产的起亚千里马，前部左侧受到侧向撞击，造成前保险杠、角灯破裂损坏。维修前通过测量发现，左前门与左前翼子板的间隙为8mm，而右前门与右前翼子板的配合间隙为2mm。在发动机舱盖前部端角上的两点分别与左、右翼子板前端角上的两点平齐的情况下，发动机舱盖与左、右前翼子板的配合间隙后端均为正常值4mm，右侧前端为9mm，左侧前端已没有间隙，甚至出现了翼子板与发动机舱盖的重叠。将发动机舱盖强行打开后，发现锁柱已发生偏移变形，无法再次锁紧。

图3-61　受损车身

根据经验，上述情况应为车辆前部框架向右侧偏移变形，而发动机舱盖仍在原始位置，最终导致相关板件配合不协调，这种现象在车辆受到侧向撞击后极易出现。

将车辆置于矫正架上，用电子测量系统对车身上的控制点进行测量。当测量到车身前部下横梁上的点时，电脑显示此点与标准数据相比向右偏移了7mm。

思考题

1. 车身测量基准有哪些？
2. 测量方法及其注意事项有哪些？
3. 列举常用的车身测量工具及其使用方法。

项目4　汽车车身焊接

焊接是两种或者两种以上同种或者异种材料通过原子或者分子之间的结合和扩散连接成一体的工艺过程，是汽车制造和维修中必不可少的生产作业手段。对于高强度钢（HSS）和超高强度钢（UHSS）由于大量的加热会导致其强度下降或者被破坏，故氧乙炔焊和焊条电弧焊禁止用于这些材料车身的焊接修复。

学习目标

知识目标

1. 掌握汽车车身修复中常用的焊接工艺。
2. 了解焊接缺陷的判定标准。

技能目标

会 CO_2 气体保护焊、氩弧焊、电阻点焊的薄板焊接。

焊接接头的种类

工作任务

工作任务1　汽车门槛板的 CO_2 气体保护对接焊

由于 CO_2 气体保护焊和氩弧焊的工艺优点，使得这两种焊接方法在车身修复中应用较多。

知识准备

CO_2 气体保护焊

焊接过程中，用 CO_2 气体做保护，将电极、电弧区、金属熔池与周围空气隔开，减少了空气中氮和氧对焊缝金属的影响，焊接变形小、对焊件强度影响小、外表美观、焊接速度快。实际车身修复中采用25% CO_2、75% 氩气的混合气体，比使用纯 CO_2 气体的保护焊可以更好地减少飞溅。

半自动 CO_2 气体保护焊焊丝的送给和 CO_2 气体的输送都是自动进行的，沿焊缝的施焊手工操作，CO_2 气体保护焊设备的组成如图4-1所示。

焊丝直径主要根据焊件厚度加以选择，CO_2 气体保护焊的适用范围见表4-1。

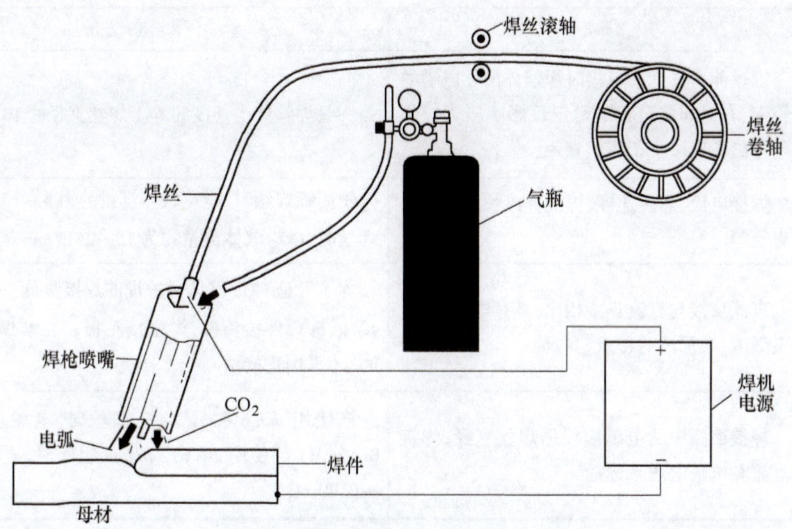

图4-1　CO_2 气体保护焊设备的组成

表4-1　CO_2 气体保护焊的适用范围

焊丝直径/mm	熔滴过渡形式	焊件厚度/mm	焊接位置
0.5~0.8	短路过渡 颗粒过渡	1.0~2.5 2.5~4.0	全位置 水平位置
1.0~1.4	短路过渡 颗粒过渡	2.0~8.0 2.0~12	全位置 水平位置
1.6	短路过渡	3.0~12	水平位置、立焊、仰焊
>1.6	颗粒过渡	>6	水平位置

1. CO_2 气体保护焊焊接工艺参数（表4-2）

表4-2　CO_2 气体保护焊焊接工艺参数

参数名称	选择依据	选择方法
焊丝直径	焊件厚度、焊缝空间位置和生产率等	平焊厚板时，可以采用 ϕ1.6mm 的焊丝；对薄板或中厚板进行立、横、仰焊时，多采用 ϕ1.6mm 以下的焊丝
焊接电流	焊件厚度、焊丝直径、焊缝空间位置和所要求的熔滴过渡形式	用 ϕ0.8~ϕ1.8mm 的焊丝，短路过渡焊接时，焊接电流在50~230A
电弧电压	必须与焊接电流相适应；电弧电压增大，则熔宽相应增大，余高和熔深减小；电弧电压减小，则熔宽相应减小，余高和熔深增大	在短路过渡焊接时，电弧电压在16~25V范围内；在采用 ϕ1.2~ϕ3.0mm 的焊丝进行粗滴过渡焊接时，电弧电压可在25~44V范围内选择
焊接速度	随着焊接速度的加快，熔宽、余高和熔深相应地减小；反之，焊接速度减慢，则熔宽、余高和熔深相应增大	半自动焊的焊接速度在15~30m/h范围内；自动焊的焊接速度可稍快些，一般不超过40m/h

（续）

参数名称	选择依据	选择方法
焊丝伸出长度	焊丝伸出长度指焊接时焊丝伸出导电嘴的长度，它对焊接过程的稳定性影响极大。焊丝伸出长度取决于焊丝直径	一般焊丝伸出长度约等于焊丝直径的10倍
CO_2 气体流量	焊接电流、焊接速度、焊丝伸出长度及喷嘴直径等	使用细焊丝时，CO_2 气体流量约为5～15L/min；使用粗焊丝时，CO_2 气体流量约为15～25L/min
电源极性	直流反接与直流正接相比，具有电弧稳定、飞溅少、熔深浅的特点	为了保证 CO_2 气体保护焊的焊接质量，一般采用直流反接法，即焊件接负极，焊枪接正极。在堆焊或补焊铸钢件时，才采用正接法
回路电感	焊接回路中的电感应根据焊丝直径、焊接电流和电弧电压来选择	当使用 $\phi0.6 \sim \phi1.2$mm 细丝时，电感值约为0.01～0.16mH；当使用 $\phi1.6 \sim \phi2$mm 粗丝时，电感值约为0.30～0.70mH

2. CO_2 气体保护焊操作要领

（1）引弧　由于弧焊电源的空载电压低，又是光焊丝，在引弧时，电弧稳定燃烧点不易建立，引弧比较困难，往往造成焊丝成段爆断，因此引弧前要把焊丝伸出长度调好，选好适当的引弧位置。起弧后灵活掌握焊接速度，以免焊缝始段出现熔化不良和焊缝过高的现象。

（2）熄弧　收弧时应在弧坑处稍作滞留，然后慢慢抬起焊枪，直至填满弧坑，同时可使熔池金属在未凝固前仍受到气体的保护。若收弧过快，则容易在弧坑处产生裂纹和气孔。

（3）左向焊　即沿焊缝从右向左进行焊接。左向焊时，能清楚地看到接缝，不易焊偏，且能获得较大的熔深，焊缝成形比较平整美观。因此，通常都采用左向焊法。

（4）右向焊　右向焊时，熔池可见度及气体保护效果较好，但焊接不便观察接缝的间隙，容易焊偏。

（5）焊接位置　与焊条电弧焊、氧乙炔焊相同，CO_2 气体保护焊焊接位置也有平焊、横焊、立焊和仰焊四种，如图4-2所示。

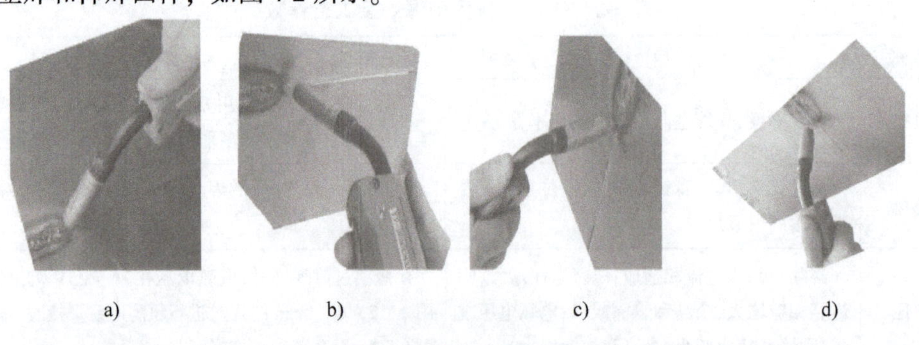

a)　b)　c)　d)

图4-2　典型焊接位置

a）平焊　b）横焊　c）立焊　d）仰焊

平焊一般容易进行，焊接速度较快，焊接质量容易保证，只要不是在汽车上施焊，应尽量采用平焊。

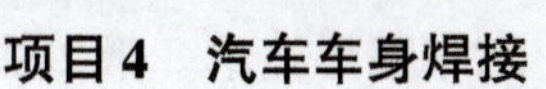

对水平焊缝横焊时，应使焊枪向上倾斜，以尽可能避免重力对熔池的影响。

立焊时，可根据具体情况选用上焊法、下焊法或立角焊法。对于气体保护焊应以上焊法为主。

仰焊是最难掌握的，为避免金属滴下引起事故，一定要用较低的电压、短电弧和小熔池相配合。施焊时，将喷嘴推向工件，以防止焊丝向熔池外移动。

3. 焊接形式

CO_2 气体保护焊焊接形式有 6 种，如图 4-3 所示。

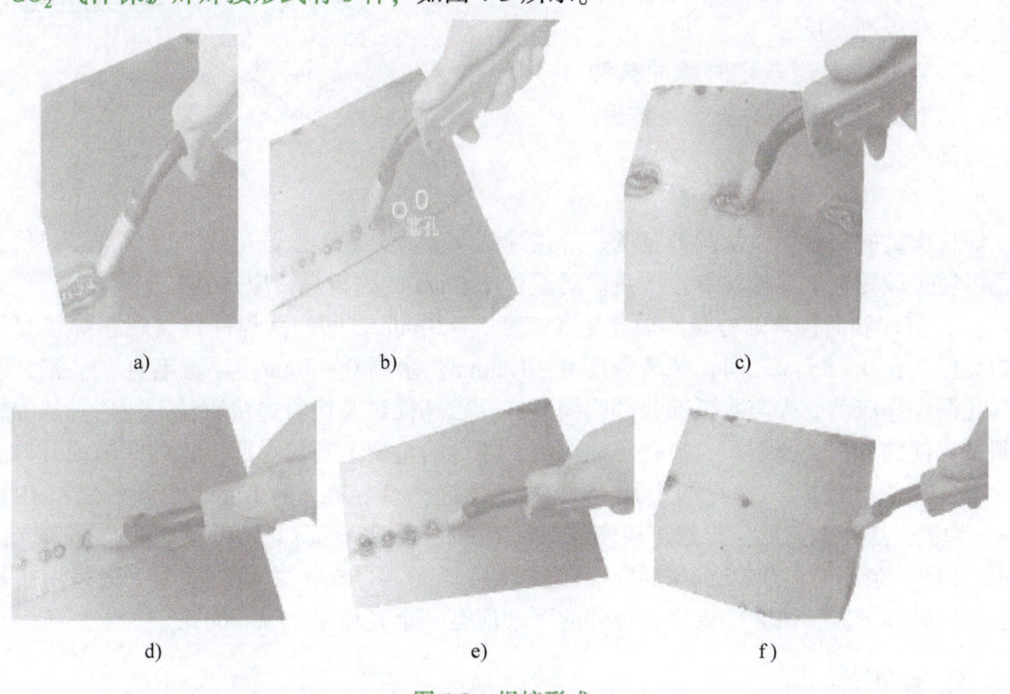

a)　b)　c)　d)　e)　f)

图 4-3　焊接形式

a) 连续焊　b) 塞焊　c) 连续点焊　d) 点焊　e) 搭接点焊　f) 定位焊

（1）定位焊　用于临时固定两焊件的相对位置，焊点之间的距离大致是板材厚度的 15 ~30 倍，如图 4-4 所示。

（2）连续焊　是指焊枪连续、稳定地沿焊缝移动而形成连续焊缝的焊接形式，如图 4-5 所示。

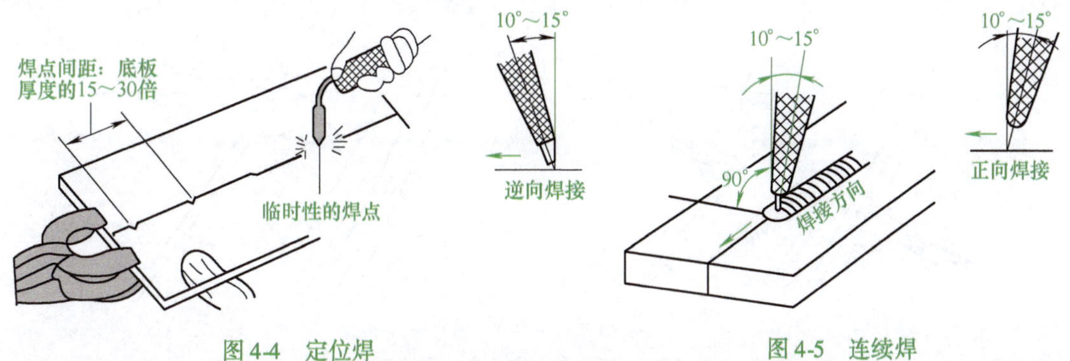

图 4-4　定位焊　　　图 4-5　连续焊

（3）塞焊　两块金属板叠在一起，在其中一块板上有通孔，将电弧穿过此孔并被熔化金属所填满而形成的焊点称为塞焊，如图4-6所示。塞焊前首先将两层板件的上层板件钻（冲）孔，并将两块板材紧紧固定。孔的间距、直径应视板厚和焊点与板件边缘的距离而定，板件越厚则孔的直径相应加大、间距适当缩小，薄板则相反。

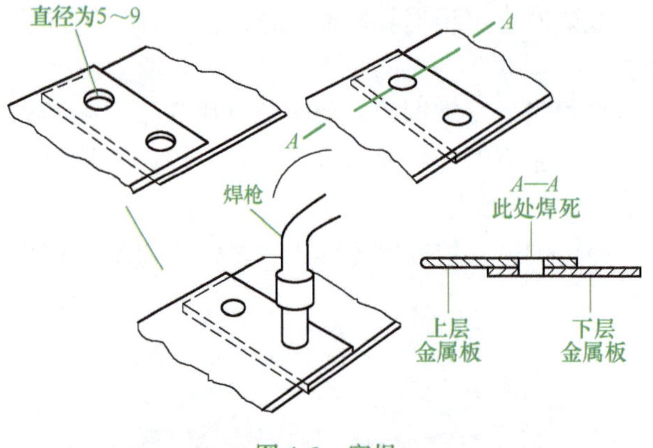

图4-6　塞焊

（4）点焊　是送丝定时脉冲被触发时，将电弧引入被焊的两块金属板，使其局部熔化的焊接形式。

4. 焊接质量的检验

焊接质量的检验可以从焊缝宽度、焊接穿透深度、外观、余高等几个方面加以评价，此外还可通过破坏性试验检验焊接质量。对厚度1.0mm的钢板焊接应达到如下要求：

（1）搭焊和对接焊的检验　焊缝宽度应在5～10mm之间，从焊件背面观察焊接穿透痕迹的宽度应在0～5mm之间，穿透深度0～1.5mm，余高0～3mm，焊缝笔直、平整，表面没有孔洞和焊渣，起焊与收弧部分都圆润整齐。破坏性试验检验焊接质量一般采用从焊缝部位撕裂焊件的方法，撕裂开口应在焊疤部位，撕裂的金属上有与焊疤等长的凹槽或开口。

（2）塞焊的检验　塞焊的上层金属板一般打孔直径在3～10mm之间。以打孔直径10mm为例，焊接结束后，焊疤直径应在10～13mm，金属背面焊接穿透痕迹的宽度应在3～10mm之间，余高应在0～5mm之间，穿透深度应在0～1.5mm之间。塞焊一般采用扭转的方法进行破坏试验，试验结束后，焊件的下片应有一个直径4～5mm的孔。

任务实施

图4-7所示为汽车门槛CO_2气体保护对接焊操作顺序，步骤如下：

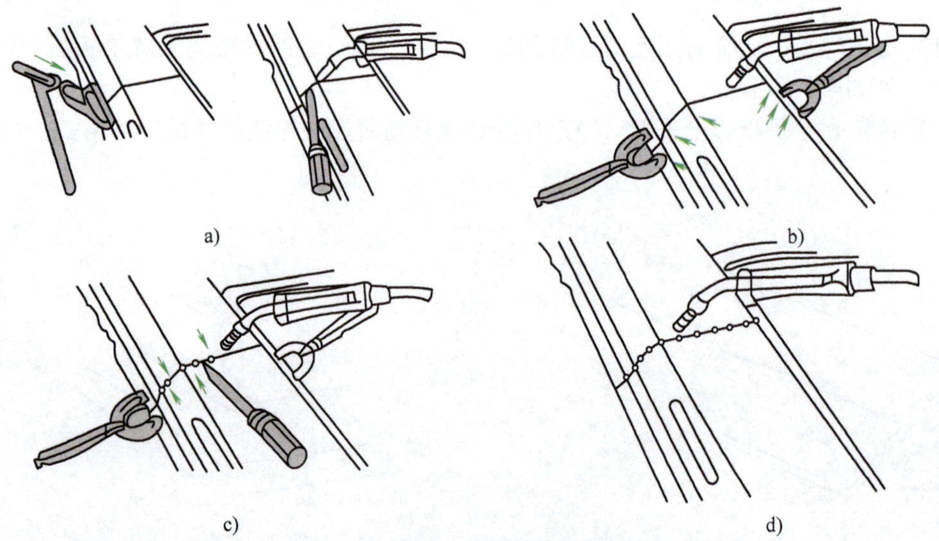

图4-7　汽车门槛对接焊操作顺序

1）用工具撬动地板，使接缝对平齐，如图4-7a所示。

2）用夹子夹持工件，并在关键点上定位焊，如图4-7b所示。

3）用工具调整对缝高度差，并定位焊，如图4-7c所示。

4）进行对接焊，如图4-7d所示。

注意：不要从一个点到另一个点连续进行焊接，应间歇地进行焊接。

技能拓展

氩　弧　焊

铝的导热能力比钢材要好得多，焊接时非常容易热变形；同时由于铝和氧的结合能力很强，在焊接时容易出现过度氧化，使焊缝夹杂大量杂质，影响焊缝强度，所以在焊接铝时必须使用纯氩气作为保护气体，焊条也要采用铝焊条。

铝的氩弧焊与焊接钢板的操作方法基本上是一样的，但是要左向焊，目的是用电弧的吹力清理焊缝部位，同时有利于预热焊缝。立焊时也应该从下往上来完成。

铝的氩弧焊与钢板的焊接有所不同，主要表现在以下几方面：

1）焊接铝时，对焊枪与工件的角度要求更为严格，焊枪两侧尽量垂直焊件所在平面，沿焊缝前进方向应略后倾5°~10°。焊嘴与工件间的距离通常为8~10mm。由于焊接过程会产生更多的飞溅，所以要随时注意清理焊嘴周围，防止飞溅物聚集过多影响氩气流量。

2）由于铝的导热性比铁好很多，所以需要更大的热量输入才能保证合适的焊接速度；送丝速度要比焊接钢材时快30%，保护气的流量大50%，以起到良好的保护作用和减少热量的传递。

3）清理氧化膜对于铝的焊接非常重要。由于铝的氧化物熔点高达2050℃，虽然电弧的热量足以熔化氧化膜，但势必影响焊接速度。速度过慢，热传递越多，热变形越大且焊缝氧化的程度越高，导致焊接质量下降。如果焊接速度过快，铝的氧化物不能熔化，掺杂在焊缝中形成杂质，也会影响焊缝质量。

因此，焊接铝时都要先进行试焊，以找出合适的焊接工艺参数。

工作任务2　前车身悬架支承构件的电阻点焊

电阻点焊是焊件装配成搭接接头，并压紧在两电极之间，利用电阻热熔化母材金属，形成焊点的焊接方法。

相对于其他焊接方式，电阻点焊成本低，对环境污染小，效率高，焊点外形美观，并能够最大限度地保证焊接质量，所以在车身维修中应用非常广泛。

电阻点焊常用设备为挤压式电阻点焊机，可实行双面碰焊和单面点焊，能焊接普通钢、高强度钢及超高强度钢，能连续点焊，最大电流达1200A，点焊厚度（3+1.5）mm，对焊厚度（3.5+3.5）mm。

知识准备

（一）点焊的工艺要点

根据焊件选择焊钳的电极臂；调整电极臂使其尽量缩短以获得较大的焊接压力；选择合适的电极头直径，对正并保持清洁；如果电极头与焊件表面不能保持垂直，则电流减弱，焊接强度不够；对于三层或更多层重叠的点焊，应点焊两次。

点焊前把焊件表面整平、清洁。如果焊件间有间隙，将导致电流不畅，焊点面积变小，焊接强度不足；焊件表面如果有漆膜、锈迹、灰尘或其他污物，也会降低焊接质量。

1. 加压

压力太小或者加压时间过短则焊件熔合不够，压力太大或者加压时间过长则使焊钳电极压入焊件熔化部位。

2. 电流

电流太大产生焊接飞溅，电流太小则焊接强度不够。

3. 焊点的数量

由于修理厂所用点焊机的功率一般都比汽车制造厂的小，因此，车身修复时焊点数量应当比原有焊点多 30% 左右。

4. 焊点位置的确定

各个焊缝的强度由焊点间距和边缘距离（焊点到板外缘的距离）决定。焊点间距减小，焊接强度将增加，但焊点间距小到一定程度后如果再减小，焊接强度也不会再增大，因为电流会流向以前的焊点。随着焊点数量的增加，电流分流也会增多，而这种分流电流又会使焊点的温度升高，从而影响焊接强度。焊点间距的大小可参照表 4-3 中给出的数值。

表 4-3　焊点距离的选择　　（单位：mm）

板　厚	焊点间距 s	边缘距离 p
0.4	≥11.0	≥5.0
0.8	≥14.0	≥6.5
<1.2	≥17.0	≥6.5
1.2	≥22.0	≥7.0
1.6	≥29.0	≥7.0

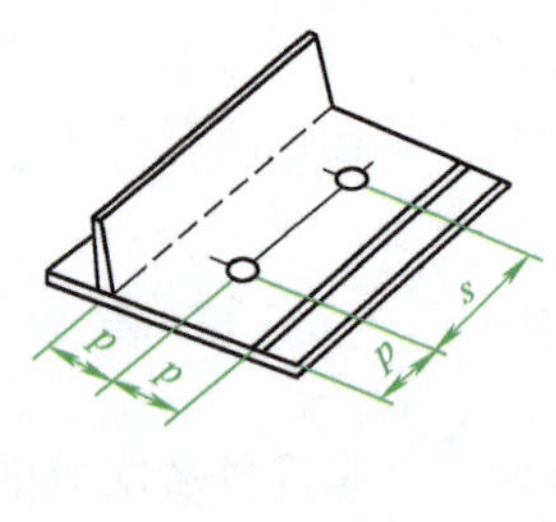

5. 点焊的顺序

如图 4-8 所示，如果只在一个方向上连续点焊则焊接强度较低。如果电极头过热变色，应停下来冷却。不能在转角部位点焊，否则会因应力集中而导致裂纹。

（二）点焊质量的检验

点焊质量的检验方法有外观检验、破坏性试验和非破坏性试验 3 种。

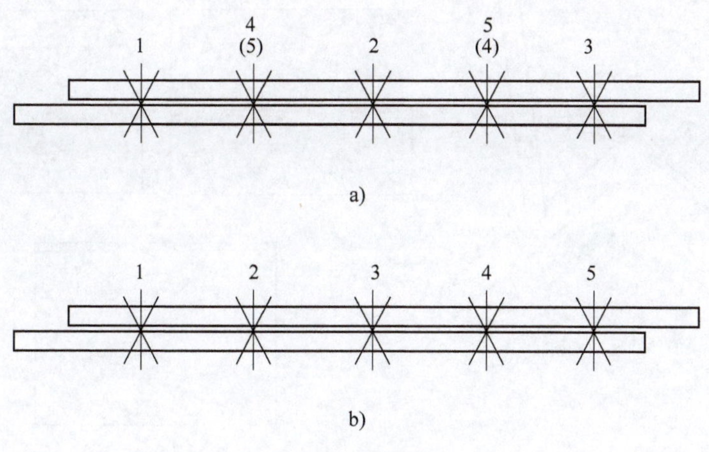

图4-8　点焊顺序

a）正确　b）错误

1. 外观检验

1）焊点表面凹陷为同心圆，不可偏斜，焊点直径应与电极头部直径相同。

2）焊点的压痕深度不得超过焊件板材厚度的一半。

3）焊点间距应较制造厂的焊点间距略小，焊点均匀分布，但不得在原焊点上进行焊接。

4）焊点表面无气孔和焊接飞溅物。

2. 破坏性检验（图4-9）

1）将与工件同质、同厚度的试件焊接。

2）沿箭头方向施力断开点焊处，如果板件上出现通孔，则焊接合格。

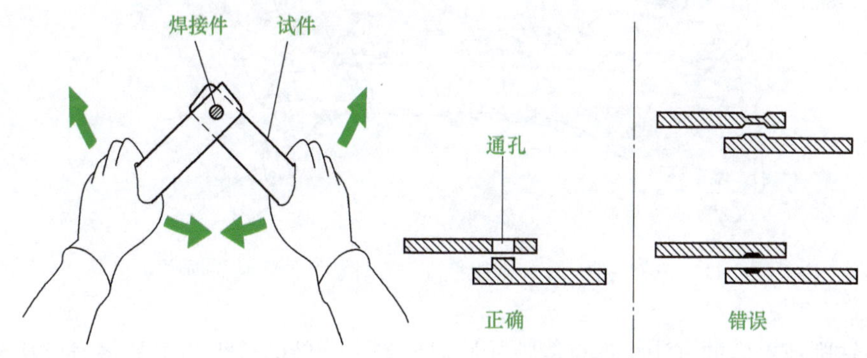

图4-9　破坏性检验

3. 非破坏性检验

1）焊接后，按图4-10所示将检验楔子插入固体小块（焊接部位）的旁边。

2）如果固体小块的直径大于3mm，则焊接合格。

3）检验完成后，修复因检验楔子引起的变形。

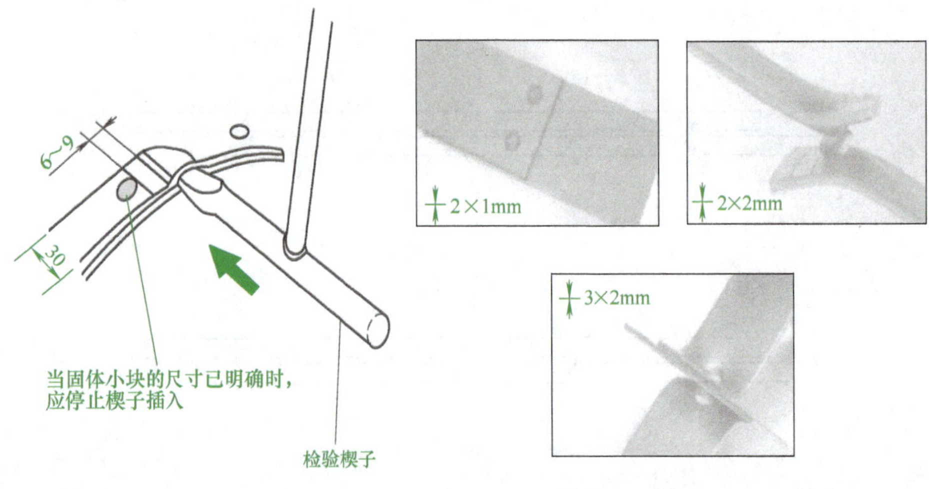

图 4-10　焊接部位无损检验

任务实施

如图 4-11 所示，按照制造厂家指定的零件替换作业时的焊接位置，对前车身悬架支承构件点焊修复，步骤如下：

1）用风动锯切割原焊点。

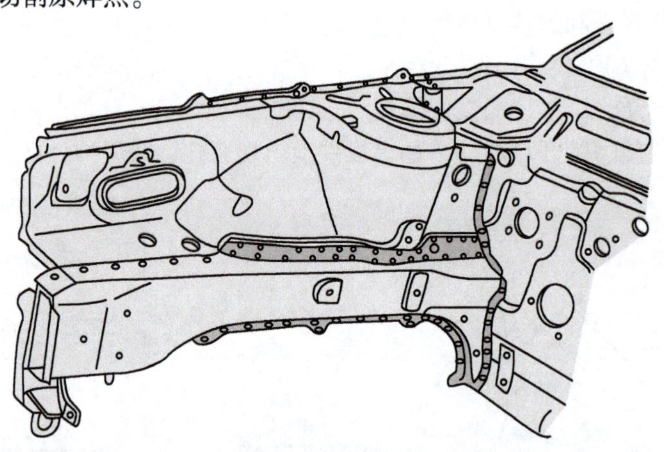

图 4-11　按照制造厂家指定给修理厂零件替换作业时的焊接位置

2）用钻削或磨削的方法将焊点清除并使焊件剥离，借助撬板等工具将残留部分从车身上拆下。

3）整理车身上的接口部分。用手提砂轮机磨去原来的焊痕，用锤子和垫铁将端口变形矫正，位置有误差时应进行矫正。

4）将焊接面两边的油漆除净并在焊接面上涂敷防锈剂。

5）将新板件夹紧在指定位置并用测量设备检测，保证位置准确。

6）调整电极夹臂接触压力。

7）调整焊接电流的大小。

8）确定点焊顺序后施焊。

说明：焊接应以12～20mm的小段交错进行；保证两片（或两片以上）嵌板或凸缘之间的接合紧密；以较薄的嵌板或凸缘确定电流的大小。

工作任务3 火焰钎焊

钎焊是把比母材熔点低的钎料和焊件一同加热，使钎料熔化后润湿并填满母材的间隙，钎料与母材相互扩散形成连接的方法。根据钎料的不同分为硬钎焊和软钎焊，通常意义上的钎焊为硬钎焊。由于钎焊的焊接强度较差，所以在汽车车身维修过程中，只允许在汽车制造厂家原有使用钎焊的部位使用钎焊。

知识准备

1. 钎料

硬钎焊钎料的熔点一般在450℃以上，主要有银基钎料、铜基钎料和铝基钎料；软钎料主要有焊锡等。

（1）银基钎料　银基钎料是目前应用最广的钎焊钎料，它是银、铜、锌的合金，有时加入Cd、Sn、Ni、Li以满足不同的焊接需要，主要用于低碳钢、结构钢、不锈钢、铜及其合金、耐热合金和硬质合金的钎焊。常用银基钎料的成分、性能用途参见GB/T 10046—2008。

（2）铜基钎料　铜基钎料具有很好的耐腐蚀能力，价格便宜，在钢、合金钢、铜及其合金的焊接过程中应用很多，其组成成分及用途可参见GB/T 6418—2008。

2. 钎剂

钎剂作为钎焊过程中的熔剂，主要作用是减小液体钎料的表面张力，改善液体钎料对焊件金属的润湿；清除钎料和焊件表面的氧化物；保护焊件和液态钎料不被氧化。使用铜锌钎料钎焊时采用硼砂作为钎剂；使用银基钎料钎焊时用由硼化物和氟化物组成的钎剂。

任务实施

钎焊之前使用清洁剂擦拭或者打磨的方法彻底清除焊接区域的油污、水、氧化物，而后用碳化焰的外焰预热焊件表面，加热时焰芯距焊件表面15～20mm，以适当加大受热面积，预热温度一般在450～600℃，在加热不同厚度的焊件时，火焰指向较厚的焊件；当预热温度接近钎料的熔化温度时，立即撒上钎剂，并用火焰外焰将钎剂加热使其熔化；钎剂熔化后，立即将钎料与高温的焊件接触，利用焊件的高温使钎料熔化，待钎料熔入焊件间隙后，将火焰焰芯移至距焊件35～40mm处，防止钎料过热，待焊件间隙被钎料填满后，焊接结束。焊接完成冷却后，用水冲洗剩余的钎剂残渣，并用硬钢丝刷擦净金属表面。

在钎焊过程中应注意：钎焊时间应尽量短，防止焊接部位氧化；不可用火焰直接加热钎料，应利用焊件的温度熔化钎料；不可用火焰高温区加热已熔化的钎料和钎剂，否则容易过烧。

工作任务4　焊条电弧焊

焊条电弧焊是以焊条和焊件作为电极，利用焊条与焊件之间产生的电弧热量，熔化焊条和金属，使构件连接在一起的焊接方法。

焊条电弧焊所用设备简单、操作方便、灵活，适合于多种条件下的焊接。对于车辆修复，焊条电弧焊主要用于厚板零部件，如车架、支架、备胎架等的焊接。

知识准备

（一）焊接工艺参数

焊条电弧焊的焊接工艺参数主要包括焊条直径、焊接电流、焊接速度、电弧长度、焊接层数等。

（1）焊条直径　焊条直径的选择和焊件的厚度、焊接层数、接头形式、焊接位置等有关。立焊、横焊、开坡口多层焊的第一层施焊时应选用小直径焊条，焊条直径的选择见表4-4。

表4-4　焊条直径的选择

焊件厚度/mm	2	3	4~7	8~12	≥13
焊条直径/mm	1.6~2.0	2.5~3.2	3.2~4.0	4.0~5.0	4.0~5.8

（2）焊接电流　焊接电流与焊条直径有关，焊接电流的选择见表4-5。

表4-5　焊接电流的选择

焊条直径/mm	2.0	2.5	3.2	4.0	5.0	5.8
焊接电流/mm	50~60	70~90	100~130	160~200	200~250	250~300

焊接电流过大时焊芯过热，焊条药皮过早脱落、飞溅大、元素烧损多、电弧燃烧不稳定，同时导致焊件金属过度熔化出现咬边、烧穿等现象。焊接电流过小时热量不足，焊条与焊件金属熔化不良，熔深浅、焊不透，焊缝冷却快，则导致焊缝夹渣、残留气孔，焊接强度变小。

（3）焊接速度　焊接速度指焊条沿焊缝前移的速度。焊接速度根据焊件厚度、焊接电流、熔滴大小而定。焊件越薄、电流和熔滴越大，焊接速度就要越快。焊接速度太快，会导致焊缝过窄，焊接波纹粗糙；焊接速度过慢，会导致焊缝过宽，焊件也容易烧穿。

（4）电弧长度　电弧长度指焊条末端与焊件间的距离。由于焊条不断熔化变短，所以焊接时必须将焊条均匀地送进，始终保持电弧长度约等于焊条直径。

（5）焊接层数　当焊件厚度较大，就需要采取多层焊以保证焊缝的力学性能。一般每层厚度为焊条直径的0.8~1.2倍时，焊接生产率高且焊接容易控制。

（二）焊条电弧焊的安全要求

1. 电焊机

1）电焊机的使用必须符合现行有关焊机标准规定的安全要求：工作环境应与焊机技术

说明书上的规定相符，如在气温过低或过高、湿度过大、气压过低以及在腐蚀性或爆炸性等特殊环境中作业，应使用适合特殊环境条件性能的电焊机，室外使用的电焊机必须有防雨、雪的设施；整流式焊机尤其要防止受到碰撞或剧烈振动。

2）电焊机必须装有独立的专用电源开关，其容量应符合要求，当焊机超负荷时，应能自动切断电源；禁止多台焊机共用一个电源开关，电源控制装置应装在电焊机便于操作的地方，周围留有安全通道；采用起动器起动的焊机，必须先合上电源开关，再起动焊机。

3）焊机的一次电源线的长度一般不宜超过2～3m，当有临时任务需要较长的电源线时，应沿墙或立柱用瓷绝缘子隔离布设，其高度必须距地面2.5m以上，不允许将电源线拖在地面上。

4）电焊机外露的带电部分应设有完好的防护（隔离）装置，电焊机裸露接线柱必须设有防护罩。使用插头插座连接的焊机，插销孔的接线端应用绝缘板隔离，并装在绝缘板平面内，禁止用连接建筑物的金属构架和设备等作为焊接电源回路。

5）接入电源网路的电焊机不允许超负荷使用，焊机运行时的温升不应超过标准规定的温升限值；必须将电焊机平稳地安放在通风良好、干燥的地方，不准靠近高热及易燃易爆危险的环境；要特别注意对整流式弧焊机硅整流器的保护和冷却；禁止在焊机上放置任何物件和工具；起动电焊机前，焊钳与焊件不能短路；采用连接片改变焊接电流的焊机，调节焊接电流前应先切断电源；电焊机必须经常保持清洁，清扫尘埃时必须断电进行；焊接现场有腐蚀性、导电性气体或粉尘时，必须对电焊机进行隔离防护；电焊机若受潮，应当用人工方法进行干燥，受潮严重的，必须进行检修；每半年应进行一次电焊机维护；当发生故障时，应立即切断焊机电源，及时进行检修；经常检查和保持焊机电缆与电焊机的接线柱接触良好，保持螺栓紧固；工作完毕或临时离开工作场地时，必须及时切断焊机电源。

6）各种电焊机（交流、直流）、电阻焊机等设备或外壳、电气控制箱、焊机组等，都应按现行（SDJ）《电力设备搭铁设计技术规程》的要求搭铁，防止触电事故；焊机的搭铁装置必须经常保持连接良好，定期检测搭铁系统的电气性能；禁用氧气管道和乙炔管道等易燃易爆气体管道作为搭铁装置的自然搭铁极，防止由于产生电阻热或引弧时冲击电流的作用，产生火花而引爆；电焊机组或集装箱式电焊设备都应安装搭铁装置；专用的焊接工作台架应与搭铁装置连接。

7）为保护设备安全，又能在一定程度上保护人身安全，应装设熔断器、断路器（又称过载保护开关）、剩余电流断路器（也叫漏电开关）。当电焊机的空载电压较高，而又在有触电危险的场所作业时，则对焊机必须采用空载自动断电装置，当焊接引弧时电源开关自动闭合，停止焊接、更换焊条时，电源开关自动断开，这种装置不仅能避免空载时的触电，也减少了设备空载时的电能损耗。

8）身体出汗而衣服潮湿时，不得靠在带电的焊件上施焊。

2. 焊接电缆

焊机用的软电缆线应采用多股细铜线电缆，其截面要求应根据焊接需要的载流量和长度，按焊机配用电缆标准的规定选用。电缆应轻便柔软，能任意弯曲或扭转，便于操作；电缆外皮必须完整、绝缘良好、柔软，绝缘电阻不得小于1MΩ，电缆外皮破损时应及时修补完好。连接焊机与焊钳必须使用软电缆线，长度一般不宜超过30m。电缆截面积应根据焊接电流的大小来选取，以保证电缆不致过热而损伤绝缘层。焊机的电缆线应使用整根导线，中间不应有连接接头；当工作需要接长导线时，应使用插接器牢固连接，连接处应保持绝缘良好，而且接头不要超过两个。接电缆线要横过马路或通道时，必须采取保护套等保护措施，严禁搭在气瓶、乙炔发生器或装有其他易燃物品的容器上。禁止利用厂房的金属结构、轨道、管道、暖气设施或其他金属物体搭接做电焊导线电缆；禁止焊接电缆与油脂等易燃物料接触。

3. 电焊钳

电焊钳必须有良好的绝缘性与隔热能力，手柄要有良好的绝缘层，钳的导电部分应采用纯铜材料制成。焊钳与电焊电缆的连接应简便牢靠，接触良好。焊条在位于水平45°、90°等方向时，焊钳应都能夹紧焊条，并保证更换焊条安全方便。焊钳应保证操作灵便、重量不得超过600g。禁止将过热的焊钳浸在水中冷却后立即使用。

4. 通风

焊接场所应有通风除尘设施，防止焊接烟尘和有害气体对焊工造成危害。

5. 防护设备

人员应按LD/T 75—1995《劳动防护用品分类与代码》选用个人防护用品和符合作业条件的遮光镜片和面罩。

6. 防火

焊接作业时，应满足防火要求，可燃、易燃物料与焊接作业点火源距离不应小于10m。

任务实施

对碳钢进行焊条电弧焊，练习引弧、运条和收尾的操作方法。

1. 引弧

引弧即产生电弧，有碰击法和擦划法两种方法，如图4-12所示。

焊条电弧焊利用低电压、大电流放电引弧，依靠电焊条瞬时接触工件实现。引弧时必须将焊条末端与焊件表面接触形成短路，然后迅速将焊条向上提起2~4mm的距离，此时电弧即引燃。

（1）碰击法　也称点接触法或敲击法。碰击法是将焊条与工件保持一定距离，然后垂直落下，使焊条敲击工件产生短路，再迅速将焊条提起而产生电弧的引弧方法，适用于各种位置的焊接。

（2）擦划法　也称线接触法或摩擦法，是将电焊条在坡口上滑动成一条线，当端部接触工件时产生短路，迅速将焊条提起而产生电弧的引弧方法。

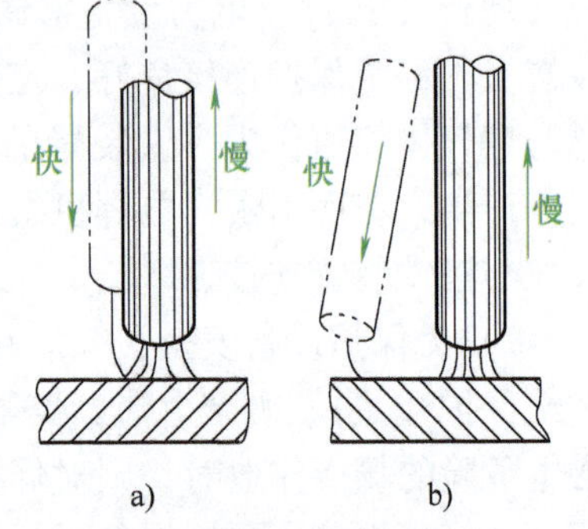

图4-12　引弧方法

a）碰击法　b）擦划法

上述两种引弧方法应根据具体情况灵活应用。擦划法引弧虽比较容易，但使用不当会擦伤焊件表面。为尽量减少焊件表面的损伤，应在焊接坡口处擦划，擦划长度以20~25mm为宜。在狭窄的地方焊接或焊件表面不允许有划伤时，应采用碰击法引弧。碰击法引弧较难掌握，焊条的提起动作太快且过高，电弧易熄灭；动作太慢，会使焊条粘在工件上。一旦焊条粘在工件上时，应迅速左右摆动焊钳，使焊条与焊件分离；若仍不能分离时，应立即使焊钳与焊条分开，以免短路时间过长而损坏电焊机。

(3) 引弧的技术要求　引弧处由于钢板温度较低，焊条药皮还没有充分发挥作用，会使引弧点处的焊缝较高，熔深较浅，易产生气孔，所以引弧点通常应在焊缝起始点后面 10mm 处，如图 4-13 所示。引燃电弧后拉长电弧，并迅速将电弧移至焊缝起点进行预热。预热后将电弧压短，酸性焊条的弧长约等于焊条直径，碱性焊条的弧长应为焊条直径的一半左右。采用上述引弧方法即使在引弧处产生气孔，也能在电弧第二次经过时，将这部分金属重新熔化，使气孔消除，并且不会留下引弧伤痕。为了保证焊缝起点处能够焊透，焊条可做适当的横向摆动，并在坡口根部两侧稍加停顿，以形成一定大小的熔池。在引弧时应注意以下几点：

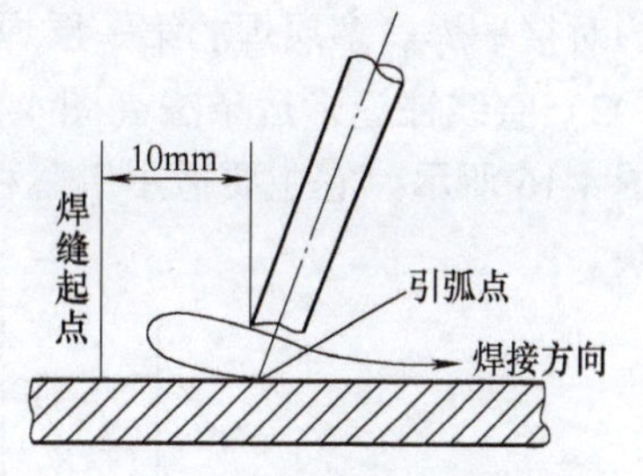

图 4-13　引弧点的选择

1）确保工件坡口处无油污、锈斑，以免影响导电能力和防止熔池产生氧化物。

2）焊条提起的速度和距离要适当。

3）焊条的端部要有裸露部分，以便引弧。若焊条端部裸露不均，则应在使用前用锉刀修整，防止在引弧时，碰击过猛使药皮成块脱落，引起电弧偏吹和引弧瞬间保护不良。

4）引弧位置应选择适当，以消除可能产生的引弧缺陷。

2. 运条

电弧引燃后，为获得良好的焊缝成形，焊条得不断地运动，焊条的运动称为运条。运条是电焊工操作技术水平的具体表现，焊缝质量的优劣、焊缝成形的好坏，主要由运条来决定。

运条由三个基本运动合成，包括焊条的送进、横向摆动和沿焊缝移动，如图 4-14 所示。

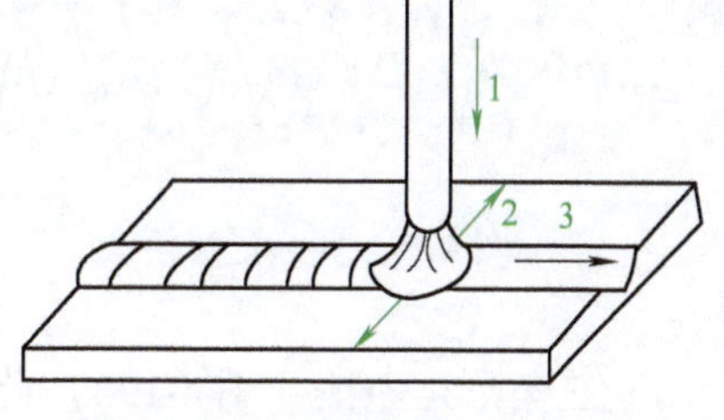

图 4-14　焊条的三个基本运动

1—焊条送进　2—焊条摆动　3—沿焊缝移动

(1) 焊条的送进运动　主要用来维持所要求的电弧长度。由于电弧的热量熔化了焊条端部，电弧逐渐变长，有熄弧的倾向。要保持电弧继续燃烧，必须将焊条向熔池送进，直至整根焊条焊完为止。为保证电弧长度的一定，焊条的送进速度应与焊条的熔化速度相等，否则会引起电弧长度的变化，影响焊缝的熔宽和熔深。

(2) 焊条的摆动和沿焊缝移动　这两个动作紧密相联且变化较多，通过两者的联合动作可获得一定宽度、高度和一定熔深的焊缝，较难掌握。如图 4-15 所示，焊接速度太慢，焊缝宽且局部隆起；太快则焊缝断续细长；焊接速度适中时，焊缝表面才会平整，焊波细致均匀。

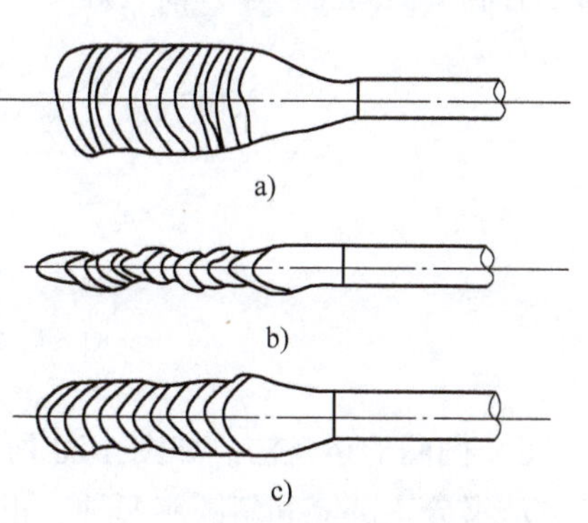

图 4-15　焊接速度对焊缝成形的影响

a）太慢　b）太快　c）适中

(3) 运条手法　为了控制熔池温度，使焊缝具有一定的宽度和高度，经常采用下面几种运条手法。

1）直线形运条法。采用直线形运条法焊接时，应保持一定的弧长，焊条不摆动并沿焊接方向移动，熔深较大且焊缝宽度较窄，正常焊接速度下，焊波饱满平整，适用于板厚3~5mm的不开坡口的对接平焊、多层焊的第一层焊道和多层多道焊。

2）直线往返形运条法（图4-16）。此法是将焊条末端沿焊缝的纵向做来回直线形摆动，如图4-16所示。它主要适用于薄板焊接和接头间隙较大的焊缝，焊接速度快、焊缝窄、散热快。

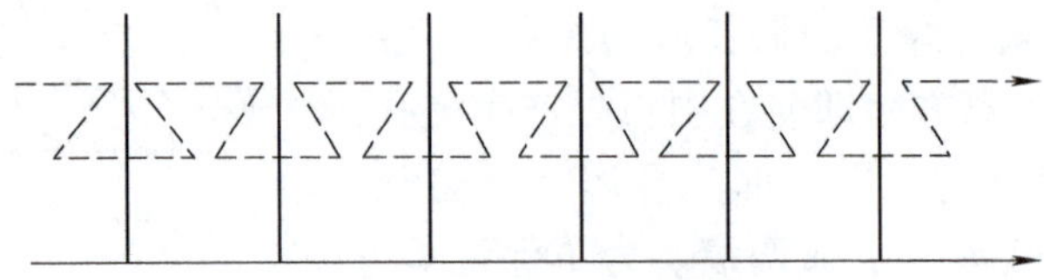

图4-16 直线往返形运条法

3）锯齿形运条法（图4-17）。此法是将焊条末端做锯齿形连续摆动并向前移动（图4-17），在两边稍停片刻，以防产生咬边缺陷。这种手法操作容易、应用较广，多用于较厚的钢板的平焊、立焊、仰焊的对接和立焊的角接。

4）月牙形运条法（图4-18）。此法是使焊条末端沿着焊接方向做月牙形的左右摆动，并在两边的适当位置做片刻停留，以使焊缝边缘有足够的熔深，防止产生咬边缺陷。此法适用于仰、立、平焊位置以及需要比较饱满焊缝的地方，能使金属熔化良好且有较长的保温时间，熔池中的气体和熔渣容易上浮到焊缝表面，有利于获得高质量的焊缝。

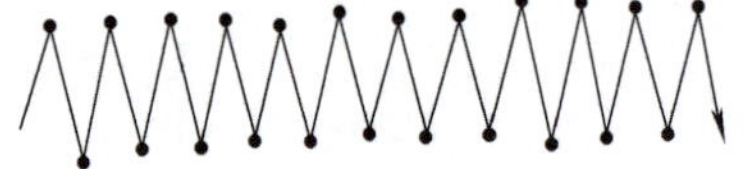

图4-17 锯齿形运条法

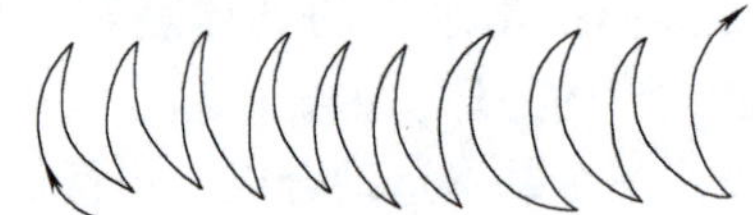

图4-18 月牙形运条法

5）三角形运条法（图4-19）。此法是使焊条末端做连续三角形运动，并不断向前移动。按适用范围不同，可分为斜三角形和正三角形两种运条方法。斜三角形运条法适用于焊接T形接头的仰焊缝和有坡口的横焊缝，通过焊条的摆动控制熔化金属，促使焊缝成形良好。正三角形运条法仅适用于开坡口的对接接头和T形接头的立焊，一次就能焊出较厚的焊缝断面，有利于提高生产率，而且焊缝不易产生夹渣等缺陷。

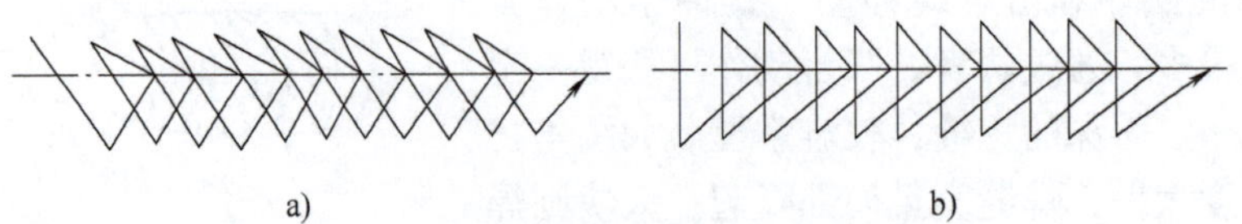

图4-19 三角形运条法

a）斜三角形运条法 b）正三角形运条法

6）圆圈形运条法。如图4-20所示，将焊条末端连续做圆圈运动，并不断前进。这种运条方法又分正圆圈和斜圆圈两种。正圆圈运条法只适于焊接较厚工件的平焊缝，能使熔化金属有足够高的温度，利于气体从熔池中逸出，防止焊缝产生气孔。斜圆圈运条法适用于T形接头的横焊（平角焊）和仰焊以及对接接头的横焊缝，可控制熔化金属不受重力影响，

防止金属液下淌，有助于焊缝成形。

3. 收尾

电弧中断焊接结束时，应把收尾处的弧坑填满，若收尾时立即拉断电弧，则会形成比焊件表面低的弧坑。

在弧坑处常出现疏松、裂纹、气孔、夹渣等缺陷，因此焊缝完成时的收尾动作不仅是熄灭电弧，而且要填满弧坑。收尾动作有以下几种：

(1) 划圈收尾法　焊条移至焊缝终点时，做圆圈运动，直到填满弧坑再拉断电弧，主要适用于厚板焊接的收尾。

(2) 反复断弧收尾法　收尾时，焊条在弧坑处反复熄弧、引弧数次，直到填满弧坑为止。此法一般适用于薄板和大电流焊接，因其容易产生气孔故碱性焊条不宜采用。

(3) 回焊收尾法　焊条移至焊缝收尾处立即停止，并改变焊条角度回焊一小段，适用于碱性焊条。

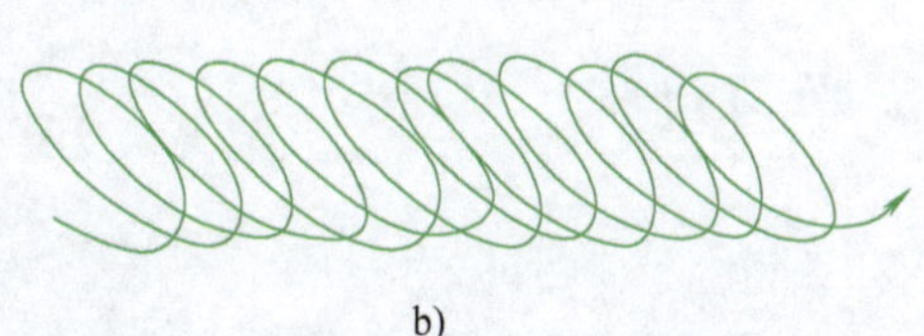

a)

b)

图4-20　圆圈形运条法

a) 正圆圈形运条法　b) 斜圆圈形运条法

当换焊条或临时停弧时，应将电弧逐渐引向坡口的斜前方，同时慢慢抬高焊条，使得熔池逐渐缩小，当液体金属凝固后，一般可以避免缺陷。

思考题

1. 用于车身修复的焊接方法有哪几类？
2. 金属惰性气体包含焊（MIG）的工作原理是什么？
3. 如何分析焊接缺陷？
4. 点焊焊接工艺是什么？
5. 何谓电阻点焊的三要素？
6. 简单说明车身修理时与制造时的点焊工艺操作的区别及原因。
7. 车身薄板在对缝焊接时有几种方法？分别是如何操作的？
8. 如何根据板厚确定塞焊的孔径和边距？
9. 使用焊条电弧焊时有哪些安全要求？

项目5　汽车车身损伤诊断与评估

车身由于碰撞造成板件或结构件损伤，轻则影响车辆外观或引起锈蚀造成强度下降、使用寿命缩短，重则影响整车使用性能甚至使其报废。科学准确的碰撞损伤诊断是制订维修方案的依据，它是车身修复的一个关键环节。维修人员通过分析碰撞过程，可以确定车身损伤的原因和类型以及要采取的维修方案，并估算维修费用。

学习目标

知识目标

1. 掌握车身碰撞诊断评估的方法和步骤。
2. 理解车身撞击效应以及碰撞对承载式和非承载式车身结构汽车的不同影响。
3. 了解车身碰撞对四轮定位的影响。

技能目标

能确切地诊断出车身损伤原因及类型，评估车身受损的严重程度，确定受损部位及范围。

工作任务

工作任务　汽车碰撞诊断

知识准备

准确判定车身碰撞损伤需要遵循一定的程序：从车辆发生碰撞时的受力分析开始，确定碰撞力的大小、方向、作用点和沿车身传递的路线，结合车身结构的特点对损伤情况以及变形趋势做出定性的判断；对损伤部位精确测量并且记录结果。

一、车身的撞击效应

1. 碰撞缓冲结构

承载式车身具有碰撞缓冲结构，如图 5-1 所示。车身通过变形吸收碰撞产生的冲击力并随之产生应力集中。撞击能量不会在经过最大刚性部分时造成弯曲，而是使较弱的部位产生变形，直至能量被耗尽。

比如，承载式车身的前纵梁上带有缩小的断面，前轮罩的上部结构件弯曲并且有孔，碰撞时可通过底盘的变形吸收碰撞能量，如图 5-2 所示。

非承载式车身由车架及其周围可分解的部件组成（图 5-3），车架上圈出的部位刚度较小，也用来缓冲和吸收来自前后端的碰撞能量。

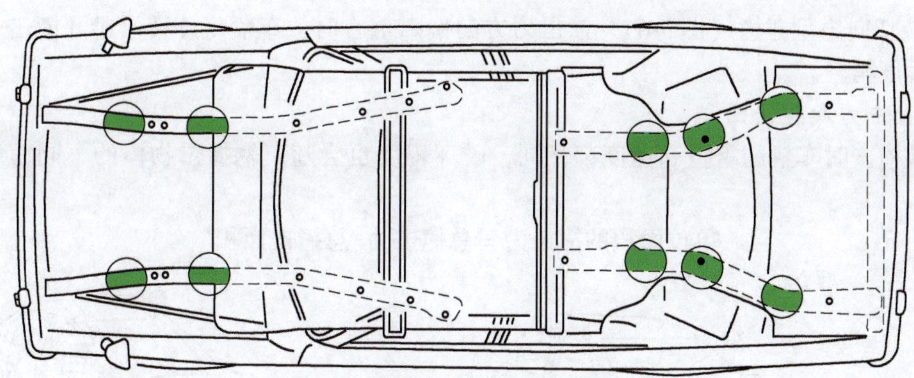

图 5-1 承载式车身的缓冲部位

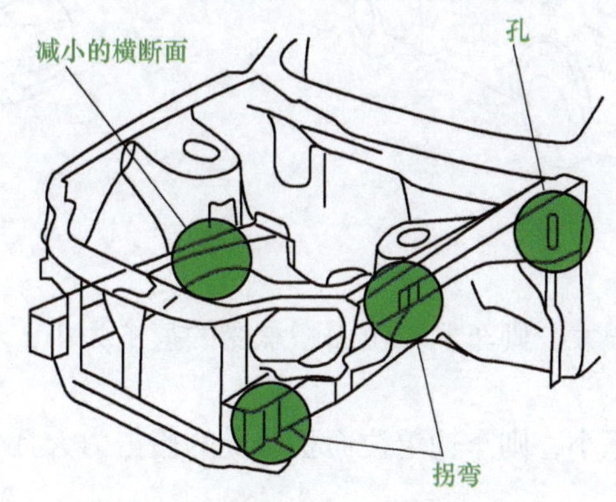

图 5-2 承载式车身前部的缓冲部位

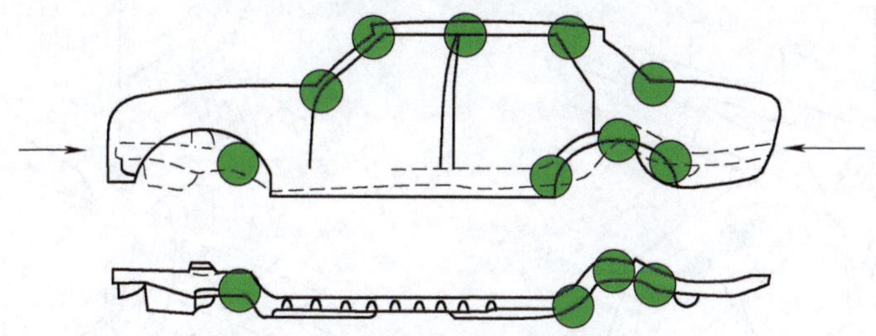

图 5-3 非承载式车身的缓冲部位

2. 撞击力的分散

碰撞力造成的结果由力的方向、大小和作用点决定。当碰撞力“F_1”以角度“α”作用于“0”点时，F_1 分解为水平力 F_2、F_3 以及垂直力 F_4，如图 5-4 所示。撞击所造成的实际效果是：F_2 向后推动前轮罩，F_3 向中间推动隔板上框架，F_4 向下推动隔板。

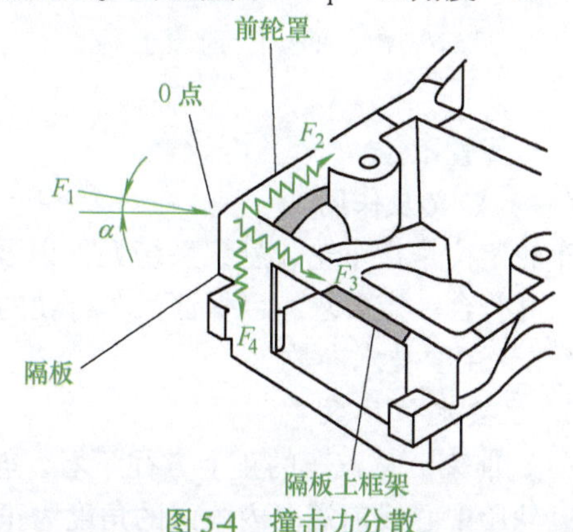

图 5-4 撞击力分散

3. 撞击角度和破坏

按照撞击力方向的不同，碰撞可以分为两种类型，一是指向车辆重心的向心力型碰撞，二是背离车辆重心的切向力型碰撞。

（1）向心力型碰撞（图 5-5） 撞击力直接施加于车辆重心，此时车辆损伤最为严重。

(2) 切向力型碰撞（图 5-6）　撞击力方向偏离重心时，车辆将旋转以避开撞击，此时破坏的程度稍轻。

4. 撞击力和撞击面积

即使撞击时车辆的重量和速度都相同，破坏程度也会随车辆撞击物体的不同而显著不同。

单位面积的撞击力 = 总撞击力/总撞击面积

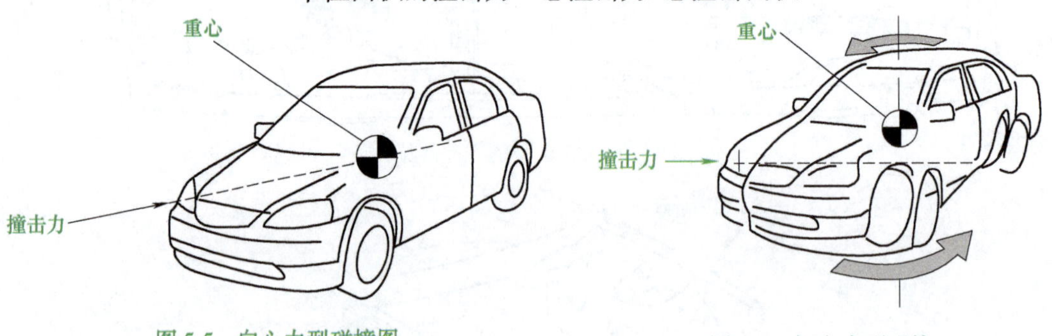

图 5-5　向心力型碰撞图　　图 5-6　切向力型碰撞

——撞击力相同，撞击面积大，则车辆单位面积承受的撞击力小，车身变形量小而破坏面积大（图 5-7）。

——撞击力相同，撞击面积小，则车辆单位面积承受的撞击力大且变形量也大（图 5-8）。

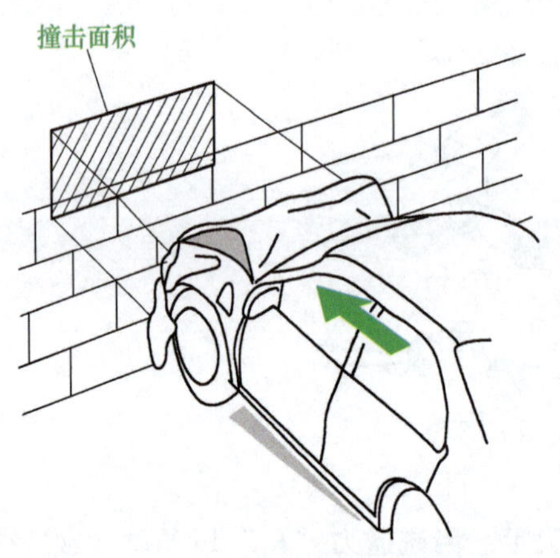

图 5-7　撞击面积大的示意图

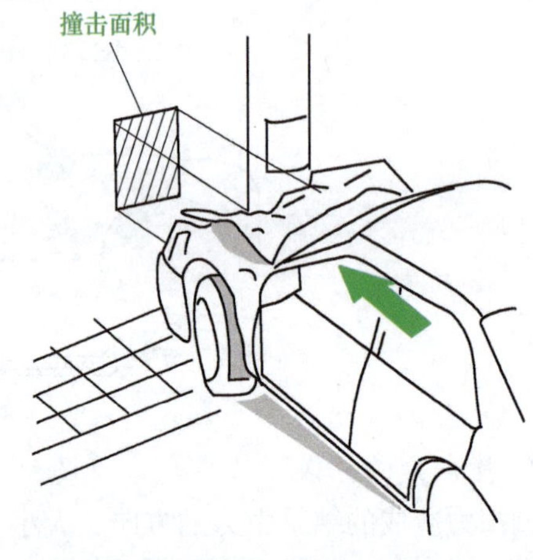

图 5-8　撞击面积小的示意图

二、四轮定位

（一）定义及作用

车轮定位是指车轮、悬架系统元件以及转向系统元件，安装到车架（或车身）上的角度与尺寸符合一定要求，以保证汽车行驶的稳定性和安全性，减少磨损和油耗。

（二）主要技术参数

1. 主要定位参数

(1) 前束　从汽车的正上方往下看，轮胎的中心线与汽车的纵向轴线之间的夹角称为前束。轮胎中心线前端向内收束的角度为正前束角，反之为负前束角。总前束值等于两个车

轮的前束值之和，即两个车轮轴线之间的夹角，如图5-9所示。

（2）外倾　从汽车正前方看，汽车车轮的顶端向内或向外倾斜一个角度，称为车轮的侧倾。通常情况下汽车的侧倾角为外倾角，用偏离垂直线所倾斜的角度来表示。如果顶端向外倾斜则称为正外倾角，如果向内倾斜则称为负外倾角，如图5-10所示。

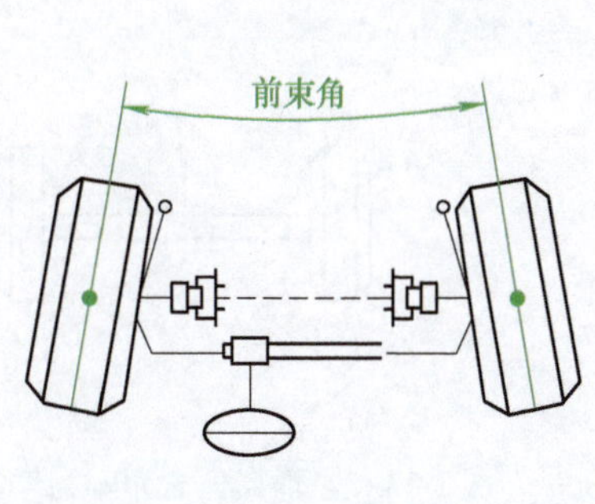

图5-9　前束角

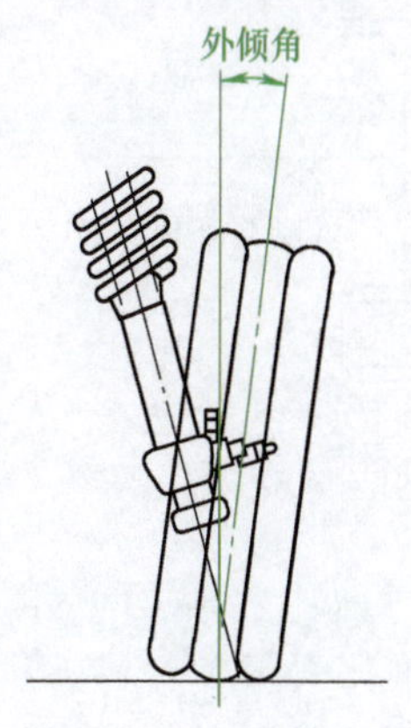

图5-10　外倾角

（3）主销后倾角　从汽车的侧面看，主销轴线（或车轮转向轴线）从垂直方向向后或向前倾斜一个角度称为主销后倾或前倾。在纵向垂直平面内，主销轴线与垂线之间的夹角，称为主销后倾角。向垂线后面倾斜的角度称为正后倾角，向前倾斜的角度称为负后倾角。汽车行驶过程中，主销后倾角应为正值。主销后倾角一般是在安装时，通过调整悬架元件间的相互位置来获得的，如图5-11所示。

（4）主销内倾角　从汽车的正前方看，主销（或转向轴线）的上端略向内倾斜一个角度，称为主销内倾。在汽车的横向垂直平面内，主销轴线与垂线之间的夹角称为主销内倾角，如图5-12所示。

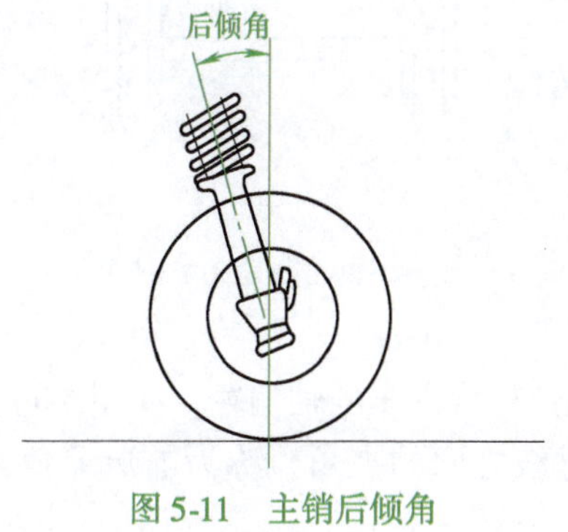

图5-11　主销后倾角

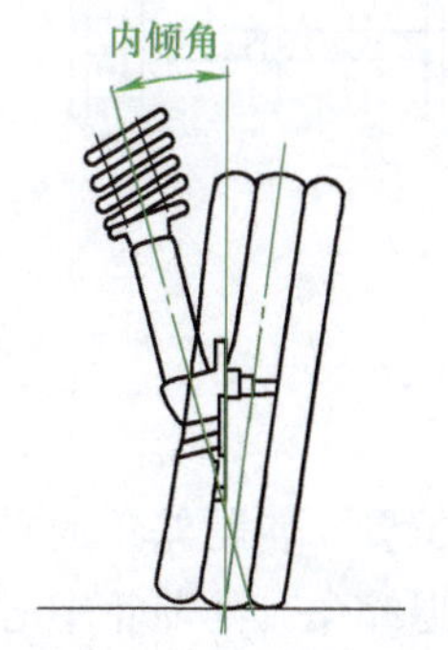

图5-12　主销内倾角

2. 其他定位参数

（1）推进线　汽车后轮总前束的夹角的平分线称为汽车的推进线，如图5-13所示。

（2）推进角　推进线与几何中心线之间的夹角称为推进角，如图5-13所示。

(3) 左横向偏置角　左侧前后轮中心的连线与推进线之间的夹角称为左横向偏置角，如图 5-14 所示。

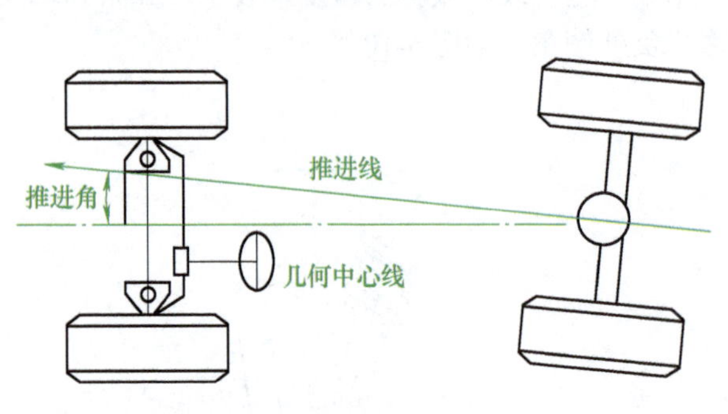

图 5-13　推进线及推进角

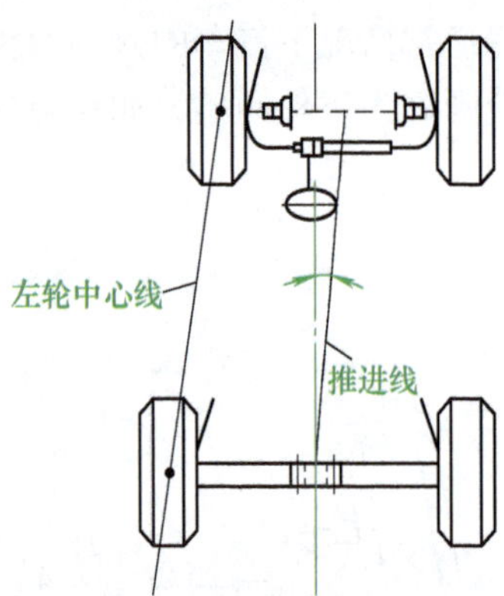

图 5-14　左横向偏置角示意图

(4) 右横向偏置角　右侧前、后轮中心的连线与推进线之间的夹角称为右横向偏置角，如图 5-15 所示。

(5) 轮距差　左侧前后轮中心连线与右侧前后轮中心连线之间的夹角称为轮距差，如图 5-16 所示。

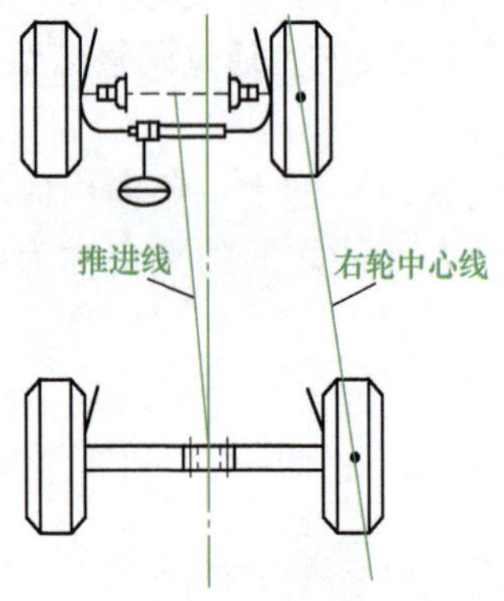

图 5-15　右横向偏置角示意图

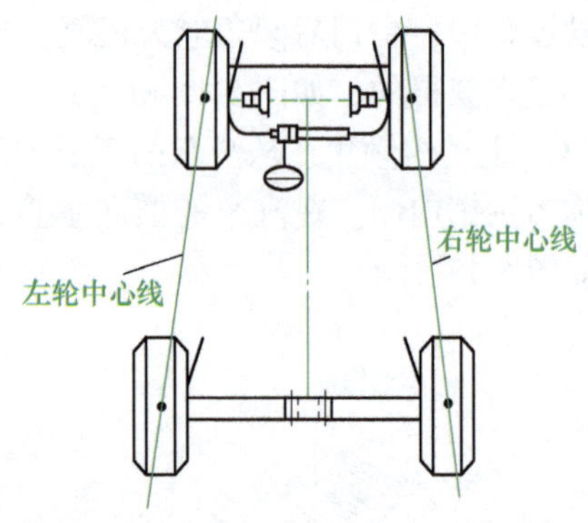

图 5-16　轮距差的示意图

(6) 轴偏置　轮距差角的平分线与推进线之间夹角称为汽车的轴偏置，如图 5-17 所示。

(7) 前退缩角　两前轮中心的连线与推进线的垂线之间的夹角，称为前退缩角，如图 5-18 所示。

(8) 后退缩角　两后轮中心的连线的垂线与推进线之间的夹角，称为后退缩角，如图 5-18 所示。

(9) 包容角　从汽车正前方看，主销的轴线和车轮的轴线之间的夹角就称为包容角，如图 5-19 所示。

（10）转向前展　在转向盘转正的情况下，汽车的两个前轮的前束值都为零时，当转向盘转动到一侧最大转向角的状态，此时汽车的两个前轮端面之间的夹角就称为汽车的转向前展。

三、碰撞对非承载式车身结构汽车的影响

汽车的车架与骨架是整车的基础，其结构形式决定车身的类型，对汽车行驶稳定性有着重要的影响。

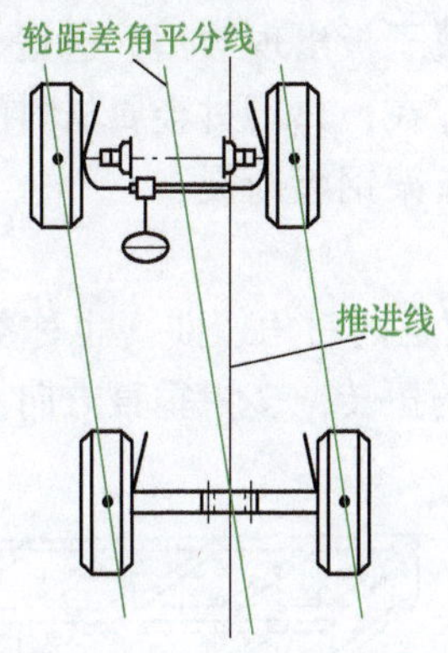

图 5-17　轴偏置的示意图

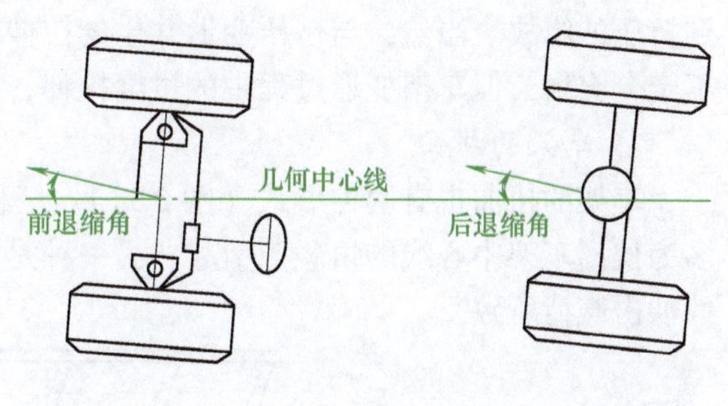

图 5-18　前退缩角与后退缩角的示意图

非承载式的车身通过螺栓和橡胶垫固定在车架上，橡胶垫能够减缓从车架传至车身上的振动效应。当车辆发生碰撞时，橡胶垫上的螺栓可能会折曲，并导致车架与车身之间出现缝隙，并且由于碰撞力的大小和方向不同，车架可能损伤而车身完好。

由于有坚固的车架承受大部分的冲击载荷，车身的损伤程度往往会小一些，所以非承载式车辆的修复重点是对车架的矫正。车架的变形一般可以分为弯曲、扭曲两大类，但在实际变形中往往还伴有几种简单变形复合成的皱褶类损伤。

包容角

图 5-19　包容角

1. 车架的弯曲

车架的弯曲类型有两种形式：一种是水平方向上的弯曲，多为正面碰撞所致；另一种是垂直方向上的弯曲，多由侧面冲击引起，如图 5-20 所示。

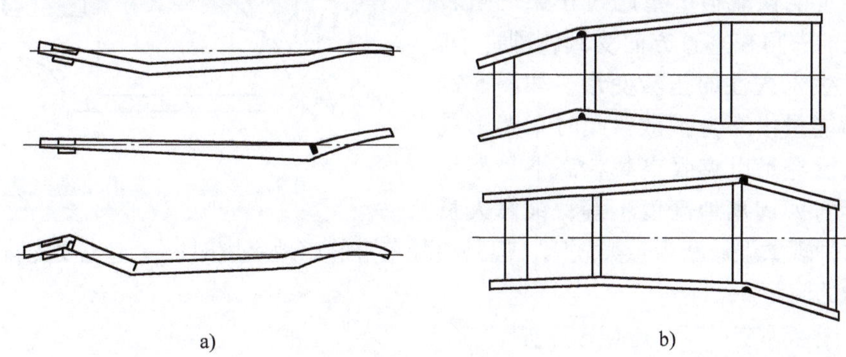

图 5-20　车架弯曲的类型

a）垂直方向上的弯曲　b）水平方向上的弯曲

当汽车受到正面碰撞时，车架前部的缓冲区首先发生变形，使汽车前部各车身覆盖件的装配位置变化，严重时还会使车门启闭受阻、转向传动失灵。车架前部弯曲，造成车轮定位失准、轴距误差过大。

当汽车受到侧面碰撞时，则会导致车架纵梁的水平弯曲，使车架实际纵向轴线与理论中心线偏离。通过测量汽车两边的轴距差，可对前、后桥的装配位置正确与否作出定性的诊断。

较为严重的碰撞不仅会使车架发生弯曲变形，还会使翼子板出现皱褶，这是金属材料受到挤压的缘故。当然，与挤压变形共生的拉伸现象也一并存在，只不过金属材料的塑性体现不十分突出，但车架变形过程中的过度拉伸，就有可能使车架钢板撕裂。

2. 车架的扭曲

车架的扭曲也有两种形式（图 5-21）：一种是水平方向上的对角扭曲（也称菱形变形），多为偏离车架中心线的角碰撞引起；另一种是垂直方向上的扭转，多为垂直方向上的非对称性冲击载荷所致。

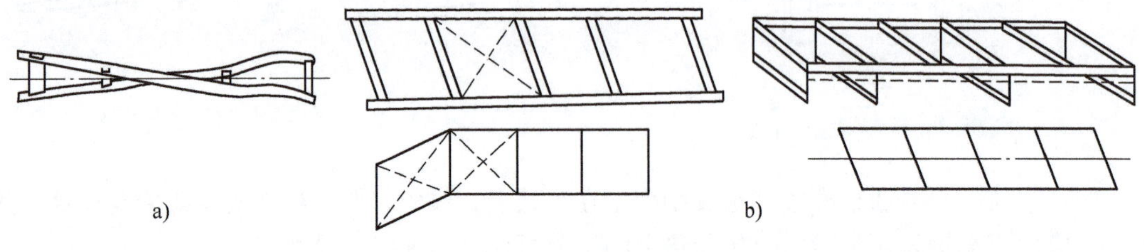

图 5-21　车架扭曲的类型

a）扭转变形　b）菱形变形

当车架的前、后角受到碰撞时，由于碰撞点与车架中心线偏离，使车架纵梁的受力不平衡，纵梁的相对位置发生前后错动，车架横梁与纵梁的夹角相应变化。车架是车身和底盘的装配基础，这种变形的危害性较大，对汽车整体定位参数和底盘部件的工作性能等，都会产生一定的不良影响。对于扭曲的诊断，可通过对比对角线长度来测得，如排除了其他影响因素和测量误差，对角线的基准值一般为其和的 1/2。

车辆高速上下台阶或重载状态下的过度颠簸，都有可能使载荷严重超过车架的扭转刚度。车架的一角在垂直方向受到剧烈冲击，导致车架发生永久性的扭转变形。如图 5-22 所示，碰撞能量沿车身扩散，此时车架形成的扭转力，已经足以克服空载状态下悬架弹力，使得车身四周离地高度不等，维修人员有时会将这种现象误诊断为悬架故障，但是检验车身的离地高度时，一定也要先排除悬架弹簧弹力不均的问题。

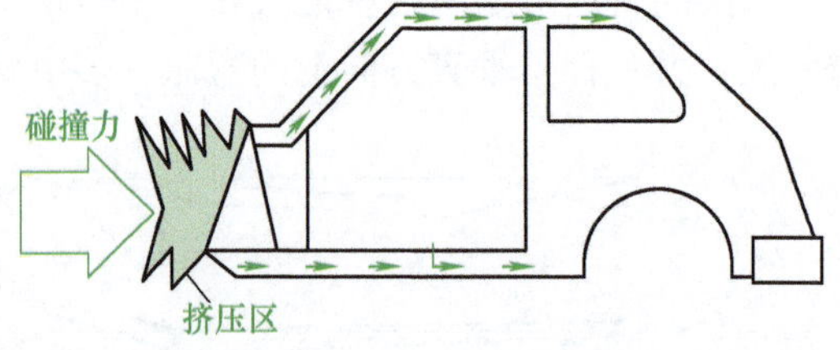

图 5-22　碰撞能量沿车身扩散

车架产生多种变形时，矫正顺序如下：

1）矫正扭曲变形。

2）矫正平行四边形变形。

3）矫正皱褶与断裂损伤。

4）矫正上下弯曲变形。

5）矫正左右弯曲变形。

四、碰撞对承载式车身结构汽车的影响

承载式车身没有独立的车架，壳体主要用薄板组焊或装配而成，当发生碰撞事故时，对车身整体变形的影响较大。碰撞作用于车身的各个构件上，使冲击能量不断地被吸收、衰减，最终以不同的变形体现出来。

由碰撞引起的承载式车身结构汽车的损伤可以用圆锥模型法来分析。撞击处相当于圆锥的顶点，圆锥的轴线指向碰撞方向，碰撞力沿车身传播的方向和区域（图5-22），就像沿垂直于圆锥轴线的截面一样扩大，圆锥的顶点附近为主要的受损区域。

碰撞波的影响被称为“二次损伤”，通常，此损伤会造成内部零部件和相反一侧的车身变形，如图5-23所示。

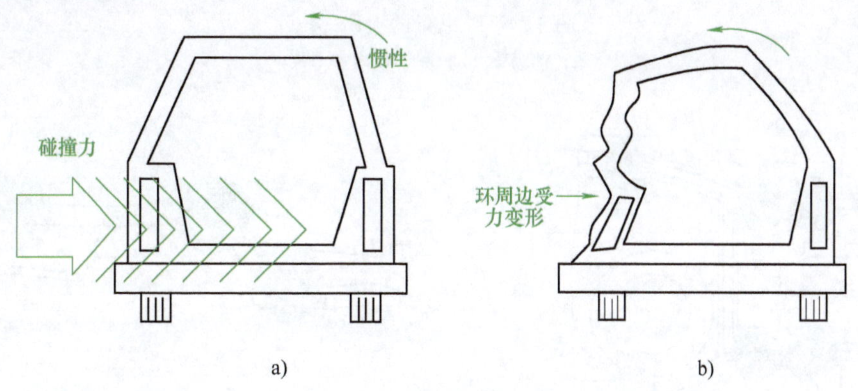

图5-23　碰撞造成的二次损伤

承载式车身的碰撞情况大致可以分为以下几种。

1. 车身前部碰撞

前车身的变形主要是由正面碰撞事故造成的。较为轻度的正面碰撞会使车前的保险杠及其支架直接损伤，首先波及的是散热器边框、前翼子板、发动机舱盖锁支架等，有时还会诱发前轮定位失准。较大一点的碰撞力，会使直接损伤的范围进一步扩大，翼子板与车门挤到一块使车门启闭困难，发动机舱盖的铰链翘起并触及前围板，前段纵梁发生弯曲引起前梁变形，使前轮定位严重失准。更严重的碰撞会使保险杠、翼子板、散热器、纵梁等严重损坏，冲击力波及的结果使窗柱、车门前柱弯曲，前横梁、发动机支架等错位，诱发车门下垂、车身地板和前围板拱曲等。

以车身纵梁的碰撞损伤为例，如图5-24a所示，当冲击力F作用于纵梁的前端A时，造成A点和B点的损伤，表现为弯曲、折叠和上下翼子板的波浪形；冲击力通过C点时还会造成更大程度的变形；冲击力的进一步传递，使纵梁后部的D点、E点和F点形成微小的波折，与其连接的翼子板、地板受剪切力，横梁的装配位置发生变化而影响前轮定位。

如果冲击力的作用点偏高，由翼子板内侧的支撑板直接吸收冲击能量，该构件上预留的开口（卷褶区）首先发生变形（图5-24b），与乘客舱安全相关的地板等却变形较小。正面碰撞时的着力点与车身形成一定的角度，除了直接损伤和二次损伤外，以前纵梁缓冲点和装配点为轴的水平弯曲不可避免，导致前车身整体偏移，整个车身的纵向中心线弯曲，造成前轮定位严重失准，前后桥的轴距差过大。

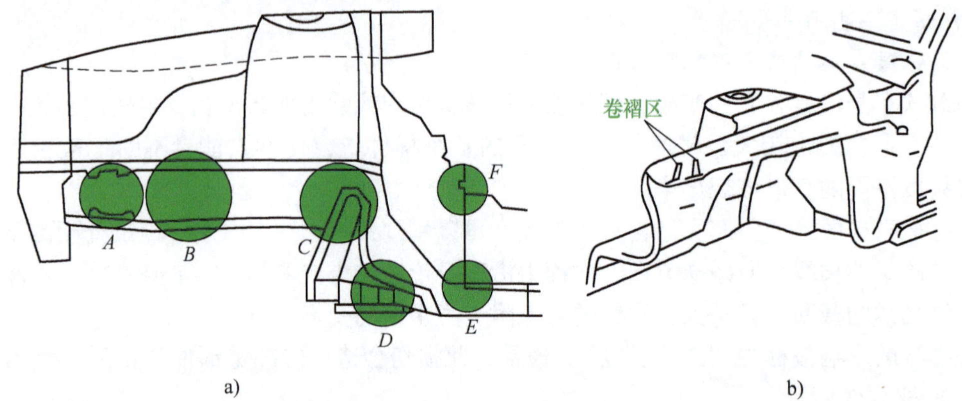

图 5-24　前纵梁的损伤部位

a）前纵梁　b）翼子板内支撑件

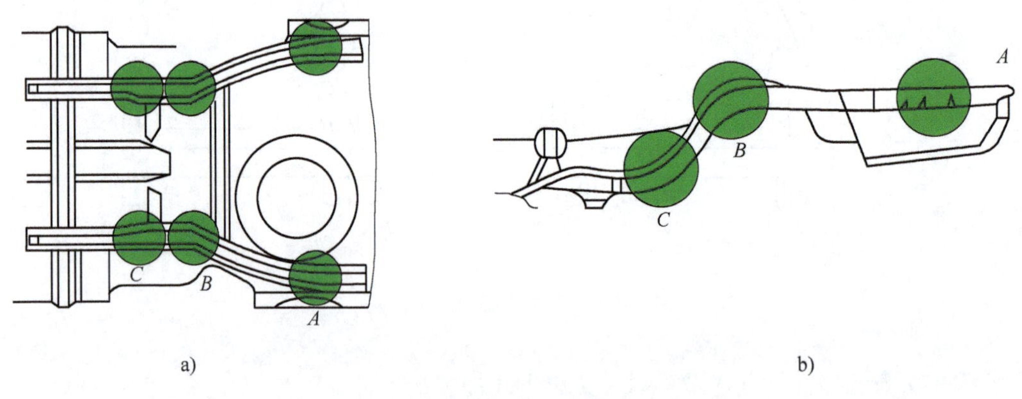

图 5-25　后车身吸收碰撞能量的缓冲点

a）水平方向　b）垂直方向

2. 后车身的碰撞

后车身的变形主要是由于倒车或追尾事故造成的，其变形规律和损伤倾向与前车身相似。

后车身吸收碰撞能量的缓冲点，位于图 5-25 所示加圈部位。以车身发生追尾事件为例，对后车身纵梁的损伤进行分析：当碰撞力作用于车身后端时，先由 *A* 点吸收部分冲击能量，更大冲击能量则主要由 *B* 段的弧形拱起吸收，*C* 点也因此发生关联变形。追尾碰撞不仅会使后保险杠、行李箱等发生严重损坏，也会使拱形梁弯曲、后悬架失准。更大的冲击力及其传递，会导致车身壁板、地板、后围板乃至车顶、窗柱、门柱等的变形，诊断过程中需要对损伤的性质、严重程度仔细分析。

3. 车身侧向碰撞

车身侧向碰撞多作用于中间车身上，即使前车身或后车身受到侧向冲击，也会使中间车身受到折叠损伤。车身下部的冲击与振动也通过车身地板向上部扩散，车辆发生碰撞事故时

需要由中间车身来抵抗变形。

较为轻度的侧向碰撞会使车身壁板受到损伤，较为严重的碰撞还有可能使车门、中柱、车顶等发生变形，使前车身、后车身偏移。前车身或后车身受到垂直方向的重度碰撞时，产生的冲击还会波及车身的另一侧。如果前车身的中部（相当于横梁的位置）受到冲击时，将使车轮推向内侧而诱发悬架横移，轮距、轴距、前轮定位参数等会发生改变，造成的危害更大些。

侧向碰撞有时还会影响到发动机、转向系统部件的正确装配。中间车身部分发生的碰撞，冲击力传递至车顶，路径主要是中柱和前后窗柱。对车顶伤害最大的是倾翻或落体的砸击，这种冲击不仅会使顶盖、顶梁和边梁弯曲，而且还能使前后窗柱、中柱变形。

4. 顶部碰撞

单独发生汽车顶部碰撞的概率较小，多为空中坠落物导致的顶部面板及骨架变形。汽车倾覆是造成顶部受损的主要原因，并常常伴随着车身立柱、翼子板、车门变形和车窗破碎等情况的发生。

5. 底部碰撞

底部碰撞常为行驶中路面由于凹凸不平、异物等造成。常见的损伤有前横梁、发动机下护板、发动机油底壳、变速器油底壳、悬架下托臂、副梁、后桥及车身地板等。

任务实施

车身碰撞损伤诊断按如下步骤实施：

一、车身碰撞冲击力分析

1. 询问车辆碰撞情况，为损伤修复做好准备

实际情况中两车相撞后，还可能再次发生碰撞损伤，产生不同损伤类型的组合。图5-26所示为车身多损伤撞击。评估之前，尽可能多地了解事故发生的过程，结合测量来制订车身修复的具体步骤。

2. 碰撞力的分解

车辆遭受碰撞，首先将碰撞力在三维方向上分解并分析造成的撞击结果（图5-27）。维修时如果只测量长度和宽度而忽略了高度的变化，车身壳体仍然会存在变形和内应力。

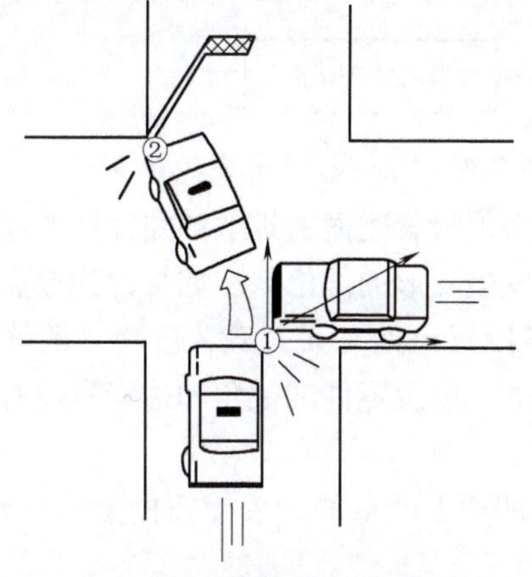

图5-26　车身多损伤撞击

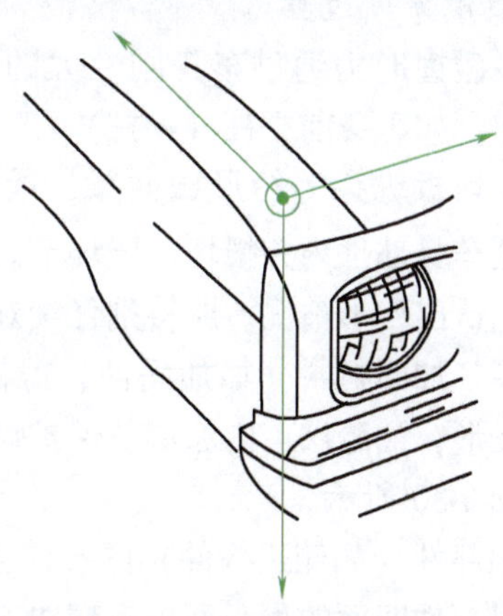

图5-27　车身撞击力的分解

3. 撞击力的传递

如图 5-28 所示，*A* 点受到一个大小为 F_0 的碰撞力，导致在 *B* 点断面形状变化很大的部分先变形，减弱为 F_1，其次由 *C* 点孔洞处的变形吸收部分冲击力，余下 F_2 的力改变传递方向至 *D* 点，减弱为 F_3，接着是前门柱和车顶板接合处 *E* 点的变形，使传递力减弱成 F_4，中柱和车顶板接合处 *F* 点附近的碰撞力逐渐趋于零。

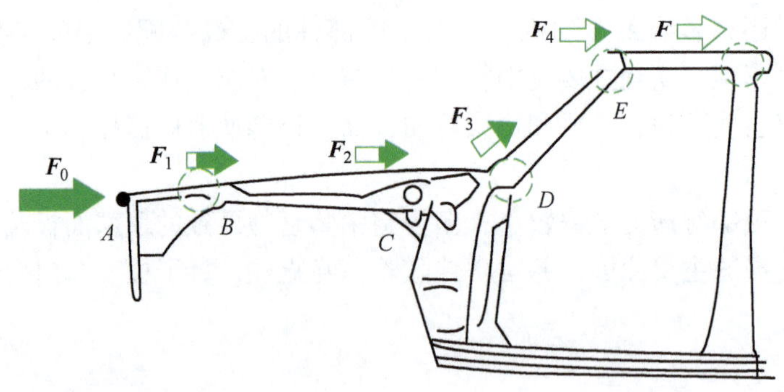

图 5-28　撞击力的传递

二、汽车碰撞损伤诊断

1. 汽车碰撞损伤的诊断步骤

汽车碰撞损伤的一般诊断步骤如图 5-29 所示。

大多数情况下在碰撞部位可以首先观察出车身损伤的迹象，然后从碰撞的位置估计冲击力的大小及方向，判断力是如何传递并导致了何种损伤结果。诊断时应先探查汽车是否有扭转和弯曲变形，再确定损伤的位置及各种损伤是否由同一碰撞引起的。

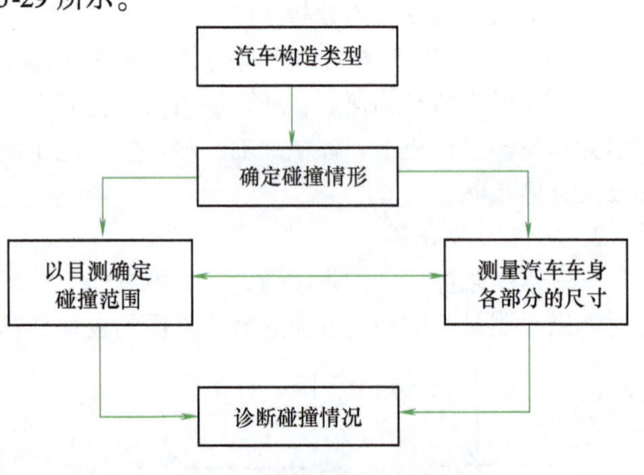

图 5-29　碰撞损伤的诊断步骤

2. 目测诊断过程

发生碰撞时力通过车身刚性大的部件传递，如车身前立柱（A 柱）、车顶纵梁、地板纵梁等箱形截面梁，最终深入至车身部件内并损坏薄弱环节。查找汽车损伤必须沿着碰撞力扩散的路径按顺序逐一检查，确认出变形情况。应特别仔细观察碰撞中容易发生变形的部位，比如板件连接点有无错位断裂，加固材料（如加固件、盖板、加强筋、连接板）上有无裂缝，各板件的连接焊点有无变形，油漆层、内涂层及保护层有无裂缝和剥落，以及零件的棱角和边缘有没有异样等，如图 5-30 所示。

车架部件（如侧边构件）的损伤程度，可以从其凹面上严重的凹痕或扭曲形式来判断，而不是以部件凹面的另一面出现弯曲变形来确定。

还有一点要特别注意的是，同样的碰撞力若碰撞点部件刚度不同，碰撞后的损伤情况也

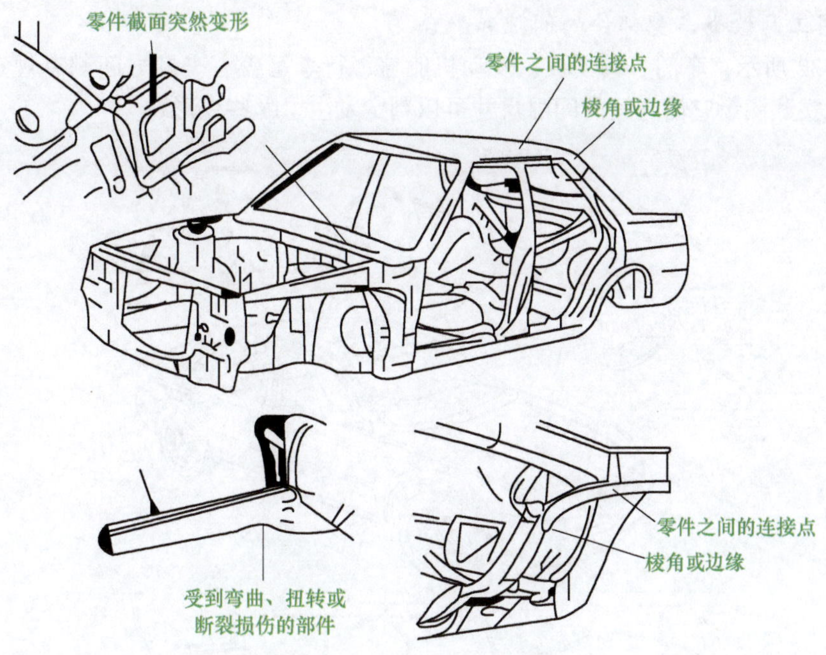

图 5-30　车身易发生变形的部位

不一样（图 5-31）。当碰撞点刚度较小时，碰撞点附近的损伤迹象比较显著，当能量通过附近的结构逐渐消散时，其损伤迹象很小；反之，有时碰撞点上的损伤迹象虽然很小，而能量却穿过碰撞点传递至车身内部很深的部位使其产生“内伤”。

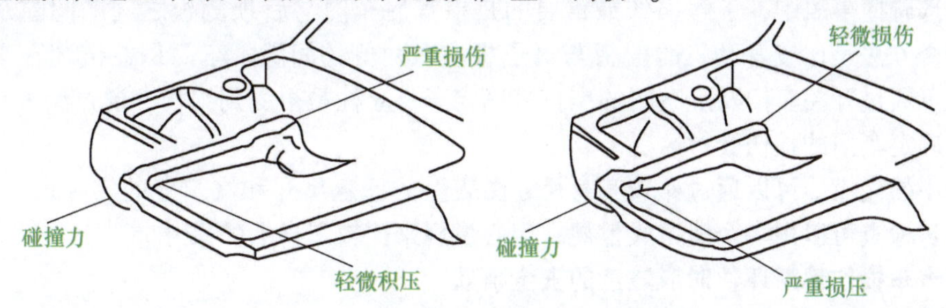

图 5-31　刚度不同碰撞力的不同影响

接下来确定损伤是否限制在车身范围内，是否还包含车轮、悬架、发动机等。沿着碰撞能量传递路线逐一检查有无损伤，直到没有任何损伤痕迹的位置为止，例如可以通过检查车身外部板件的配合间隙来确定支柱是否损伤。

当汽车受到碰撞时，一些质量大的部分（如发动机）的惯性会转化成巨大的作用力，使其向相反方向移动而发生冲击，产生损伤，这就需对固定件、周围部件及钢板进行检查。车架式车身安装在橡胶隔离垫上以减小其惯性，但是剧烈的碰撞也会引起车身和车架的错位，破坏车身上的连接件和隔离件。此外，乘客在碰撞中由于惯性的原因，也会造成仪表盘、转向盘、转向支柱和座椅靠背的损伤，行李箱中的行李也可能成为引起行李箱地板、盖板和后顶侧板损伤的另一个原因。

3. 利用工具检查车身部件的间隙和配合

如图5-32所示，车门、翼子板、发动机舱盖、行李箱盖、车灯之间都有规定的配合间隙，通过观察和测量它们之间的间隙尺寸可以判定发生了哪些变形。

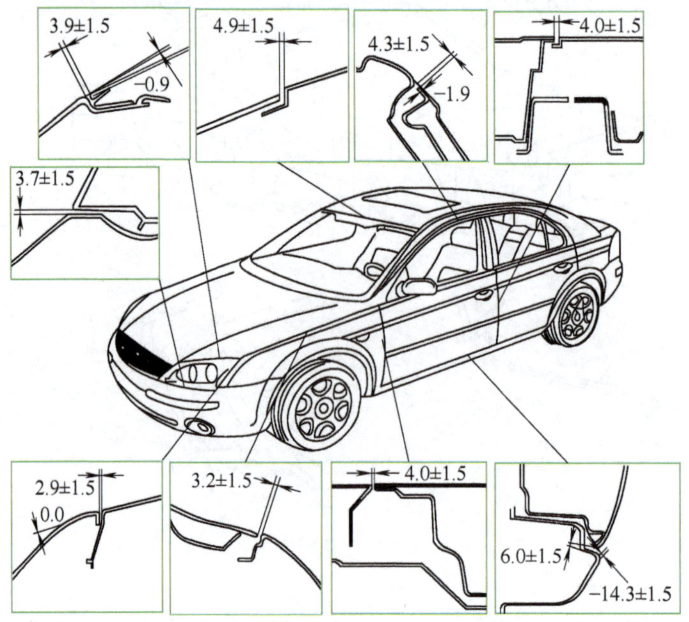

图5-32　车身各钣金件的配合间隙尺寸

在前部碰撞事故中，了解损伤最重要的是检查后车门与后顶侧板之间的间隙及水平差异，另一个方法是比较发动机舱盖板与翼子板左右两侧的间隙。车门用铰链装在车身立柱上，这就可通过开关车门及观察门的准直来确定车身立柱是否受到损伤，通过测量和对比车门间隙来确定车门的损伤变形情况。

对于小的碰撞，可以通过比较车身尺寸图表上的标定尺寸和汽车上的实际尺寸来检查，简单的测量检查可以用一个轨道式量规、定心量规来比较车身上的尺寸。

三、汽车损伤诊断评估时应注意的安全事项

在对汽车进行损伤诊断评估时，应注意以下事项：

1）汽车进入车间后，首先要查看汽车上是否有破碎玻璃棱边及锯齿状金属。锯齿状的金属刃口要贴上胶带纸，但最好用砂轮机或锉刀将其磨平。

2）如有变速器油或润滑油等泄漏，一定要先擦干净。

3）在开始焊接及切割之前，务必将储气罐移开，防止气罐漏气引起爆炸。焊接前要断开车载电脑连接，防止焊接大电流将其损坏。

4）拆除电气系统时，要先拆下蓄电池负极电缆，切断电路，以免突然点燃易燃气体，这样也同时保护了电气系统。

5）在进行碰撞诊断时应照明良好，如果功能件或机械部件损伤，方便在举升机或矫正台上进行细致的检查。

6）在车身修理车间进行诊断评估时，还应注意其他相关的安全规范。

思考题

1. 对车身碰撞进行受力分析有何作用？原理是什么？
2. 承载式车身在碰撞时有何特点？试分析其损伤过程。
3. 车架损坏的类型是什么？各有什么特征？
4. 简述车身损伤检查的基本步骤。

项目6　汽车车身构件的更换与调整

现代轿车车身维修基本上分为两大类：一类是针对车身局部微小损伤的整形，另一类是针对车身构件的矫正和更换。

车身外部板件关系到车辆的外观，主要从轮廓和形状上矫正修复，同时保证强度要求；结构件是车身的主要承载体，更换后必须保证足够的强度和正确的总体安装尺寸。

但有些车身结构件若整体更换，在操作实施性方面是行不通的，因此就要局部切割。局部切割有相应规定的操作要求，不能盲目进行，可以参考美国汽车碰撞维修协会（I-CAR）推荐的相对完整的车身主要结构件切割修理的规程。

学习目标

知识目标

掌握车身构件修理或更换的依据。

技能目标

会对车身构件更换与调整。

工作任务

工作任务　车身构件的更换与调整

结构部件的拆卸

车身结构不同，碰撞对承载式和非承载式车身结构汽车产生的影响以及修理的工艺方法也不同。非承载式车身遭受碰撞后，可能是车架损伤，也可能是车身损伤，或者两者都损伤。车架、车身都损伤可以通过更换车架来实现车轮主要总成的正确定位，然而承载式车身严重碰撞后将造成车身结构件损伤。

通常非承载式车身的修理只需满足形状要求，而承载式车身的修理既要满足形状要求，又要满足车轮定位及主要总成正确定位的要求。

知识准备

一、车身构件修理与更换的依据

对于碰撞损伤后的车身构件是修理还是更换，首先要取决于损伤状况。损伤轻微可以整形矫正，损伤或者锈蚀都很严重并已经无法修复，或者由于技术要求不允许修理，则只能更换并进行相应的安装调整。如果损伤比较严重，但又不是完全不能修理，就要综合考虑维修质量和成本，并决定采用何种方法完成修复。

1. 技术因素

从技术因素考虑就是车身维修必须保证质量、强度以及使用性能，不能因为维修费用而忽视质量。

（1）车身板件修复的判断依据　车身板件多是单独构件，以薄壁结构为主，损伤后一般从损伤面积和损坏的严重程度来衡量是否更换。车身板件局部的微小损伤基本上不会对车身总体强度构成威胁，损伤范围小于板件面积的1/3，可以采用手工成形工艺修复；但对于范围大于板件面积1/3的损伤，且直接碰撞部位伴有严重的加工硬化，或者板件的折弯呈锐角时，则通常采用更换新件的方法进行修复。

车身板件的更换操作相对容易，有些构件是单独制造然后用螺栓与车身相连的，因此更换方便，并且板件处于车身外部，更换时操作空间大，工作容易进行，质量也能有保证。

更换车身板件以整板更换为原则，这样既可以保证总体强度、操作容易，配件提供也容易实现。但有时整板更换并不合适：如果板件过大需要拆解的部位过多，重新焊接不容易定位；如果拆解损坏板件涉及很多构件，将新件重新焊接上之后还要将已经拆卸的完好构件再安装回去，这一拆一装对于相关构件也有不良影响。所以对于上述两种情况，在充分考虑修理强度的情况下，一般应采取局部切割更换的方法，而不必整板更换。

对于车门等单独构件，若大面积损伤发生在外板，内板框架基本没有损伤或损伤很小，则可以单独更换外板；若内板和框架损伤严重，则应整体更换。

发动机舱盖和行李箱盖内部骨架较薄，外板严重损伤时内板往往也有较为严重的损坏，所以这种情况一般都要整体更换。尤其是对于发动机舱盖，由于其整形很难得到良好的装饰性外观，又不能涂覆较厚的原子灰层，所以发生较大面积损伤时也都考虑更换。如果锈蚀面积达到整板1/5左右，则必须更换外板或者整体更换，面积稍小一些的锈蚀可以用局部挖补更换的方法修复。

（2）车身结构件修复的判断依据　车身结构件对车身总体强度和车辆的使用性能至关重要，车身维修手册中一般都有推荐的维修方法。对于车身结构件，应根据损伤程度确定是否更换。若只是轻微变形可以通过拉、压来进行矫正，整个操作过程不需加热，且整形后强度变化不大，则不必更换；当车身结构件遭受严重撞击产生较大变形和加工硬化，或已经出现断裂等严重损坏时，则要更换车身结构件。

应该注意的是，由于车身上很多重要区域都使用高强度钢板，如图6-1所示，当发生碰撞产生变形时高强度钢板加工硬化程度非常高，拉伸矫正虽然可以恢复结构件的尺寸和轮廓，但在损伤部位势必造成新的加工硬化区域，这样不仅不能增强结构件的强度，反而会造成金属的疲劳。如果加热消除加工硬化，则必须控制好加热的范围和时间，否则会引起更大程度的强度弱化。

有些车身结构件即使损伤并不十分严重但仍然不允许修复，例如侧梁上的碰撞缓冲区，无论是车身前部碰撞还是后部碰撞，缓冲区都首先遭到破坏。因为这一部分碰撞后的应力集中非常严重，几乎无法全部释放，如果加热释放应力，则导致这些部位强度降低；如果对其加强，就不能再次起到碰撞缓冲的作用，因此必须进行局部更换。又如超高强度钢板部件碰撞损坏后，由于其高强度和高加工硬化，无法进行冷加工整形，一旦加热又会破坏内部组织结构，致使强度降低，所以也只能更换。

对于车身上有些重要的结构件，例如车身A柱和B柱、门槛板和车门的防撞杆等，都是车身重要的被动安全装置，对于保护车内乘员起着重要的作用，在发生损伤时通常也建议更换。

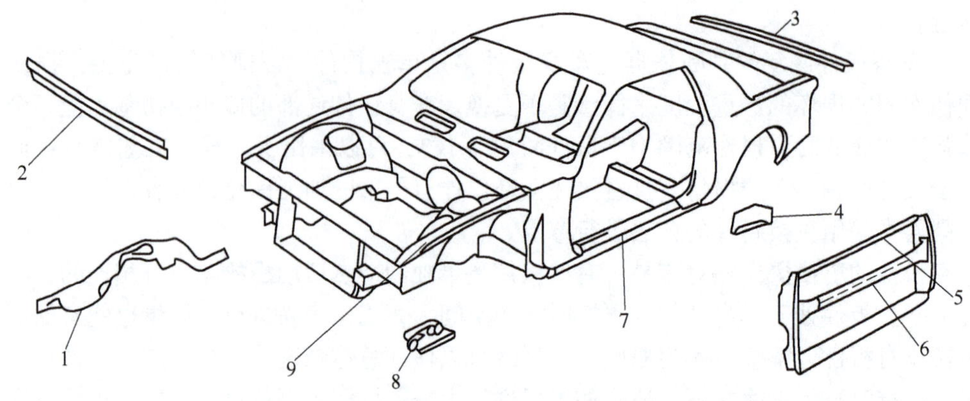

图 6-1　车身上高强度钢板的应用

1—前侧梁　2—前围板上加强梁　3—保险杠衬板　4—主车地板侧梁与后侧梁的连接加强板
5—双门车安全带的安装梁　6—车门防撞梁　7—门槛板
8—悬架稳定杆加强板　9—前翼子板内板上梁

对于承载式车身结构，损伤后必须全面检查，如果发现某些结构件或板件不能冷作修复，则可以确定采用更换的方法修理。但因为碰撞造成的加工硬化可能在拉伸时产生断裂，在检查时可能无法确定应更换还是修理，所以此时将其暂定为待定项目，在车身整形拉伸基本实现各主要尺寸定位或车身矫正之后，才能具体确定的修复方法。

2. 经济因素

有些构件的损伤可以通过修理或更换构件来修复时，就需要从经济因素出发，综合考虑维修成本；需以车身是否需要整体矫正来划分大修和小修，如果车辆大修费用等于或大于换件修理费用的 80%，或者维修后使用寿命达不到更换新件后使用寿命的 80%，则应当换件修理；如果中小修理费用大于换件费用的 50%，则也应采用换件方法进行修复，其原因为换件与修理所需的工时差距很大，并且换件更容易保证维修质量。

车身修理操作的实施性也是要考虑的问题。实施性即指修理与换件哪一种方法更容易操作，并且对其他未损伤部件影响最小。如果维修操作的难度较高，对周围构件的影响比较大时，采用换件的方法会更好一些。例如在修整车辆后翼子板靠近后门框部位的碰撞凹陷时，由于内板是整体的内板，从车身内部不可触及，从外部操作又没有很好的技术手段达到相应的技术要求，这时如果要进行整形操作，就必须将后翼子板局部切割，在整形后再焊接回去，这样远不如局部更换更能保证维修质量和效率。

在汽车工业发达的国家，比较流行采用更换的修理方法。随着我国汽车配件市场的不断完善，车身构件价格不断降低，采用更换损坏部件的维修方法既能保证总体强度，又能保证良好的车身外观，车身整形作业的工作量也能减少，维修时间大大缩短，工作效率提高，因此，更换车身构件在车身维修中的应用也越来越多。

二、车身焊点的分离

车身焊接大多采用点焊，一些焊缝较长或焊接强度要求较高的部位则采用气体保护连续焊，车顶与车身立柱的连接采用铜钎焊。图 6-2 所示为车身制造时的焊接方法和位置。拆换车身构件时要从焊缝处进行，焊接时仍要采用原厂的焊接方法进行。

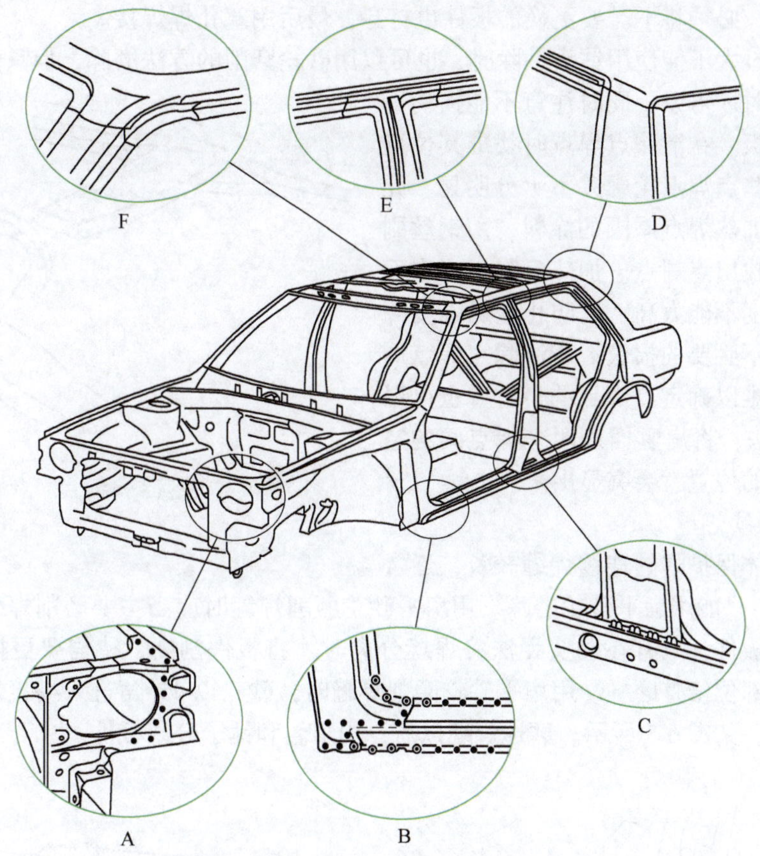

图 6-2　车身制造时焊接的方法和位置

A、B—点焊　C—气体保护焊连续焊　D、E、F—铜钎焊

1. 点焊点的分离

更换车身板件时常会遇到需要分离点焊点的情况，常用的方法是用平头钻或孔锯将点焊点钻除，如图 6-3 所示。

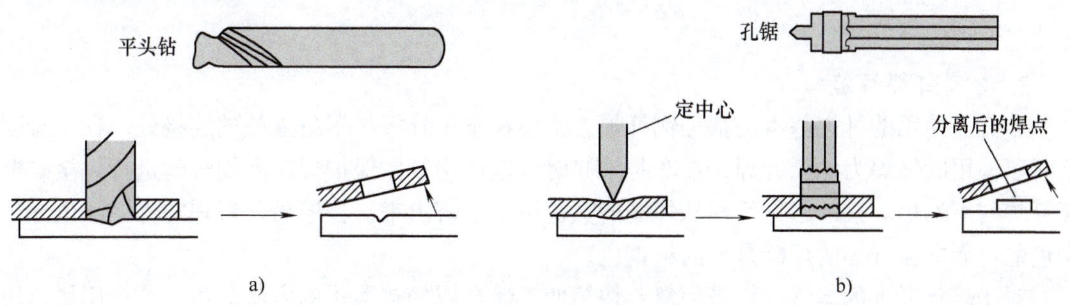

图 6-3　利用平头钻或孔锯钻除点焊点

a）利用平头钻钻除　b）利用孔锯钻除

钻除点焊点要定位准确，需只钻除点焊部位而不将下面的板件钻穿，尽量保证不需要更换的板件完整。有些情况下，需要更换的板件位于可操作方向的下方或是位于两块不需要更

换的板中间时，必须将不需要更换的板件也打穿，最后用塞孔焊焊接。

如果焊点过大不能使用钻头钻除时，也可以用砂轮磨削的方法磨除，但只限于需要更换的板件在上面时才可以，同时注意不能损伤下面不需更换的板。在清除点焊点时找准其位置十分重要，有些点焊点轮廓并不十分明显，此时可以用火焰加热焊点周围的涂料，用钢丝刷将涂料清除后找出点焊点。加热只限于将表面涂料软化，温度不能太高，以防止金属强度降低或引起其他不必要的损失。若清除点焊点周围的涂料后仍难以确定点焊点的位置，也可以用图6-4的方法，将扁錾插入两个焊点间的空隙处，点焊点的位置就会突显出来。

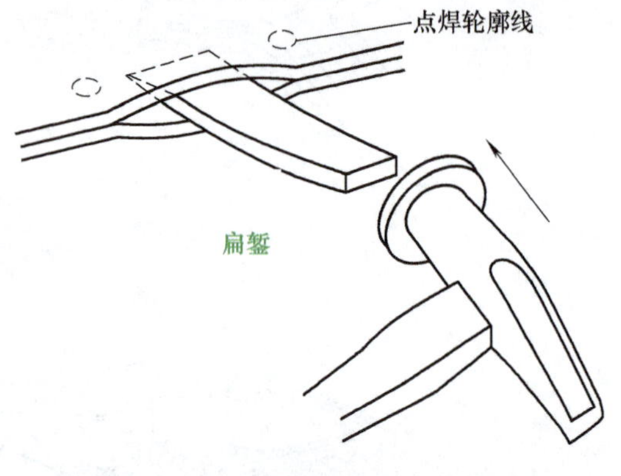

图6-4　用扁錾确定点焊点的位置

2. 分离连续焊缝

车身上气体保护焊的连续焊缝较长，通常为20～30mm，只能用扁平砂轮磨除。用扁平砂轮磨削焊缝时应当主要磨削焊缝金属，而不是割进或割断板件，只有在确实无法将焊缝分离时才将板件割断，待需要更换的板件拆除后，再对焊点部位修整磨平。用扁平砂轮磨削焊缝时，砂轮以45°角进入搭接焊缝，尽量将焊缝金属磨除，如图6-5所示。磨透焊缝以后，用扁錾和锤子分离板件。

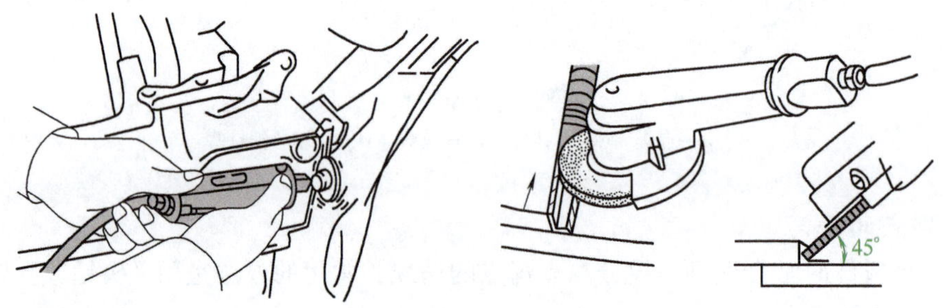

图6-5　用扁平砂轮磨除连续焊缝

3. 分离钎焊焊缝

车身上使用的钎焊基本上都是铜钎焊，集中在车顶外板与车身立柱的连接处。在车身制造时所使用的钎焊为电弧钎焊，在车身维修时可以使用气体保护焊机及铜焊丝进行焊接。电弧钎焊与用焰炬焊接的熔化钎焊从焊缝的颜色可以分辨出来，普通熔化钎焊的焊缝颜色是黄铜色的，而电弧钎焊的焊缝是淡的纯铜色。

对于熔化钎焊的焊缝一般采用氧乙炔焰使焊缝金属加热熔化的方法分离。首先用氧乙炔焰使焊缝周围的油漆软化，用钢丝刷清除，露出焊缝；然后集中加热焊缝金属，直到焊料呈融化状态后，立即用钢丝刷将熔化的焊料刷掉。注意在加热时不能对周围的金属加热过度。当焊料多数都被刷掉以后，加热熔化仍然被焊住的区域，待可以将其分开时，用小簪子或一字螺钉旋具楔入焊缝使其分离并保持分离状态，直到焊料硬化，然后以同样的方法将焊缝其他区域分离开，如图6-6所示。

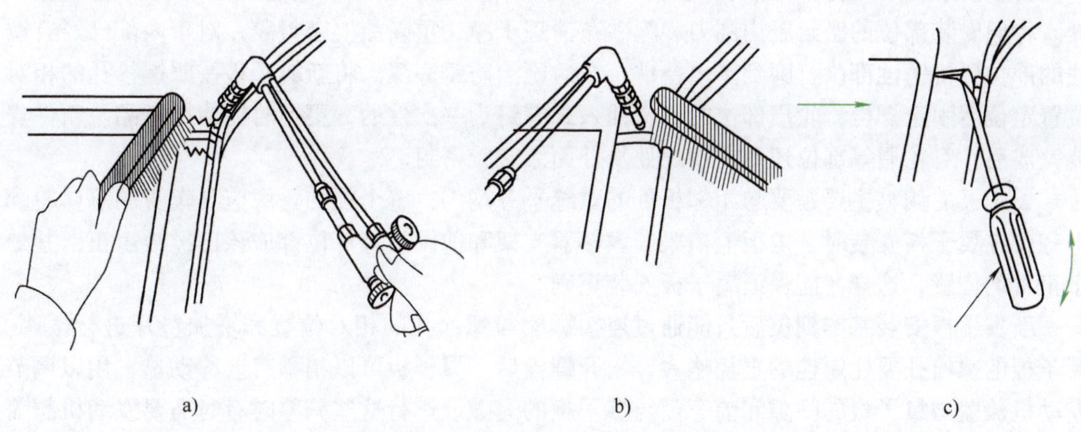

图 6-6　用氧乙炔焰炬熔化钎焊料使其剥离

a）清除表面涂料　b）熔化焊料并用钢丝刷刷掉　c）用一字螺钉旋具分离焊口

对于电弧钎焊焊缝，由于其焊料的熔化温度比普通钎焊要高许多，用加热熔化的方法非常容易使周围金属加热过度，因此要使用分离连续焊缝的方法来磨除。

任务实施

以四门三厢轿车为例，对车身构件进行更换与调整。

（1）前翼子板的更换与调整　前翼子板的上部通常用3～4条螺栓与其内板的上梁相接，前部与散热器支架的延长梁和前照灯架固定，后部通过中间板与车前围板固定，轮眉内侧与翼子板内板或挡泥板采用塑料插入式自锁销钉固定。

因为翼子板的连接接触面都涂有密封胶，以防止泥水等进入其内部空腔引起腐蚀，所以安装之前，这些部位必须涂抹车身密封胶。图6-7所示为轿车前翼子板的安装连接示意图。

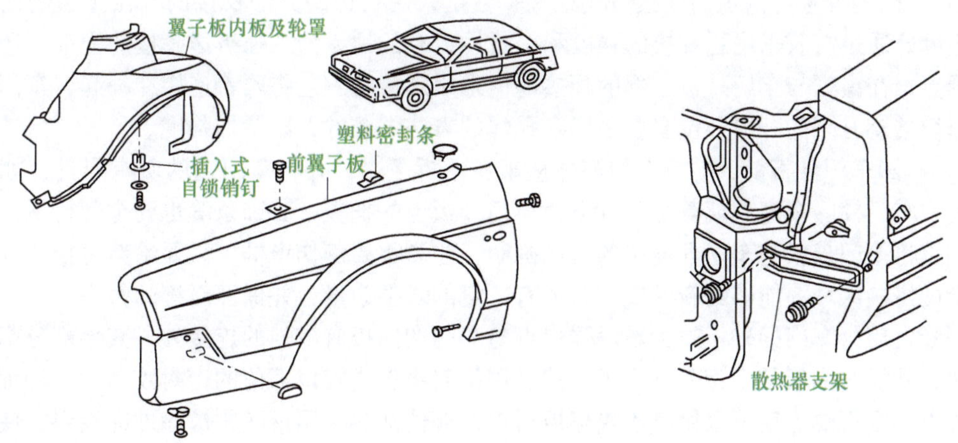

图 6-7　前冀子板的安装连接示意图

将损伤的翼子板拆下之后，要对安装位置和内部进行清理，空腔内必须保持干净和干燥。将原安装部位的密封胶用刮刀和粗砂布清理干净，重新涂上密封胶。对于内部已经有锈蚀的部位要将锈蚀部位打磨到露出裸铁，然后刷涂防锈底漆。将新翼子板按照螺栓孔的相对位置定位后固定螺栓，轮眉部位的塑料插入式销钉为一次性的，更换时需使用新品。新件安装完成后，对轮眉等部位还要在接缝处从外面涂布胶密封。

翼子板的调整主要是要与相邻板件的对缝平齐均匀，整个板的轮廓应与车身的总体轮廓平齐。在翼子板安装时，内板上横梁、散热器支架和前围板等部位都应该已经被矫正，并处于正常的位置，这样才能保证翼子板安装正确。

新翼子板安装基本到位后只能通过连接螺栓与螺栓孔的相对位置和增加垫片进行微调。翼子板的螺栓孔要比螺栓的直径略大，松开螺栓后，翼子板可以稍稍有些移动量，用以调节发动机舱盖与翼子板的间隙和前车门与翼子板的间隙。进行这些调整时有时需要发动机舱盖和车门等与翼子板同时调整来获得良好的对缝，对车门部位更是如此。有些时候，翼子板与车门的对缝从外观上看比较整齐、均匀，但当车门打开到一定程度时，车门与翼子板就会发生干涉，造成车门无法继续打开。此时仅仅调整翼子板的位置已经不能解决问题，应当对车门进行调整。翼子板也可以内外移动，以便使其与车门齐平，这种调整是通过将翼子板连接到前围板侧板上的两个大螺栓加垫片来实现的。这两个螺栓中，上面的一个通常在门的立柱上，下面的螺栓通常在车身下部的门槛板上。给上部的螺栓加垫片，可以使翼子板的上部外移，给下部螺栓加垫片可以使下部外移。同理，给翼子板上部与翼子板内板上横梁连接的螺栓加垫片，可以使翼子板稍稍向上移动，以使其与发动机舱盖平齐。如果内部板件矫正到位，翼子板则不必加垫片就可以调整到位。加垫片不是一种好的调整方法，除非必须，一般不要过多采用。

（2）车门外板的更换　车门是单独部件，有外板和内板，在发生损坏时，若内板或加强板都已经损坏，通常需要整体更换。但在只有外板损坏，而内板或加强板损坏不是很严重且可以进行修复时，单独更换外板也是常用的方法。只要配件供应商销售有专门的外板，单独更换外板的维修成本会降低很多，操作工艺也比较简单，且质量可以得到保证。

1）车门的外板与内板的连接方式绝大多数是采用折边的方法咬接的，在咬边的内部和咬边边缝处通过打胶来增强咬接的强度和密封性；有的地方为加强折边咬接的强度，还辅以若干焊点。在窗框与车门外板上部的相接部位采用焊接的工艺将两者连接在一起，车门外板上部车窗玻璃升降的开口部位有些是用塞孔焊的方法焊接的，以增加强度。

2）拆卸车门外板前，应将车门整体从车身上拆下来，并将车门内的所有附件，如玻璃升降机、车门锁、车窗玻璃等全部拆下，车门外板上的护板、装饰条等也要全部拆下。用气动切割锯将车门外板与车窗框连接的区域割断，注意不要割伤窗框，且要给新更换的外板留出一定的搭接区域，能够给新件安装时留有一定的修整余量，并保证对缝的整齐。

割断之后，车门的外板除少数增强焊点与车门的内板有较强的连接外，其余部分都是咬口连接，外板与内板基本相互分离了。然后用刮刀将包边咬口部位的密封胶刮去，仔细寻找有无焊点，发现焊点后可以用氧乙炔焰炬对焊件部位加热并用钢丝刷清除外部涂料，使焊点轮廓突显出来。焊点可以用平头钻钻除或用砂轮磨除，尽量不要用錾子等工具錾除，以免伤害内板，在钻除和磨除时同样注意不要损伤到内板。

如果焊点部位由于空间较小而无法采用钻除或磨除时，也可以暂时保留，待整个板件其

他部分分离后，采用气动锯等切割工具围绕焊点进行切割，将焊点保留在内板上，移走外板后腾出较大的空间时再用砂轮进行磨除，如图 6-8 所示。

去除焊点后就可以用錾子等工具将包边咬口部位撬起来，将整个外板移走。另外一种去除包边的办法是磨削，如图 6-9 所示。由于外板已经确定更换，所以磨削是较快速的去除方法。

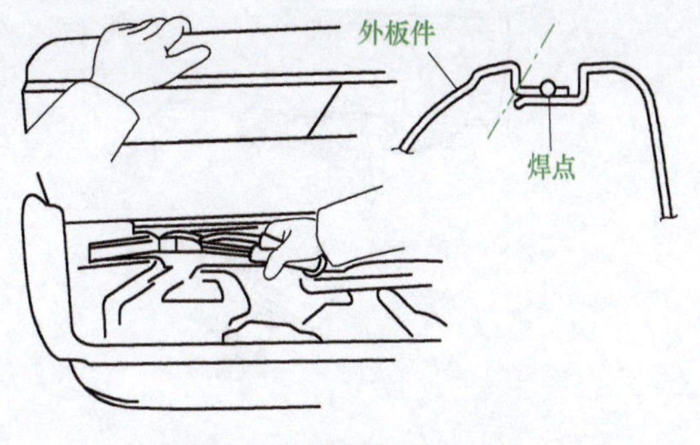

图 6-8　围绕焊点的切割

将拆卸下来的外板移走后，对内板发生损伤的部位要进行修整，有锈蚀的地方要打磨到露出金属后刷涂防锈底漆。对需要进行包边咬口和焊接的部位要用砂轮打磨干净，刷涂导电防锈漆，以利于焊接。

3）新外板安装。将要更换的新外板用大力钳等工具夹在修整好的内板上进行定位，保证新板件安装后没有位置上的偏差。确定好位置并做好相应的记号后，修整窗框与外板连接的对缝使之工整平齐。在安装新外板时，这两处对缝将是位置的主要参考点。

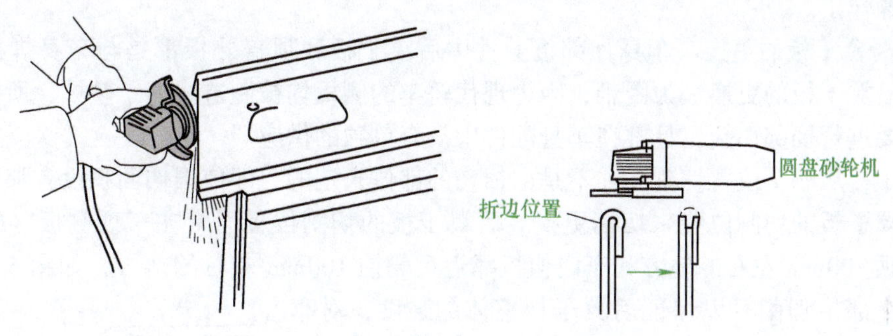

图 6-9　磨掉包边部位，拆下外板

定位后，移走新外板，在需要塞孔焊的地方预先打好孔，需要钎焊的地方清除涂层，其他地方必须保证有良好的防锈底漆。有些车的车门外板上还要粘贴消声垫，在新板件安装之前也要首先粘贴上去。在需要折边的地方预先划好线，将外板垫在厚橡胶垫上用宽扁錾沿划好的折线轻轻刻出将来包边时需要的轮廓。这一点很重要，准备工作是否到位，关系到更换板件之后的整体形状。

在修整好的内板与外板包边咬接的翻边处均匀涂布车身密封胶，厚度一般在 3mm 左右，宽度 10mm。将新的外板按照相对应的位置准确定位，安放在内板上，并用大力钳等工具加紧，对外板与窗框的连接部位用铜钎焊焊接。焊接完成后，用锤子和顶铁将外板的咬口边缘弯曲，如图 6-10 所示。实施过程中要用软布包裹顶铁，防止损伤外板。逐渐弯曲折边，不要使外板的整个轮廓线产生弯曲和褶纹。当折弯达到与内板呈 30°角以内时，用折边工具完成折边，如图 6-11 所示。

折边完成后，用塞孔焊对玻璃窗开口处的焊点进行焊接，折边咬口部位需要焊接加强的点也要用塞孔焊加强。焊接完成后，新板件的固定工作也完成了，余下的是对咬口的边缘封胶，对焊接部位打磨和涂抹防锈漆。

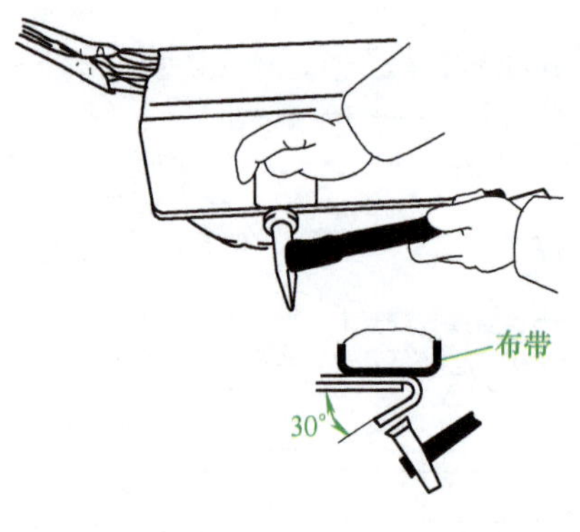

图6-10　用手锤和顶铁弯折外板的包边

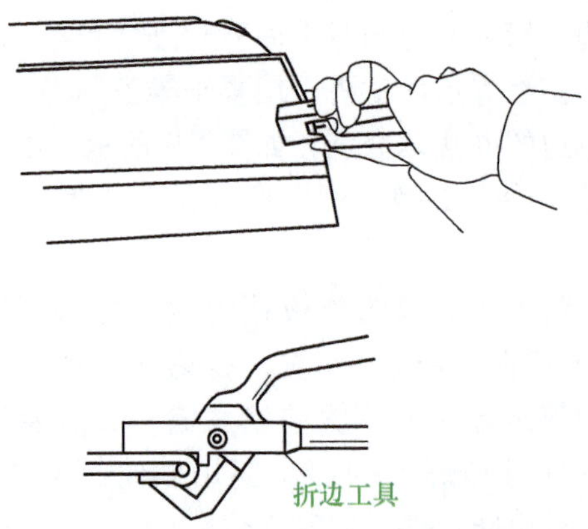

图6-11　用折边工具完成折边操作

新板件安装完成后，往往还要对其进行小的修整，例如，折边咬口部位的折线是否平直，外板表面在加工中是否出现损坏等；最后将整个车门安装在车身上进行比对，修整后就可以涂装操作了。

（3）后翼子板的更换　车身外部覆盖件中后翼子板和顶盖外板都是与车身焊接成一体的，其中后翼子板的更换最为困难，因为现代轿车的侧板均被制造成一个整体，所以更换后翼子板需要进行局部切割，且其在车身配件中没有单独的供应。

后翼子板从哪个位置切割，并不是由损伤的部位来定的。即使损伤面积没有那么大，也要按照后翼子板的切割位置来切割更换。后翼子板的切割位置通常在车顶侧板（C柱）靠上接近车顶200mm左右的地方和车门槛板靠近后轮眉100mm左右的地方，如图6-12所示。选择这两个部位切割可以保证后翼子板整体的强度，对车顶板和车门槛板的强度也不会造成损害，同时由于这两个地方的面积相对小一些，也有利于对缝焊接。

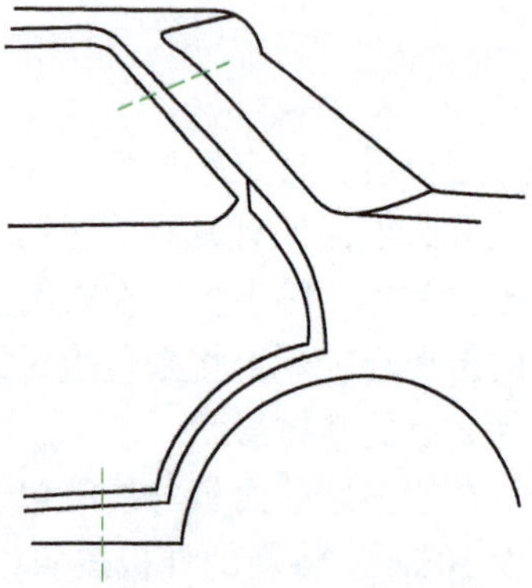

图6-12　后翼子板的切割部位
（虚线位置为理想的切割位置）

1）后翼子板的拆解。后翼子板的拆卸主要有点焊点的分离和按照图6-12所示的位置切割两个主要步骤。

首先是切割，后翼板焊接在车身上时用气动锯有利于保证切口稳定平直。用卷尺按照需要切割部位的尺寸要求在板上划出线，观察比较无误后方可进行。切割时可以将切割位置两端的点焊点先行钻除，这样在切割到板件的根部时不会伤害到内板，也有利于保证断口的质量。切割的断口要比新件安装时的对缝略多20mm左右的余量，目的是为了将来新件安放后可以修整对缝。

将需要切割的位置割断以后，就可以用钻除的方法将后翼子板与内板之间的所有点焊点钻除了。在分离点焊点的过程中，要注意随时将已经分离的点焊点用大力钳夹住固定，以保证以后的点焊点能够顺利分离，之后清理内腔，如有锈蚀需要进行打磨和涂刷防锈漆，需要点焊的翻边要用砂轮打磨干净并整理整齐，涂刷导电底漆。内部的清理和防锈非常重要，因为安装新件以后，不可能再对内部进行防腐。有些车辆的后翼子板内部还有防振减噪用的发泡塑料等填充物，这些填充物应很好地保存，在安装新件时还要填充进去。

2）新件的定位。拆卸旧板后，要按照旧板切割部位的尺寸将新的后翼子板从别的整车侧板上切割下来，切割时断口要留有一定的余量。新件的点焊翻边要打磨干净，涂刷导电底漆，内部也要防锈。将新板件按照安装位置安装于车身，并用大力钳在若干点加以固定，保证板件的末端和边缘部位对正（图 6-13）。小心地调节新板与周围板件的配合，使对缝轮廓线均匀整齐，最后将行李箱盖与车后门、后部组合尾灯等安装好并调节匹配间隙，如图 6-14 所示。

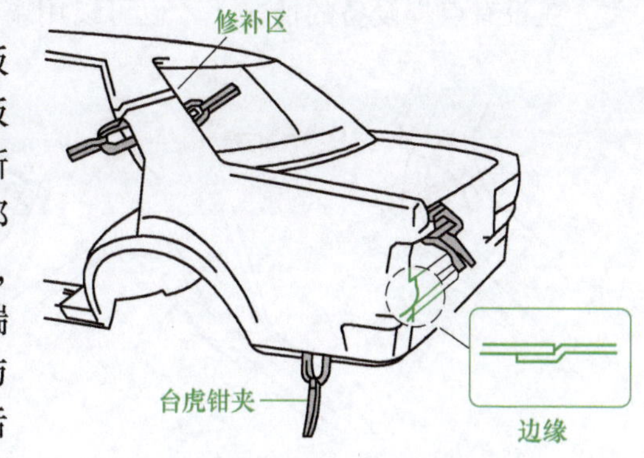

图 6-13　暂时安装后翼子板

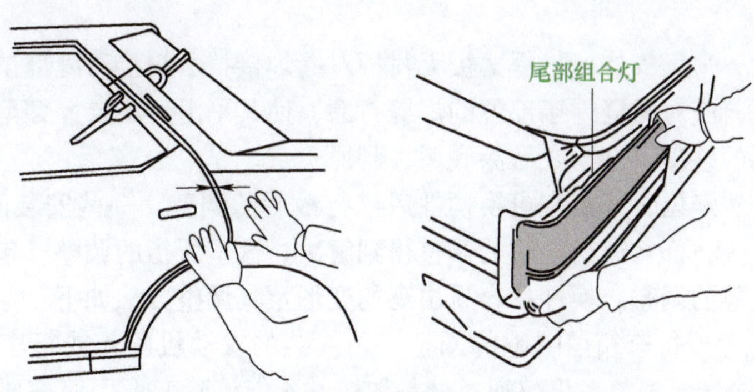

图 6-14　调节后翼子板与周围板件的匹配和对缝

车身的外部板件的定位用眼观察其与周围板件的匹配程度和对缝均匀程度即可，无需多做精确的测量，如图 6-15 所示为调节后部车窗和行李箱盖的匹配工作。但由于后翼子板上方有后风窗玻璃，所以对后窗孔的对角尺寸和风窗安装面必须控制，确保后风窗孔的尺寸与风窗玻璃的安装没有冲突；否则，风窗安装时的应力非常容易损坏玻璃。所有定位工作都做好之后，做好安装记号，以备将来焊接对位时使用。

用气动锯从切割搭接部位的重叠区域中央将多余的余量完全切下，保证板件对缝部位整齐、对缝宽度一致，然后移开新板件，对内腔进行最后的整理，将防振减噪填充物安装回去，重新按照记号将新板件固定在需要安装的位置就可以进行焊接了。

3）新件的焊接。将新板内部的焊接突缘周围涂抹密封胶，重新按照记号的位置固定以后开始焊接。用大力钳夹住新板件只起一定的固定作用，在焊接开始之前，对有些不能用大力钳固定的部位还可以使用自攻螺钉固定，如图 6-16 所示。用笔先在点焊点做记号，然后对

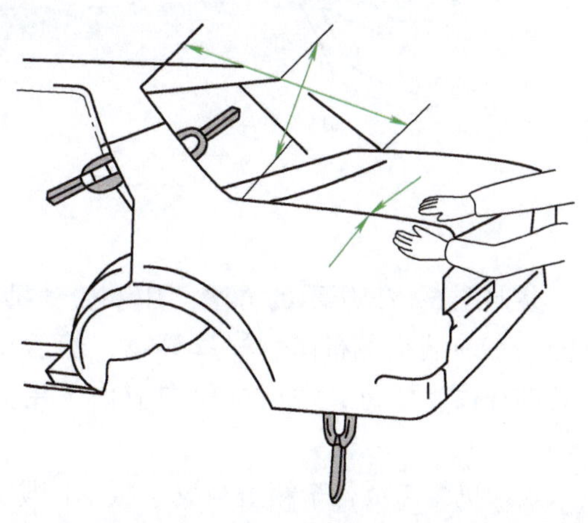

图 6-15　调节后部车窗和行李箱盖的匹配

分开部位均匀地加以点焊固定。点焊定位时，还可以观察、调整板件的位置，但幅度不能太大。在没有点焊设备的情况下，也可以用塞孔焊定位。

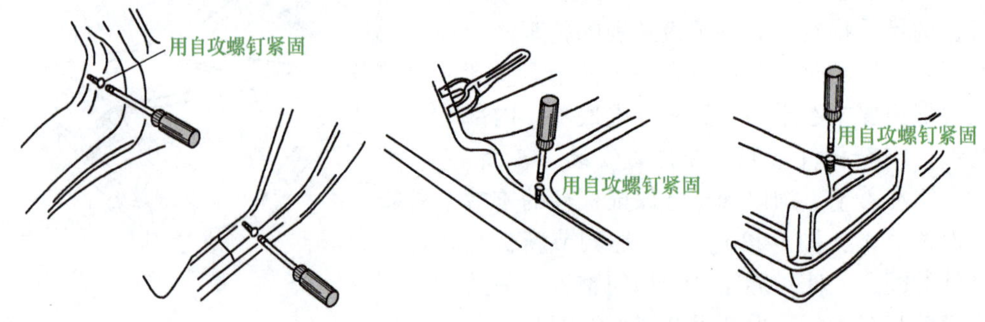

图 6-16　焊接时用自攻螺钉固定新的板件

当点焊完成后，采用气体保护焊薄板无衬板对缝焊接技术焊接对缝部位，逐点完成。当所有的焊接完成后，应对对缝焊接部位的焊缝打磨，使其平滑但不要磨穿薄板，对焊缝周围变形区域进行必要的整理，打磨之后涂底漆、刮原子灰。

无论以何种方法定位，都要在更换构件后进行最后的调整。一些安装问题、修理缺陷、运动干涉等不良状况，都将通过合理的调整得到解决。这里所指的调整，包括对车门、发动机舱盖、行李箱盖等的调整。换件后容易出现的变形及其调整方法如下：

（1）发动机舱盖或行李箱盖缝隙的调整　新换装的发动机舱盖或行李箱盖，容易出现图 6-17a 所示的边缘弯曲现象，仅仅通过调整铰链并不能消除变形，而需要调整发动机舱盖或行李箱盖的边缘曲线才行。

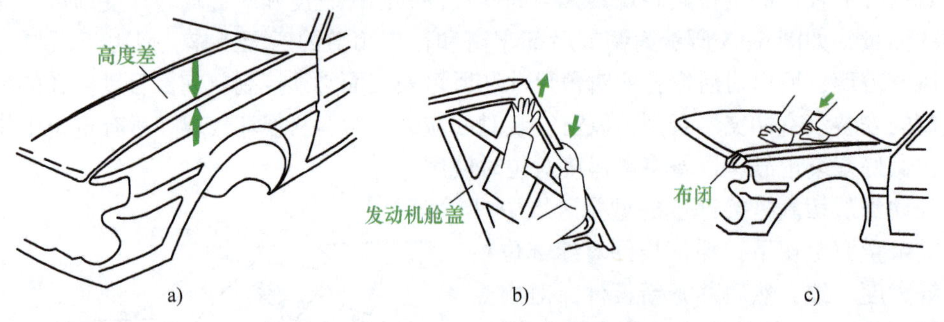

图 6-17　发动机舱盖高度差的调平

参照图 6-17b 所示的方法，用手搬动拱曲部位使其复位；也可以参照图 6-17c 所示的方法，在前端垫上布团、棉丝等物，然后用手掌轻压拱曲部位，使其达到与翼子板边缘等高的程度。注意：矫正过程中应均匀用力，要绝对避免发生因矫正过度而造成的二次损伤。

发动机舱盖或行李箱盖与翼子板的间隙不当、缝隙不均等，其可能是由图 6-18 所示的翼子板弯折角不当造成的。

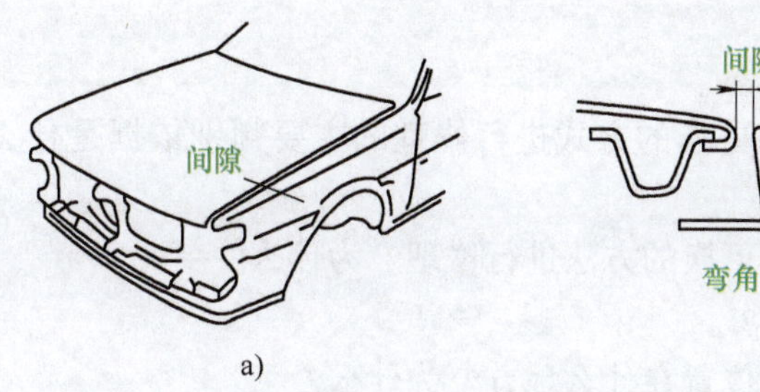

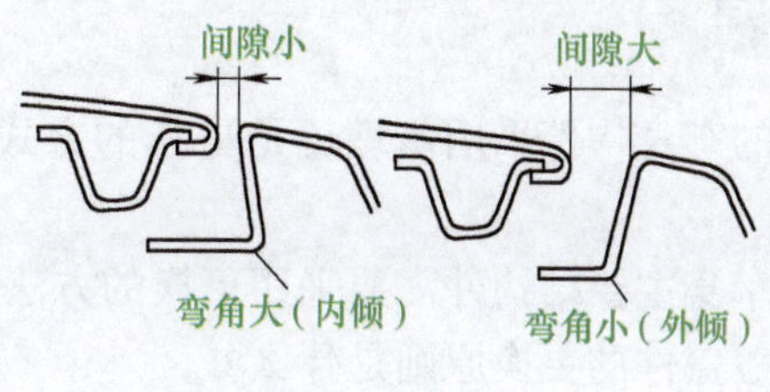

a)　　b)

图6-18　翼子板形状对配合间隙的影响

a）翼子板与发动机舱盖间隙　b）翼子板弯角不当

属于翼子板折角向内倾斜变形时，应先将连接螺栓拧紧并参照图6-19a所示的方法在矫正部位垫上木块，通过敲击使变形复位；属于翼子板折角向外倾斜时，应先将连接螺栓旋松并参照图6-19b所示的方法，借助锤子、扁錾沿弯角将其敲成直角，再将固定螺栓拧紧。

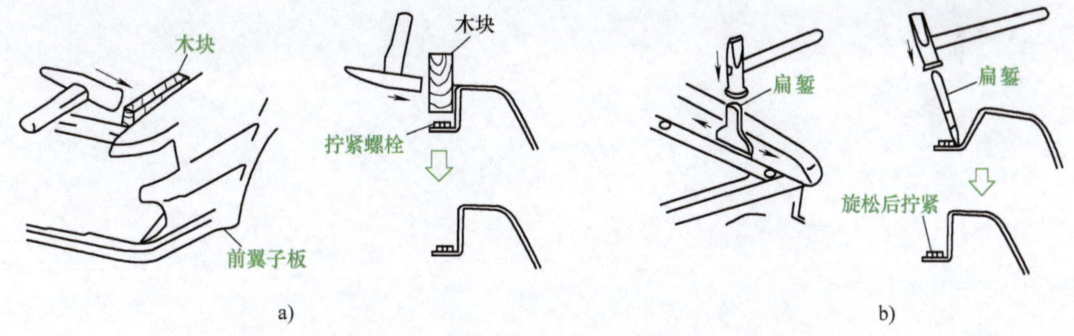

a)　　b)

图6-19　变形翼子板的矫正及间隙的调整

a）内倾及间隙过小的调整　b）外倾及间隙过大的调整

（2）车门扭曲和高度差的调整　如果车门板边缘与翼子板边缘的曲率不一，就会出现图6-20a所示的高度差。因此应先确定哪一个构件变形，然后再有针对性地将其矫正过来。如图6-20b所示的翼子板边缘向内弯曲时，可采用有包布的撬板向外将变形撬出。

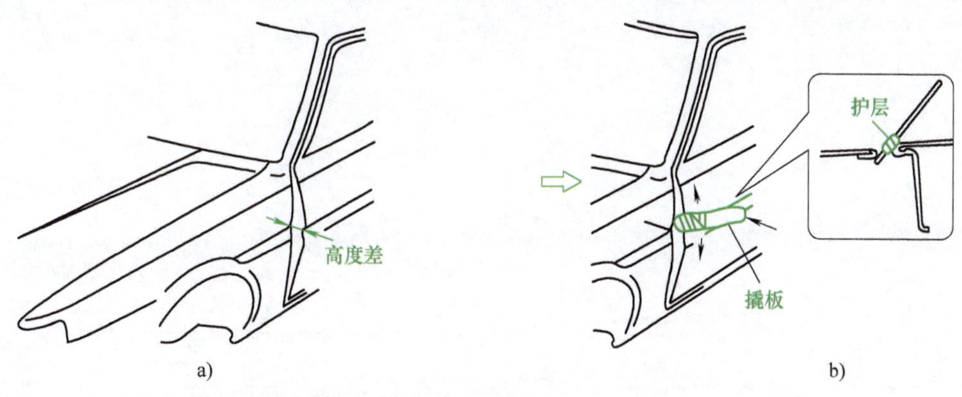

a)　　b)

图6-20　覆盖件表面高度不一的调整

a）翼子板后边缘与车门外板的高度差　b）用撬板矫正

思考题

1. 损伤的车身构件采用修理还是更换的方式进行修理的主要判别依据是什么？如何判别？

2. 哪些车身主要结构件需要采用更换的方法进行修理？为什么？

3. 车身覆盖件的更换原则是什么？

4. 切割更换车身后翼子板的理想位置在什么地方？为什么？

5. 车身独立板件的安装调整机构主要有哪些？简单说明它们的位置和作用。

6. 与更换车身覆盖件相比，更换车身结构件时需要注意哪些问题？

7. 试述如何保证更换车身构件时相对位置的正确。

项目 7　汽车车身矫正

汽车车身矫正是通过一定的外力将因事故损坏或疲劳损坏的车身部位修复到车辆出厂时的技术标准“状态”的过程，目的是消除碰撞造成的车身表面缺陷、车架及车身变形产生的应力，使汽车恢复原有性能。

学习目标

知识目标

1. 了解车身矫正设备的发展历史。
2. 理解车身变形矫正原理。
3. 掌握车身矫正的基本方法。

技能目标

能按规范的工艺流程矫正车身变形。

工作任务

工作任务　车身粗整形

车身粗整形是利用车身矫正设备、电子测量系统、整形修复机、焊机以及各种打磨切割工具，对受到碰撞损伤的车辆进行矫正直至其接近原始形状的整形方法。

知识准备

一、车身矫正设备的发展

（一）国内轿车车身修复设备的发展历史

1. 原始车身维修

最初的车身维修是用固定的树桩或立柱之类，采用加热、机械拉伸的方式对碰撞汽车进行矫正，后来引入链条及手拉葫芦等相对省力的工具设备，但只是从方式上进行了改进，并没有从根本上改变车身维修的基本方法。

2. 液压系统引入车身维修

从20世纪三四十年代开始，液压油缸引入车身维修。那时的汽车车身设计得都较坚固，很多车都有车架，在维修中人们充分利用液压油缸对车身的巨大推力，从汽车内部对汽车损坏部位进行矫正，这种方法效果良好，一直持续到20世纪70年代。

3. 专用设备的出现

20世纪70年代后，经济型车辆开始畅销，汽车车身设计也出现重要改变，之前的汽车通常都由一个3mm以上的钢板轧制而成的汽车大梁框架支撑车身，整车非常重，为了减轻

汽车重量并提高经济性，出现了承载式车身，取消了独立的车身大梁。整个车身由2mm以下厚度的钢板经过冲压加工成不同形状的部件拼焊成一个整体，车身各部件都承受整个车身的重量及受到的冲击载荷。

车身结构的改变促使车身维修行业的修理方法发生巨大改变。由于车身板件变薄，原来的液压推力式维修方法已经不能在车身上找到一个坚固的支撑点，于是出现了从外部拉伸的专用型车身维修设备——框架式矫正仪，它配备有专用的拉伸定位夹具，将汽车固定后，拉伸汽车金属板件进行修理。由于承载式车身尺寸关系到汽车的转向及动力性，因此要求承载式车身的修复尺寸必须精准。

4. 由专用设备向通用设备改变

20世纪90年代以后，随着汽车个性化的发展，汽车换代日益频繁，品种越来越多，突显了专用定位夹具、设备的局限性。

现代汽车车身维修设备正在朝通用型方向发展，以平台式设备为代表，它配备有精确的三维测量系统，可以对各种汽车车身进行精确的维修。

（二）国内轿车车身修复设备现状

车身修复设备大致可分为车身大梁矫正仪、车身整形设备、焊接设备、车身测量系统和相关附件。目前国内主要有两类车身修复设备供应商：一类是国外品牌中国区的专业代理生产商，如瑞典的“CAR-O-LINER”、意大利的“CAR-BENCH”、“SPANESI”和芬兰的“AUTOROBOT”、美国的“CHIEF”、“黑鹰”以及法国的“使力得”等；另一类是国内车身修复设备的生产供应商和推广商。目前国内市场上国产品牌已经占据主流，但在精密测量系统和专用夹具方面与国外先进品牌相比依然存在差距。随着机电液压技术的进步，未来碰撞技术的发展将更加实用化、自动化和集成化，但是，目前国内维修厂在使用车身修复设备方面还存在很多问题。

1. 维修设备的使用存在误区

有些厂家在大梁整形设备使用上存在误区，只发挥了不到30%的作用；对于车身三维测量系统，维修人员在修理时只测量长度和宽度，而忽视对高度的测量。

2. 许多厂家没有符合要求的车身矫正设备

有相当部分的厂家使用的矫正设备不符合现代车身修复的要求，有些设备没有精确的三维测量系统，这些设备和原始整形方法所使用的立桩、导链没有本质的区别，只不过用机械力代替人力而已。

3. 车身数据成为车身修复的制约

由于各种原因，汽车公司的车身数据没有公开，国产化后的数据大多数是国外原车的数据，使车身修复失去了准确的参考标准。

二、车身矫正设备的分类

目前，市场上的矫正设备有L形简易车架车身矫正器、地框式矫正设备、传统框架式矫正设备、平台式矫

图7-1　L形简易车架车身矫正器

正设备、新型带定位夹具框架式矫正设备几种。

（一）L形简易车架车身矫正器

L形简易车架车身矫正器如图7-1所示，其配有液压系统，在可移动的立架和支柱之间用链条和夹钳牵拉被损坏的车身部分，一般用于损伤较小的车身，容易搬运，可以很容易地安放在损伤部位的牵拉方向，但是许多这种类型的装置只能在一个方向上进行牵拉，且没有配置精确的测量系统。

（二）地框式矫正设备

地框式矫正设备也就是俗称的地八卦系统，如图7-2所示。在车间地面有预置的网状固定槽架，配备有手动或气动的液压泵，并且有液压顶杆和其他辅助链条、夹钳、支架等，有些还配备有简易拉塔以提供额外的拉力。利用链条和链条张紧器在各个方向上对车辆进行固定，用液压顶杆牵拉链条来拉伸车身损坏部位。

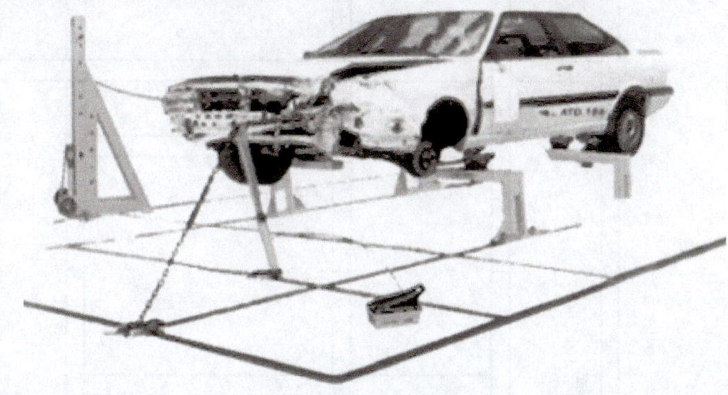

图7-2 地框式矫正设备

地框式矫正设备建造成本低，使用灵活，拉伸操作的工具设备简单，可以实现多点固定和多向拉伸，并且节省空间，在我国很多车身修理车间中得到应用。但地框式矫正设备也有一些缺点，如无法进行精确的三维测量；车辆维修时不能上升到任意高度，对车身下部特别是车身底盘施工时维修空间小；车身的固定需要使用支撑架，稳定性差一些，但支撑架的安装必须使拉力的大小和方向平衡（图7-3）。总体来讲其使用性能仍然很好，尤其是对于体积较大的车辆，地框式矫正设备更加经济和方便。

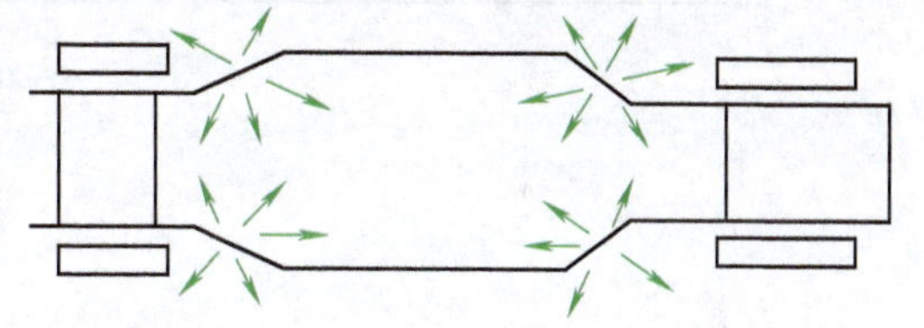

图7-3 支撑架的安装必须使拉力的大小和方向平衡

地框的设计根据场地的大小和主要维修的车辆类型来定。对于轿车的矫正地框，由于轿车的体积较小，需要进行矫正的部位和方向具有很大的不确定性，因此地框轨道要做得紧密一些，以利于实现多点多向牵拉。如图7-4所示为轿车的矫正地框。对于大型车辆的矫正地框，则可以做得大些（图7-5）。

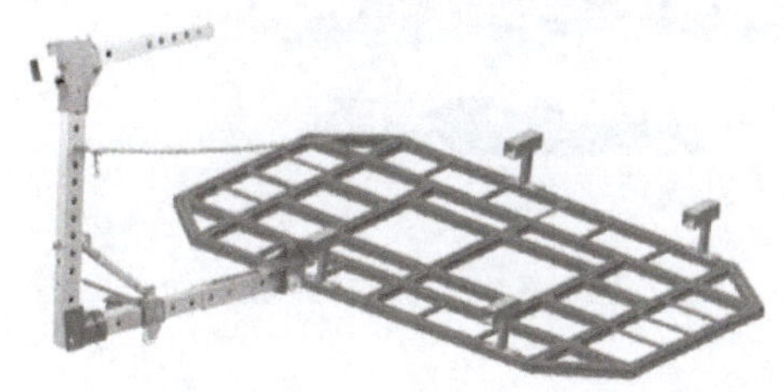

图7-4 轿车的矫正地框

地框的埋置方法有两种：

1）地锚式。将形成轨道的槽钢两侧焊接角钢，用膨胀螺钉将角钢固定在水泥地面上，再在地轨周围浇铸水泥，使轨道的上平面与水泥铸面平齐，形成一个整体型平台。地锚式埋置价格便宜，易于操作。

2）地框式。将矩形角钢预埋入地面，再用水泥浇铸，完毕后轨道的上平面与水泥浇筑面平齐。地框式安装牢固，360°全方位，但是做工复杂，需要挖地基。

(三) 框架式矫正设备

框架式矫正设备结构比较简单，属于专用型设备（图 7-6、图 7-7），在 20 世纪 90 年代前应用较广，配备有精确的三维测量系统或专用测量头，可以对车辆进行快速维修。

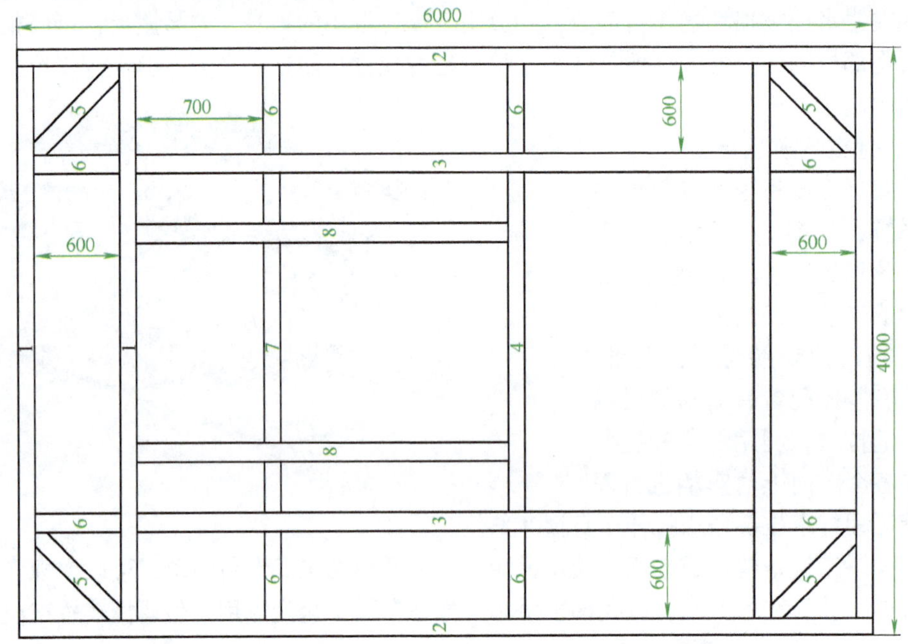

图 7-5　大车的矫正地框

图 7-6　框架式矫正设备

图 7-7　框架式矫正设备的使用

传统“框架式”矫正设备台架小，移动灵活，价格低廉，适合小型修理厂。但是车辆装夹麻烦，需借助举升设备将车辆举起，然后平稳放在矫正仪上装夹；配备的拉塔不易在工作台上随意转动，也不易锁定位置，给操作带来不便；拉拔力有分力抵耗，拉力不够强劲；只有四个通用大边夹具固定车身，对于裙边损坏或没有传统立式裙边的事故车无法装夹，也不能对大事故车进行精确维修；没有配备测量尺，不能对车身及底盘进行测量，不易确定维修质量。

(四) 平台式矫正设备

平台式矫正设备如图 7-8 所示，目前应用最广泛，由以下几部分组成。

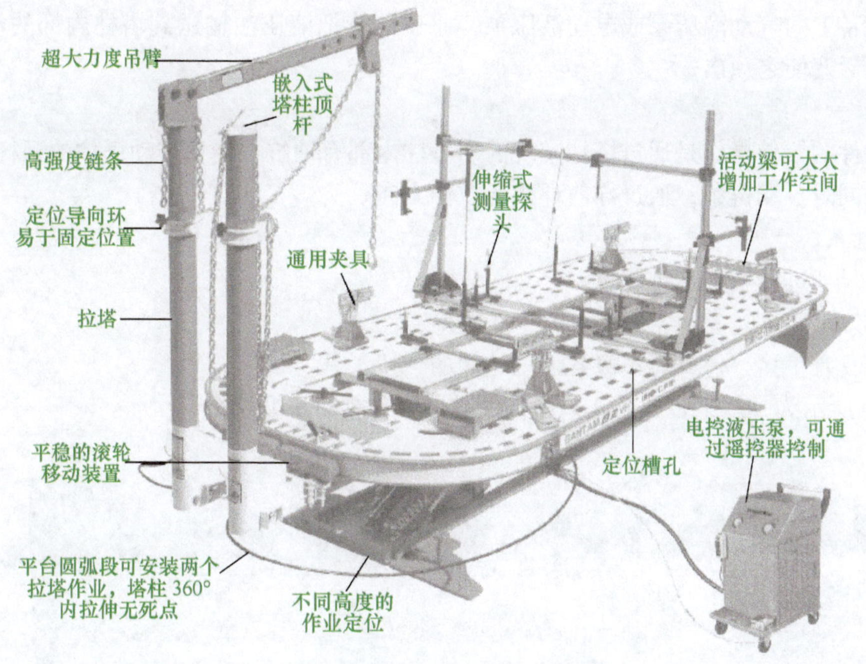

图 7-8　平台式矫正设备

1. 平台

平台是车身修复的主要工作台，拉伸矫正、测量、板件更换等工作都在其上完成。

2. 平台升降系统

平台升降系统由上车板、拖车器、车轮支架、拉车器（牵引器）等组成，把事故车放置在矫正平台上，能够通过液压升降机构把平台举升到一定高度。

3. 主夹具

固定在平台上的主夹具将车辆紧固在平台上，车辆、平台和主夹具成为一个刚性的整体，车辆在拉伸作业时不能移动，其形式如图 7-9 所示。

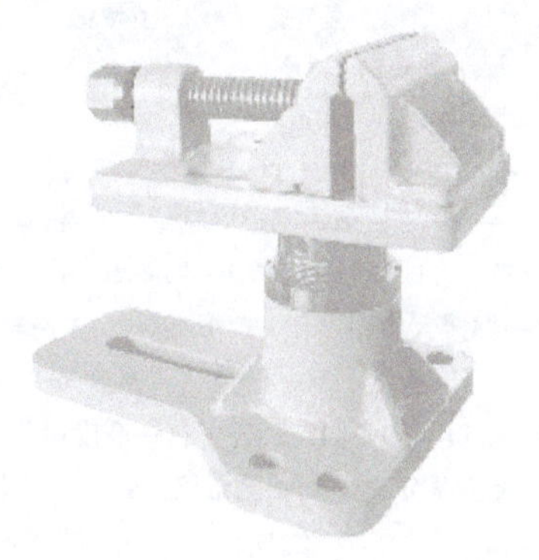

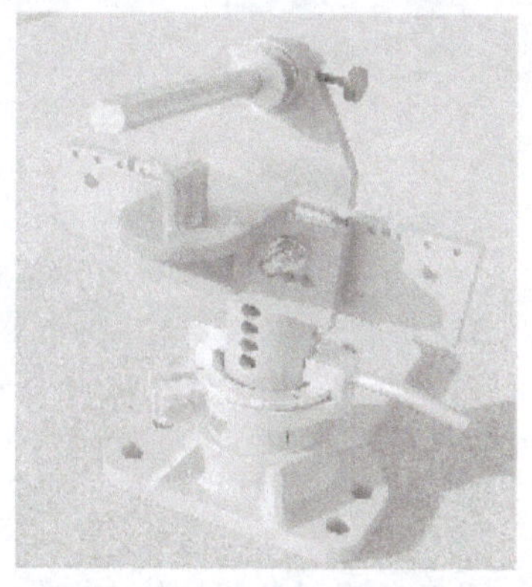

图 7-9　主夹具形式

4. 液压系统

矫正设备上的气动液压泵或电动液压泵，通过油管把液压油输送到塔柱内部的油缸中，推动油缸的活塞使之顶出。

5. 塔柱拉伸系统

损坏构件的拉伸操作是通过塔柱实现的。塔柱内部有油缸，活塞推动塔柱的顶杆，顶杆伸出塔柱的同时拉动链条，通过导向环改变拉伸方向。

6. 测量系统

对车身尺寸进行精确三维测量。

7. 整形工具

整形工具有很多，包括对车身各部位拉伸的夹持工具。

图7-10所示为一款平台式矫正设备的配件图，包括以下几部分。

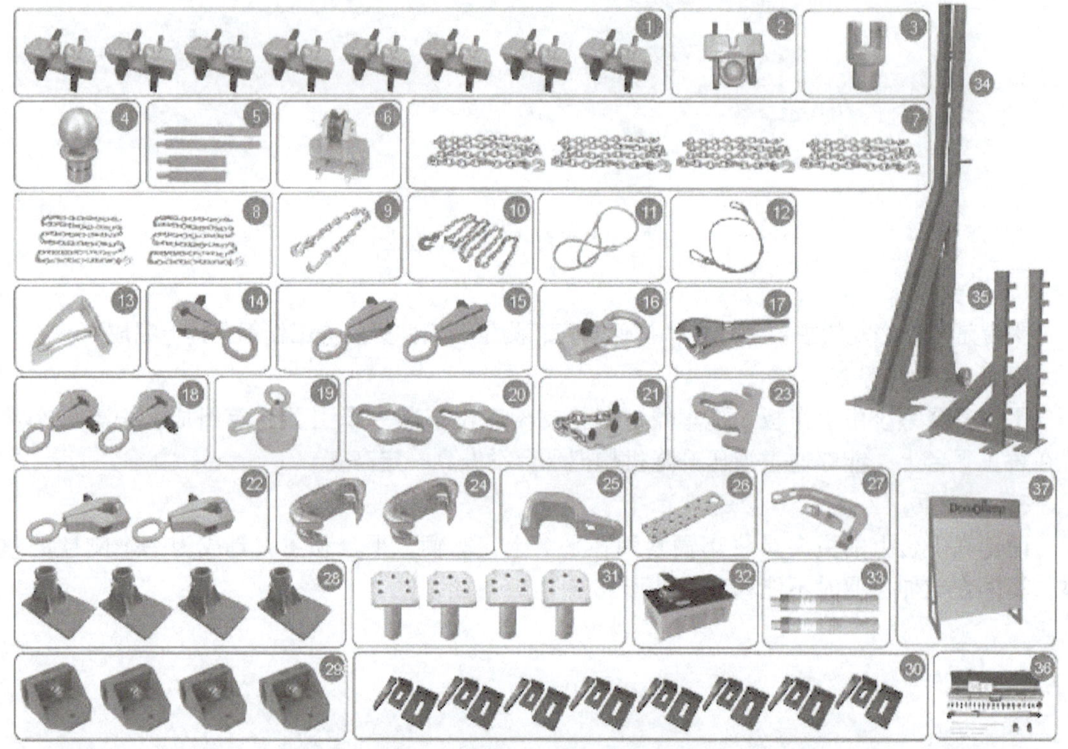

图7-10　平台式矫正设备配件

1—链条锚座　2—支转球锚座　3—链条固定头　4—支转球头　5—接杆组　6—下拉滑轮组　7—链条（5/16×5′）　8—链条（5/16×9′）　9—链条连接拉伸钩　10—链条（3/8×15′）　11—钢丝绳　12—保险绳　13—重载尼龙带　14—小型C形夹具　15—自锁紧夹具　16—迷你夹具　17—焊接大力钳　18—C形夹具　19—避振夹具　20—扁形链条连接器　21—裙边拉伸夹具　22—张紧夹具　23—链条转换器　24—链条缩紧连接钩　25—重载拉钩　26—拉伸板　27—重力拉钩组　28—主夹具底座　29—钳口　30—固定套件　31—高度调节杆　32—气动泵（含油管、公接头）　33—液压缸　34—2.8m拉塔　35—固定臂　36—测量仪　37—工具车（含挂钩）

1）夹钳。用于夹持车身的拉拔点，使链条的拉力作用于需要拉伸的部位。夹钳根据车

身不同部位的结构特点并结合拉伸的需要有不同的设计，如图7-10中的14～19、21、22和图7-11所示，使用时可以灵活选用。

图7-11　夹具

2）拉钩和拉带（图7-10中的25、27和图7-12）。在车身某些部位不适合使用夹钳等夹持工具固定和拉伸时，可以使用拉钩和拉带。

3）链条和链条连接工具（分别见图7-10中的7、8、10和图7-10中的9、20、23、24）。拉伸用的链条是专用链条，最大承载能力可达80kN。链条连接工具用来将链条与夹具固定连接或调整链条的长度（图7-13）。

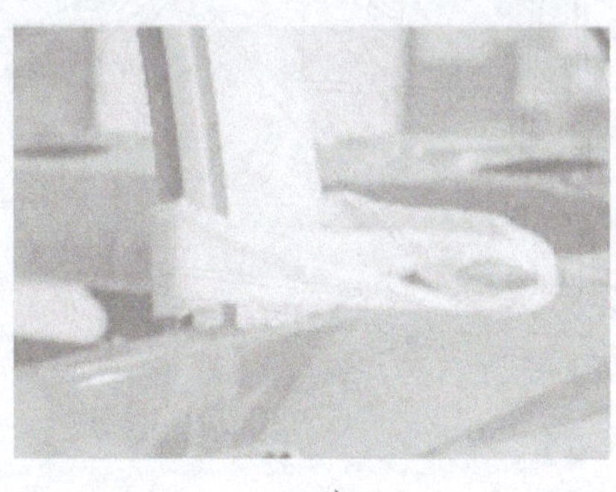

a)

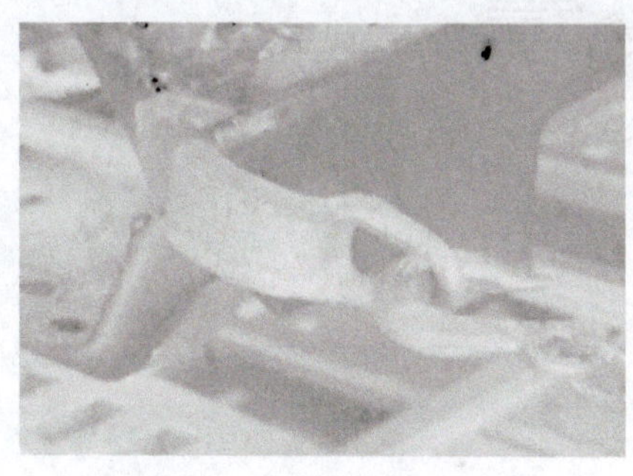

b)

图7-12　拉钩和拉带

a）拉带　b）拉钩

图7-13　链条连接工具

4）其他工具。图7-14所示为减振器支座专用拉伸工具，安装方便，能够全方位地对碰撞后的减振器支座进行矫正，并有效地保证减振器支座中心孔的对中，从而实现车辆悬架系统的正确安装位置。图7-10中的26和图7-15所示为拉伸板及其使用方法，拉伸板通过自身的孔可以很方便地与车身的螺孔部位固定，从而实现对这些部位的拉伸。车身矫正中，拉塔主要用于车身需要较大力量拉拽的部位，而液压组合撑拉杆可以用于车身上很多部位的整形撑拉，如图7-16和图7-17所示。

图 7-14 减振器支座专用拉伸工具

图 7-15 拉伸板的使用方法

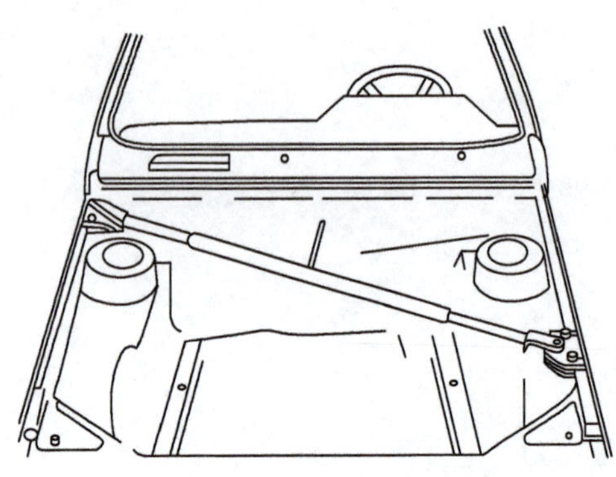

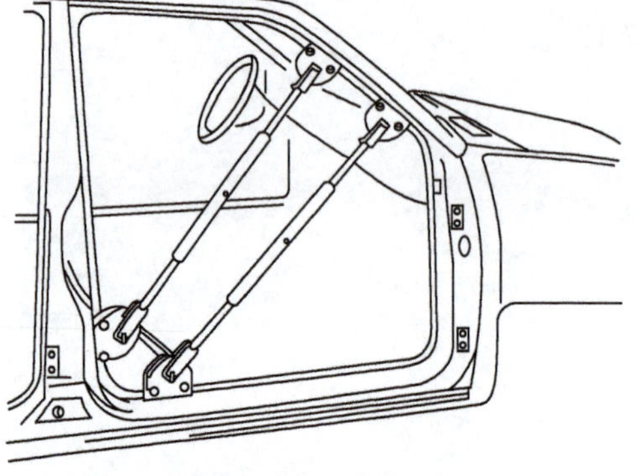
图 7-16 便携式液压组合撑拉工具

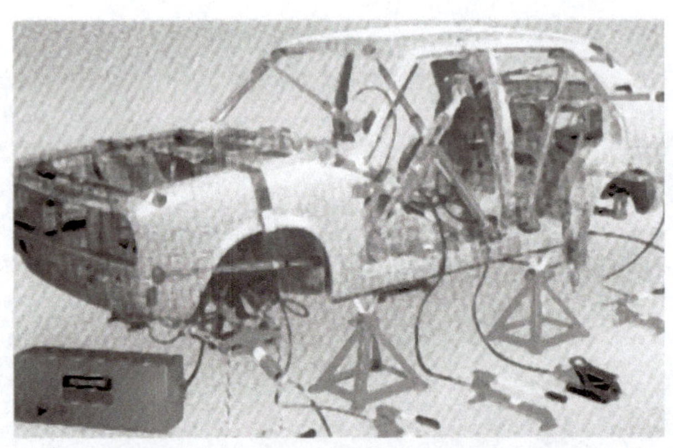
图 7-17 便携式液压组合撑拉工具在车身修复时的应用

平台式矫正设备克服了传统框架式设备的缺点，可以通过电动绞盘把汽车牵引到倾斜的工作台面上，配备的两个拉塔可以沿工作台轨道做周边 360° 调整，对车辆可进行多点、全方位的维修。

但是这种矫正设备上只有四个通用大边夹具固定车身，很难对车身底盘上重要的点进行控制和矫正。车辆上架后，其余需要矫正的点都处于自由状态。如果车辆右前部位被撞，右

前方的一些点一定会走位变形，由于车身底盘只用固定夹具，并且车身左右大梁的根部是连在一起的，于是在拉伸右边的变形部分时，左边的点也会跟着被拉伸，同时，由于车身各个部位的强度不一样，有些点在拉伸修复时可能先到位，但仍然有部分点没有到位，在矫正时修复后的点又走位了，因此平台式矫正设备不能对大事故车进行精确的维修，平台宽大也使维修技工不便于近距离地维修车辆底部，移动不方便，配用的测量尺不能进行准确的测量。

（五）带定位夹具的大梁矫正仪

带定位夹具的大梁矫正仪（图7-18）通过定位夹具固定、定位、测量车身底盘部位重要的点，除了用固定夹具固定车身外，还可以提供很多定位夹具固定测量需要矫正的点，如前后桥的固定支撑点、发动机的装配点、散热器固定点、底盘车身设计的工艺点。因为可以将完好的点先固定下来，所以对变形点拉伸时，这些被固定的完好的点就不会走位。矫正过程中把拉伸到位的点随即固定下来，再继续对其余变形点矫正，这样已经修复到位的点也不会再变形。

图7-18 带定位夹具的大梁矫正仪

定位夹具分为专用型和通用型两种形式。专用型定位夹具是指一套夹具只能维修一种车型，如需维修其他车型就需要再购买相应的定位夹具，费用较高。带通用型定位夹具的大梁矫正仪除了提供一套车身固定夹具外，同时还提供了一套模块式的定位夹具系统，可以避免反复投资。通用型定位夹具不仅可提高事故汽车的维修精度，还可将工作效率提高40%～50%。

（六）车身矫正设备使用的注意事项

车身矫正时要按照规定步骤进行损伤检查、维修方案确定、拉伸矫正和修复后的检查，拉伸时应注意力的大小、方向和作用点。车辆遭受碰撞后，从理论上来说只要拉住变形部位（作用点），按照与撞击相反的方向施加与撞击力相等的拉力即可，但在实际的矫正作业中，只按照这种原则很难将变形部位修复到位。仅就力的大小而言，实际的拉伸力可能要远远大于撞击力。拉伸过程中如看不到任何效果或效果不明显时，应考虑改变牵拉的方向或部位。当不能确定拉拔力的方向时，可将测量探头按照原始的位置放好，注意观察损伤变形点与探头的位置偏移量，从而确定牵拉方向。

使用车身矫正设备应注意以下事项：

1）根据制造厂家的说明书，正确地使用设备。

2）严禁非熟练人员或未经培训人员操纵设备。

3）车辆定位确保牢固。

4）使用推荐型号和级别的金属链和吊钩。

5）链条必须能稳固地与汽车和支架相连接，不能在牵拉中脱落。

6）如果需要向一边猛拉，则一定要在另一面牵拉，以防止汽车被拉离平台。

7）用安全绳将拉链、拉伸工具或夹具和车身联固，防止滑脱后飞出。

8）在拉伸操作时，操作人员和其他工作人员不得站在拉伸方向上，防止发生危险。

对承载式车身矫正时不能只牵拉损坏变形部位，还要应考虑到冲击力传递造成的间接变形以及牵拉某一处可能会引起周围构件的变形，必须做到“多点固定、多向牵拉”，尽量减少拉伸操作的次数，避免对同一损伤部位多次拉伸。操作中，每个步骤之后都要对已经矫正好的部位进行固定，防止矫正其他区域时再造成已修复区域的变形。

无论采用何种矫正设备修复车身，都应达到规定的技术要求：

1）最终外形对称美观。无论是大面积的平滑结构还是局部过渡处的楔形结构，都必须恢复到原有形状。如果确难实现，可适当改变原来的形状，但切忌画蛇添足，不伦不类，不但外形要对称美观，还要坚固耐用。

2）连续曲面的完整性和精致性。轿车车身大部分用模具冲压制成，具有表面的完整性和精致性，修复时对于流线型曲面要连续过渡，对于曲面转折处要圆滑过渡。修复后表面应光亮如新，不允许有皱褶、凹痕、敲痕、擦伤和肉眼可见或手触摸能感觉到的明显缺陷，特别是大面积修复时更要保证连续曲面的完整性、流线性、连续性和精致性。

3）足够的强度和刚度。轿车车身设计有足够的强度和刚度，修复后的车身应予以保证，同时控制振动噪声在允许的范围内。确保车身在一定行驶里程内不能有疲劳损坏，车身整体必须有一定的刚度，保证车身构件在使用过程中有保持原有形状的能力。

任务实施

（一）车身粗整形的步骤

1. 车身损伤诊断

准确地做好损伤诊断是保证维修质量的关键。

2. 确定修复方案

（1）确定合适的修复工艺　根据车身部位材料的不同，选用不会降低车身原有强度和耐久性的焊接方法；考虑在矫正拉伸过程中如何使用辅助支撑定位，以确保修复顺利；考虑在实施焊接换件作业中如何对所需更换部件准确定位，避免焊接完毕后再对所更换的部件位置进行矫正；必须采用全方位拉伸，对车身矫正时尽量不要加热，防止金属内部结构发生改变导致强度降低，使汽车再次碰撞时不能有效保护乘员。

（2）确定修复方案的原则　制订的修复方案除了要降低维修成本，还要综合考虑整体维修质量，比如局部拉伸时如何保证周边部位不受影响，切割和焊接时如何保证金属内部无残余应力，以及使用何种钻孔、打磨工具不会对安装造成影响。修复方案可视车身损伤情况确定：

1）当汽车严重损坏时，可按照用户需求更换整个车身，拆下损坏车身上可用的总成和零部件以备再次使用。

2）当汽车碰撞损伤只发生在局部时，如前后翼子板、车门、发动机舱盖或行李箱盖受损，可对车身构件换新而不修理，因为有时新件的价格远远低于修理费用。

3）当汽车损坏使得车身底板发生变形，应先进行车身底板和车身矫正，再修复损坏的其他车身构件。车身底板矫正可以先保证车身总体位置正确，从而恢复车轮以及其他总成的定位。

3. 拉伸矫正

当车辆发生较为严重的碰撞事故时，绝大多数车辆都需要对车身或者大梁进行拉伸矫正。矫正要遵循“后进先出”原则，即间接损伤的修复要先于直接损伤的修复，同时应该持续测量，及时调整拉伸部位及方向。使用车身矫正设备过程中要注意以下事项：

（1）多点固定　矫正过程中夹具与车身构件的固定部位极易因过载而损坏，所以拉伸点往往并不是直接选在车身撞击变形部位，而应该选在有足够强度或者没有明显损伤痕迹的位置。

车身整体的固定至少需要 4 个固定点，根据车身的结构和拉伸矫正的需要可采用多加固定夹钳的方法，将负载分散于车身的多个部位，保证固定部位不变形，同时也能使车辆更加稳固。在底盘部位设计有四个供拉伸矫正的固定点，一般位于车身中段门槛板与主车地板的衔接处，前面两个在 A 柱的根部稍后一点，后面两个在后门与后翼子板对缝的下部，如图 7-19 所示为矫正设备上车身 4 个加固点的夹具。车身上这 4 个点是经过加强的，可以承受拉伸时较大的反作用力，车身尺寸图上一般都会标出供夹持的固定点的准确位置。

根据拉平力及其方向的不同，可能需要增加辅助固定点的数量（图 7-20），以防止矫正过程中引起不需要矫正部件的变形。在损伤部位周围没有合适固定点的情况下，可以采取焊接临时钢片（钢筋）的方法，制造一些可供夹持的固定点，如图 7-21 所示。

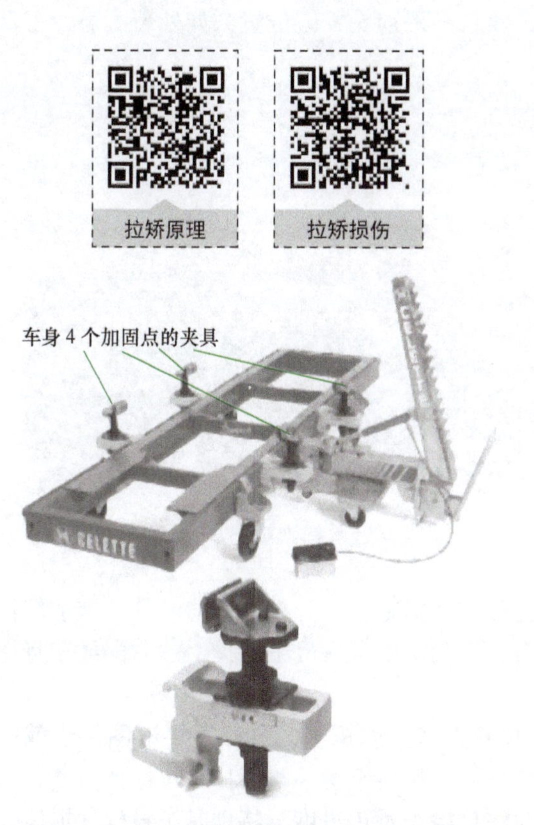

图 7-19　车身固定

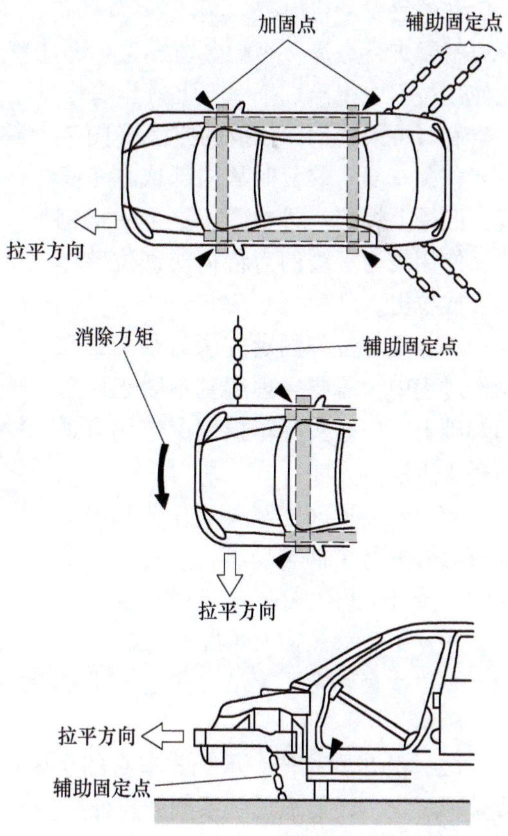

图 7-20　车身辅助固定点

有些部位需要采取更加复杂的措施，如前部被撞导致下边梁折损变形，常规的方法是使用螺钉将拉板固定在前立柱下部铰链位置，施加向前的拉拔力，但有些车型前门铰链是通过焊接方式与前立柱连接在一起的，这时只能使用临时焊接钢片（钢筋）焊接在该部位进行拉伸。事先不采取任何措施的拉伸将会造成焊接部位外层钢板撕裂，因为拉伸的部位只是前立柱的一个表层，而该表层没有和内部的加强板紧紧连接在一起形成整体。所以对这样的部位进行拉伸时，应注意观察内部的加强板是否与外层钢板连接在一起。如果没有连接或连接的焊点很少，应该采用打孔塞焊的方法将二者连接；或者是在焊接临时钢片（钢筋）前，使用磨光机将拟焊接部位的外层以点或线的形式磨穿直至漏出内层加强板，便于焊接时将临时焊接钢片（钢筋）与内层牢固连接，修复结束后将该部位的内外层使用塞焊的方式连接在一起即可。

图7-21　焊接临时钢片（钢筋）作为拉伸的夹持点

在修复发动机舱盖、车门等部件时，一定要注意在面板与内层的边缘咬合位置每隔一段距离就要进行点焊，否则会造成整个部件翘曲或疲软，特别是铰链位置，如处理不当，车辆在使用过程中将出现车门下沉或异响等故障。

有时可采用钢棒拉拔的方法（图7-22）修复车身，修复时从内部或在车身线、凹槽上焊接一排垫圈，穿上一根钢棒，使用较为平缓的力将损伤部位整体推入或拉出。

图7-22　钢棒拉拔方法

车身修复拉伸固定方法有很多，在操作过程中，需要在理解基本矫正原理的基础上，根据实际车损情况选用合适的矫正方法。

用固定装置固定车身后，要从中心部分向外进行拉伸和校直，当每一固定装置检查合适后，拧紧固定螺栓使其定位。按需要变动拉伸的角度和位置，来完成损伤处的变形矫正，开始时一边间歇地施加拉伸力，一边检查确定所施拉力在损坏部位是否有效，否则就要考虑改变拉伸力的方向或车身拉伸的固定部位。

（2）分步骤拉伸　承载式车身的金属材料有的为高强度钢板，最好不要试图一步就完成整形矫正，而要通过一系列的拉伸操作，包括拉伸—保持平衡—再拉伸—再保持平衡，如此循环往复，方可让金属材料慢慢松弛。操作时注意检查矫正进度，特别是车身构件损坏处的受力情况，防止过度拉伸，这就需要缓慢小心地启动液压系统，仔细观察车身损坏部位的

移动，看是否矫正到合适的位置和形状；如果不是，应检查原因，在调整角度和方向后重新启动，用锤击消除应力后再拉伸，再次使之松弛，如果不能确定应力已完全释放，还要用铁锤轻轻敲击，如图7-23所示。

(3) 多点多向拉伸　对于车身损伤的牵拉矫正，根据损伤的情况及部位不同，有单点连续牵拉和复合牵拉等拉伸形式。单点连续牵拉的拉伸作用点可以根据需要进行调整，但每次牵拉只有一个施力点，一般适合车身比较小的原始损伤部位，在损伤部位夹持住某一点，按照设定的方向进行拉伸，直到需要矫正的点恢复原位。

图7-23　用铁锤消除应力

对于较大损伤的矫正需要采用复合牵拉的方式，拉伸操作可以实现双向或多向牵拉。当设定好拉伸固定点后，可避免或减少拉伸工具的移动，大大提高了工作效率。图7-24为多点、多向牵拉的示意图。

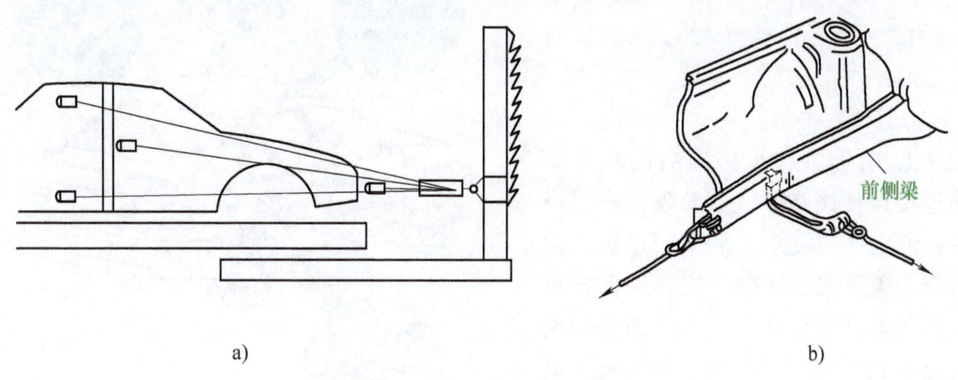

图7-24　多点、多向牵拉示意图

a) 多点牵拉　b) 多向牵拉

(4) 消除内应力　金属在受到外力的作用下，内部会产生应力，变形部位的金属会产生加工硬化。当矫正时，应力不会随着变形的消除而完全消失。残余应力的存在不仅使应力区的金属强度降低，也会使金属在拉伸力消除后的一段时间内回缩变形。为了尽量减小或消除残余应力，拉伸矫正时必须采取如下措施。

1) 预加热辅助矫正，虽然一般不推荐对高强度金属材料板加热，但有时也可以小心地用焊炬加热辅助矫正，加热时要严格控制温度和范围，防止降低构件强度。

2) 用钣金锤对应力集中部位进行敲打，以释放应力。

(5) 防止过度拉伸　产生过度拉伸的原因一般有两个：一是在修复中没有遵循“先里后外”的拉伸原则，即从汽车的中部开始矫正，只有中部的尺寸全部正确了，才能对车身的前后部进行维修；二是在矫正过程中没有精确、时实地测量控制点的尺寸，也会造成拉伸过度，如图 7-25 所示。

将金属材料拉长很容易，但要使其缩短很难，很多车身构件拉伸过度唯一的解决办法就是报废后换新。

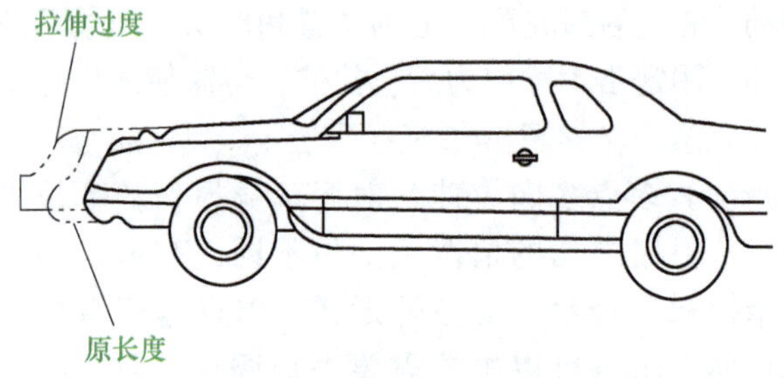

图 7-25 车身构件拉伸过度

4. 装复调试

车身修复结束之后，需要进行装配。将经过修整的车身和局部附件、换新部件和拆卸件，按原车的要求总装，并进行调试或试车，以确定车身尺寸修理的正确性，比如缝隙尺寸是否符合规定值（图 7-26），车门、发动机舱盖、行李箱盖等是否能运动自如，车身上所有部位的平整度是否符合要求等。对于发生严重碰撞的车辆，务必进行四轮定位，检测被测车辆的各轮倾角和束值是否符合原厂标准，因为只有车辆的定位数据准确，车辆的操控性能、稳定性能才能达到最佳状态，轮胎的使用寿命也才能最长。

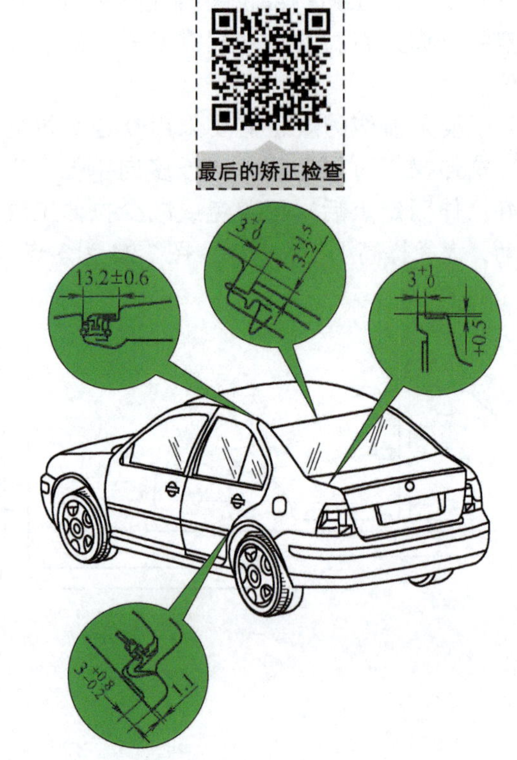

图 7-26 车身缝隙尺寸（单位：mm）

（二）车身粗整形案例

图 7-27 所示为严重碰撞后的汽车车身。通过检查直接碰撞区域发现，车门虽能打开，但已严重变形，后车门框也已损坏，行李箱盖虽未直接碰撞损坏，但与行李箱盖的间隙已明显加大。右侧面受撞击后，可以通过检验左侧车门开启是否灵活，门间隙是否变大来判断车身左侧面是否被波及。此外，还要检查车顶是否受到碰撞的影响。最后，依次检查各总成是否损坏、翻开地毯检查车身地板是否变形、转动系统是否灵活可靠、内外装饰件是否变形等。

检查完后应确定车身修复方案，并和客户共同协商。例如车门是修复还是更换，车身右侧、后侧外车身板是否更换（一般不应更换而应整形修复）等。随后制订修复工艺，包括查阅车身技术文件，准备测量哪些车身控制测量点的数据；采用何种检测器具、车身矫正设备；需要拆除、修复、更换哪些车身附件；采用何种修复工艺来修复车身等。

根据该车身损坏情况，确定其修复工艺方案主要是局部更换车门门槛梁、修整车身变形部位。整形可根据车身部位的不同而采用不同的工艺方法，例如，待修复的车身门框可以采用较轻便的液压装置矫正，如图 7-28 所示；这些液压矫正装置一直要到车身门框矫正、焊接、应力消除全部完成以后，再经过测量控制点，检查各构件无变形、定位完全正确后才能拆除。

图 7-27　严重碰撞后的汽车车身

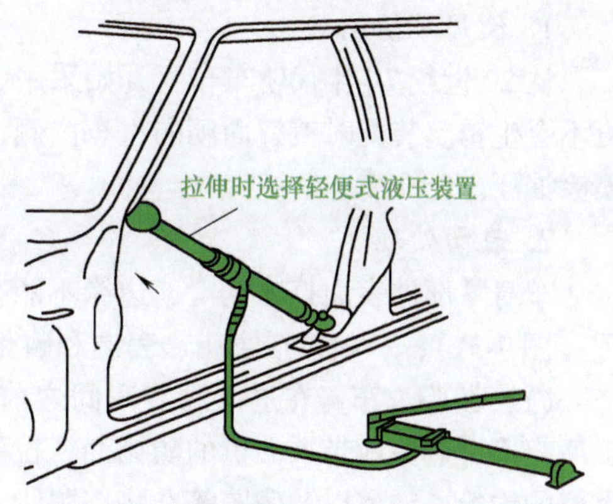

图 7-28　使用轻便式液压装置修复车门

汽车车身碰撞损伤的矫正，重要的是采用合适的整形工艺。汽车车身，特别是承载式车身都是由薄金属板件冲压成形，某些车身构件的局部不能承受太大的拉力或挤压力。如图 7-29 中的车身行李箱矫正，要将拉伸矫正固定点设在强度较大，表面即使因夹钳造成一些损伤，但不至于损坏厢体内部，从而保证车身构件的矫正质量。

对于车身中立柱（图 7-30），可采用多点拉伸的方法矫正修复。一般而言，如果车身中立柱不是由直接碰撞造成损坏，且损坏又不十分严重，就不应局部切割更换，而应整形矫正。

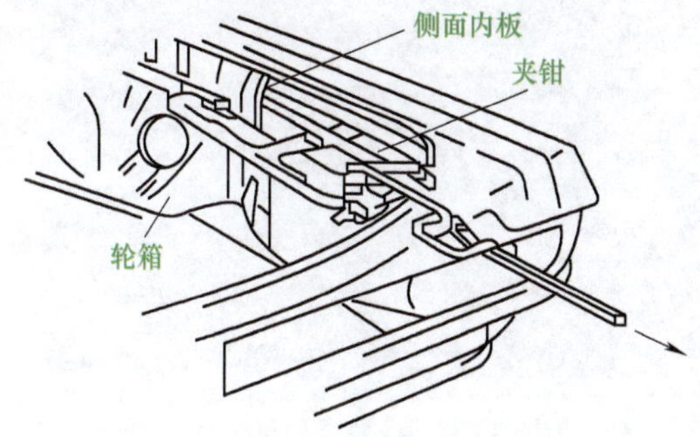

图 7-29　行李箱拉伸矫正固定方法

图 7-30　车身中立柱的矫正方法

技能拓展

一、喷涂前的防锈处理

车身材料一般是钢板，具有优良的强度、刚度、硬度等综合力学性能，可加工性好，但耐腐蚀性差。氧化铁比较疏松，不像氧化铝等那样致密，不能保护内部的金属元素不再继续腐蚀，并且开始生锈的铁会吸附更多的水汽加快腐蚀进程。氧化损失对于结构部件来说是致命的，特别是冲压成形的超薄钢板承载式车身，车身本就轻薄，些许的锈蚀都会明显影响到车身整体强度。因此，对于轻量化钢制车身来说，耐腐蚀性是一项十分重要的指标。

（一）汽车制造厂在车身喷涂前的防锈处理

汽车制造厂在车身喷涂前的防锈措施主要有以下几种。

1. 使用防锈材料

从20世纪70年代轿车车身开始采用镀锌薄钢板，如果车身是铝合金或复合材料的，就更不会生锈。装配时镀锌面朝向汽车内侧，以提高车身耐蚀性能，非镀锌面置于汽车外侧，喷涂油漆。

2. 表面处理

车身零部件表面打磨光滑，边缘不能有毛刺；钢制车身为了防锈，在涂装前要做表面处理（图7-31），一般包括脱脂、表调和磷化。

（1）脱脂　车身在进入涂装车间之前，经过储藏、冲压拉延、焊接、修磨甚至烘烤等工序，不可避免地带入大量的防锈油、拉延油等油脂类物质，而在压延和焊装过程中又产生大量的铁粉、铁屑以及残胶等杂物，脱脂工序就是为了清除这些油脂、杂物。

将中性脱脂剂和工业水按一定比例混合，通过增压装置输送到两把高压水枪后，对车身内舱、夹缝、空腔结构等容易积聚灰粒的部位进行初步清洗，特别是车身内腔地板，影响电泳漆膜质量的灰粒有80%以上分布其上。经过冲洗后的车身，灰粒大约可减少30%，有利于减少对脱脂槽的污染，延长槽液的使用寿命。

图7-31　轿车车身表面处理

涂装前的除油使用物理化学方法，包括碱液脱脂法、乳剂脱脂法和溶剂脱脂法。碱液脱脂法主要是通过皂化作用把油脂除去。乳剂脱脂法是在有机溶剂中加入一种或数种表面活性剂，或再添加弱酸性净洗剂组成的一种混合液。当清除不能皂化的矿物油时，可靠表面活性剂的作用，帮助乳化脱脂，脱脂效果较好，又较经济，应用十分广泛。溶剂脱脂法通常有浸渍法和三氯乙烯清洗法两种。浸渍法是把被清洗物浸入有机溶剂中，经搅拌或人工冲洗脱脂的方法，常用的溶剂是汽油、二甲苯、丙酮等。三氯乙烯清洗法又称干洗法，通常将三氯乙烯加热，用三氯乙烯蒸气，对被清洗物进行脱脂。

如今汽车生产厂家常常采用碱液脱脂法，脱脂一般用热碱液清洗或有机溶剂清洗，碱液由强碱、弱酸、聚合碱性盐（如磷酸盐、硅酸盐等）、表面活性剂（阳离子型或非离子型）等配比而成。

脱脂工序采用浸洗和出槽喷洗相结合的处理工艺，根据白车身质量和车间工艺水平状况设置两个或多个浸洗槽。槽液通过循环泵进行连续搅拌，增强对车身的冲刷清洗效果。脱脂工序中的除油装置，将表面浮油和分散在槽液中的油污随槽液输送到油水分离器，在油水分离器内通过加热使油脂破乳分层，再经多级溢流将油污浓缩收集。为有效去除槽液中的铁屑、焊渣等金属颗粒，需在脱脂槽循环管路上安装除铁屑装置。

车身经过脱脂工序除去车身钢板表面油污等杂物后，需进行水洗处理。水洗的作用是：

1）洗掉车身残留的碱性脱脂液，防止污染表调和磷化槽。

2）降低车身温度，在车身钢板表面形成水膜，防止车身钢板在高温、高湿环境下生锈。

3）进一步清洗车身，消除颗粒污染。采用喷洗和浸洗相结合的处理工艺。喷淋清洗借助较大的机械作用力，选用大流量的洪流喷嘴对车身进行喷洗，使车身夹缝和地板残留的颗粒随水流排出，流量大、效果好。浸洗方法可以进一步清洗车身内部复杂内腔里的颗粒，并通过连续循环搅拌方式增加车身与槽液之间的机械作用力。

（2）表调　为了改善磷化膜的质量，在磷化前一般都设置利用胶体磷酸钛悬浊液改善金属表面状态的表调工序。磷化表面调整处理时采用磷化表面调整剂使需要的金属表面改变微观状态，促使磷化过程中形成结晶细小、均匀、致密的磷化膜。当车身进行表调处理时，磷酸钛胶体微粒吸附在车身表面上形成均匀的吸附层，为磷化处理提供了一层细致、均匀的晶核，可促进磷化膜快速形成，同时提高磷化膜的质量。表调后的车身要立即进行磷化处理，若延期磷化，表面会生成白色磷酸钛粉层，导致磷化膜的粗糙和大量的颗粒产生。

（3）磷化处理　轿车前处理工艺一般采用浸渍式磷化，车身钢板进行磷化处理时，金属表面与磷化液发生一系列化学反应，在钢板表面形成一层非金属的、不导电的、多孔的磷酸盐结晶体（磷化膜）。磷化膜的作用是：

1）在彻底脱脂的基础上，为电泳涂层提供一个清洁、均匀、无油脂的表面。

2）提高电泳漆膜与底材的附着力。

3）干燥的磷化膜不导电，在漆膜破损时，它具有抑制腐蚀的能力。

磷化液的主要成分是磷酸二氢锌、氧化剂（如硝酸钠）、催化剂（如亚硝酸钠、氯酸钠）和一些添加剂（如三聚磷酸钠、氟化钠）。磷化液一般采用三元（锌、镍、锰）磷化液，近年来已有低温、低渣、无亚硝酸盐、无镍磷化液产品投入使用。金属表面经磷化处理后一般再进行2～3次水洗。

例如，猎豹某型越野车的前处理工艺流程：高压水冲洗—预脱脂—脱脂—第1次水洗—第2次水洗—表调—磷化—第3次水洗—第4次水洗—循环纯水浸洗—新鲜纯水喷洗。

前处理各工序工艺控制参数见表7-1。

表7-1　前处理各工序工艺控制参数

序号	工序名称	处理方式	处理时间/min	控制参数及指标	备注
1	预脱脂	半喷半浸	1	喷淋压力：0.15～0.20MPa 游离碱：8～10Pt 温度：(52±5)℃	连续喷淋
2	脱脂	浸渍	3	喷淋压力：0.15～0.20MPa 游离碱：8～10Pt 温度：(55±5)℃	出槽喷淋
3	第1水洗	半喷半浸	0.5	喷淋压力：0.15～0.30MPa 总碱污染度：≤1.0Pt	连续喷淋
4	第2水洗	浸渍	0.5	总碱污染度：≤0.5Pt	
5	表调	浸渍	0.5	pH：7.5～10.0	出槽喷淋

（续）

序号	工序名称	处理方式	处理时间/min	控制参数及指标	备注
6	磷化	浸渍	3	温度：(42±5)℃ 总酸(TA)：20.2Pt 游离酸(FA)：0.8~1.2Pt 促进剂：1.5~3.0Pt	
7	第3水洗	半喷半浸	0.5	喷淋压力：0.15~0.30MPa 总酸污染度：≤1.0Pt	
8	第4水洗	浸渍	0.5	总酸污染度：≤0.5Pt	
9	循环纯水洗	浸渍	0.5	电导率：≤100μs/cm	
10	新鲜纯水洗	喷淋	0.5	喷淋压力：0.15~0.21MPa 新鲜纯水电导率：≤10μs/cm 工件滴水电导率：≤50μs/cm	

注：游离碱度过低，除油效果相对较差；过高，不仅造成材料浪费，也给后道水洗增加负担，严重者还会污染后续的表调和磷化。游离酸度低，除锈效果差；过高，工作环境中的酸雾含量较大，不利于劳动保护，金属表面易产生“过蚀”现象，而且残酸的清洗比较困难，易导致后续槽液的污染。

白车身在制造过程中，对提高车身强度和减小车身重量的车身内腔没法使用“阴极电泳涂装”进行防锈处理。为了能够保证车身内外均能防锈，以德国大众为代表的知名厂商采用了空腔灌蜡技术。在制造带有空腔的部件时通常预留很小的灌蜡孔，但在纵梁相应的部位却没有开孔，而是从纵梁的顶端进行喷注。焊接之后的白车身在做基本防锈处理之后，就进入了灌蜡的工艺过程，用热风将内腔吹至85℃左右以后，把专用的防锈蜡加热到15℃，用专用泵向预留的灌蜡孔注入溶化的蜡，保持一定时间以让多余的蜡液自动流出，然后进入冷却区用冷风吹至常温，最终蜡膜的厚度在几百微米，最后将所有灌蜡孔全部封死。

一汽大众是中国第一家引入空腔灌蜡技术的汽车生产商，用120kg蜡注入车身空腔，经一定时间后使残留在车内的1kg蜡在空腔内表面形成均匀的保护膜，这种工艺可以保证车身在12年内不会产生任何微小的锈迹。

（二）车身修复时喷涂前的防锈处理

待修复的车身在喷涂前要将表面清理干净并去除油脂。一般用钢丝刷或铁砂纸对表面做打磨清洁，有条件的可使用目前已被广泛运用的尼龙研磨盘，对金属表面进行彻底清洁，并可使用脱脂剂清除油脂。以下为几处典型车身表面喷涂前的防锈处理。

1. 板件结合面

如果不对车身防锈蚀处理，往往一两年内板件结合面的夹缝里就会因各种杂质、水汽的存在而发生氧化锈蚀，影响焊接点的强度，所以应及时喷涂焊接锌剂。焊接锌剂（富锌涂料）是一种专门用于板件结合面防氧化锈蚀的新材料，有喷和涂两种剂型，导电性好、耐高温，有电化学阴极保护作用，能在板件焊接结合面间形成一层防锈保护层，防止焊点周围锈蚀，保证修复后的车身强度不低于原车身。

2. 车身底部和轮罩表面

为防止因路渣或飞石造成车身的损坏、锈蚀，在车身底部和轮罩表面应涂布防撞胶，涂布前要清洗表面、去油脂。

3. 厢式断面构件内腔

车身厢式断面构件通常是整体式车身的主要承载构件，对于汽车的防撞和耐用性有着重要的影响，其内腔可能产生的锈蚀、变薄甚至穿透的现象，正是由于忽视了内部防锈以至于锈迹外渗并不断扩大造成的。

车身内部防锈保护蜡渗透性极佳，很容易渗入所有的角落和连接处，具有抗湿气及排水的作用，不仅能防止车身喷不到漆的内腔生锈、穿透，还能防止车身板件焊接处内部生锈。在对构件内表面涂装处理时，使用特制的喷杆和喷嘴也能保证维修质量。

二、喷涂后的防锈处理

喷涂后为了防止车身锈蚀，最主要的就是采用保护涂装层，一般通过漆面密封防止酸雨、飞石和紫外线等因素对车漆的侵害，打蜡、封釉、镀膜、底盘封塑是现在比较常用的漆面保护方式。

（一）板件接缝处涂密封胶

为防止水或铁锈进入，应在板件接缝处涂上密封胶，否则可能会因各种杂物如油类、冷却液、污水等侵蚀和高低不平路面的振动而使接缝处变形开裂不能防锈密封。

用于车身修复的密封胶是一种无腐蚀性的聚氨酯PU结构胶，用于填缝、覆盖、粘接和密封，有时也可以代替焊接，粘接力极强而不损坏漆皮，固化后强度高、结实可靠，能增强单块构件和薄壳车身的强度，能保持焊接或搭接接缝处尤其是轮拱内外、底盘、行李箱内、乘客舱内地板及发动机舱等部位的防侵蚀功能。

密封胶的涂布部位，可查阅对应车型的车身维修手册或参考车身对称侧进行处理。如果待涂密封胶的部位上存有过多的点焊密封胶，则用稀释剂予以清除，然后涂抹底料和密封胶。在行李箱内、发动机舱等处涂抹密封胶可能会影响汽车外观时，应使用遮蔽胶带。

（二）打蜡

打蜡能够有效保护漆面、防止锈蚀，同时还可以抗高温、防静电、防紫外线、上光等。

经常暴露在空气中的汽车免不了风吹雨淋，水滴存留在车身表面相当于凸透镜，在阳光强烈照射下焦点处的温度可达800～1000℃，会造成漆面暗斑，极大影响漆面质量并引起锈蚀。

打蜡前应先清洗车身外表的泥土和灰尘，但是不能盲目使用洗洁精和肥皂水，因为其中含有的氯化钠成分会侵蚀车身漆层、蜡膜，使车漆失去光泽，并使橡胶件老化。如无专用的洗车水也可用清水清洗车辆，擦干后再上蜡。

使用海绵块涂上适量车蜡，在车体上直线往复涂抹，每道涂抹应与上一道涂抹区域有1/5～1/4的重合度，防止漏涂并保证均匀涂抹，不能把蜡液倒在车上乱涂或做圆圈式涂抹。一次作业要连续完成，不能停顿。蜡层涂匀5～10min后就可用新毛巾擦亮，但快速车蜡应边涂边抛光。

车身打蜡后，在车灯、车牌、车门和行李箱等处的缝隙中会残留一些蜡垢，影响车身美观，这些地方的蜡垢若不及时擦净，还可能产生锈蚀，所以打蜡后应将蜡垢彻底清除。

各种车蜡性能不同，选择不当会使车漆变色。一般情况下应根据车蜡的作用特点、车辆的新旧程度、车漆颜色及行驶环境等因素综合考虑。新车不要随便打蜡，因为新车漆层上本身已有一层保护蜡，额外地过早打蜡反而会把新车表面的原装蜡除掉，造成不必要的浪费。打蜡频率根据车辆行驶环境和停放场所的不同也应有所变化。

（三）封釉

封釉是用柔软的羊毛或海绵通过振抛机高速振动和摩擦，利用釉特有的渗透性和粘附性把釉分子强力渗透到汽车表面、油漆的缝隙中。封釉后的车身漆面能够达到甚至超过原车漆效果，使旧车更新、新车更亮，并能抗高温、密封、抗氧化、增光、耐水洗、抗腐蚀。与打蜡相比，封釉在光泽度、耐磨度、漆面保护效果、持久性上都具有明显的优势：封釉后的车光泽度可达95%以上；封釉能使漆层表面形成一层坚硬的保护层，防止行车时的泥沙飞溅及长期洗车造成的磨损，封釉有一定的腐蚀性，而普通车蜡只是在表面附着，保护膜很薄，耐磨度较低。

（四）镀膜

镀膜的主要成分是玻璃纤维素，能在车漆表面形成保护层，隔绝外界对面漆的损害，是漆面保护最高一级的措施，具有使漆面增亮、抗酸碱、抗氧化、抗紫外线等多重功效。由于镀膜材料本身是无机物，所以对车漆并没有损害。

镀膜有效期一般为一年，其可以使车身光滑度提升，黏附于车身的沥青能够轻易地被擦去，漆面硬度提升3倍，并能在经历150次高压洗车后漆面依然光亮。但是镀膜需要3～4h的施工时间，且材料为全进口，技术复杂，费用相对较高。

（五）底盘封塑

底盘封塑又称底盘装甲，它不同于一般的防锈处理。底盘封塑是在车底喷涂一层5mm左右的高分子橡胶聚合物，凝固后如装甲一般护住底盘，不易干裂、脱落，具有防沙石撞击、耐酸雨、防腐蚀等功能，能延长车身寿命。底盘封塑前要使用专用的去污剂去除底盘上附着的沥青、油污，并进行烘干，任何污渍都会影响到封塑的牢固程度。封塑前还要对传动系统、排气系统的散热部分遮挡，以免封塑后影响这些部件的正常运转。二次封塑可以提高隔音和防撞效果，但两次喷塑要注意间隔大约20min，待第一层封塑层彻底干燥后再进行二次封塑。对于旧车底盘封塑，由于清洁工作量较大，需要的时间较多，熟练的工人大概需要3h才能完成。

思考题

1. 列举常用的车身矫正设备及其特点。
2. 阐述车身整形件粗整形的一般步骤。
3. 列举喷涂后的车身防锈常见措施，并进行比较。

项目8　汽车非金属车身板件的修理

车身塑料件以及复合材料板件在裂纹、划伤后通常采用粘接或者焊接修理，材料性质不同，修理方法也不同。

学习目标

知识目标

1. 掌握塑料件的维修方法。
2. 了解塑料分类及其性能特点。
3. 了解复合材料车身的损伤特点。

技能目标

1. 能鉴别塑料件的种类并正确选择对塑料件焊接或者粘接修理。
2. 掌握复合材料板件的粘接。

塑料的种类

工作任务

工作任务1　塑料件的焊接

车身塑料件损坏后，应先对塑料的种类鉴别后才能修理。损坏的塑料件有化学粘接和焊接两种修复方法，因为热固性塑料不能反复加热成形，所以应采用化学粘接；而热塑性塑料可以反复加热成形，所以可以焊接。常用塑料件的焊接方法有热空气塑料焊接法和无空气塑料焊接法。

知识准备

一、塑料件的热空气焊接

1. 塑料的焊接原理

塑料焊接与金属焊接相似，都需要焊条及热源，但二者也有不同之处：金属的焊接必须使焊条和母材完全熔化凝固成一体，而塑料焊接过程中焊条则不必全部熔化，它利用热源将焊条外部加热熔化，同时施加一定压力将焊条压入焊接区域形成永久结合。切断热源后焊条恢复原状，只是在焊缝两侧留有熔流带，在这个过程中焊条内部还是硬的。

（1）手工塑料焊接　是利用塑料焊枪吹出的热空气，交替加热焊条及焊件，当焊条和焊件的加热部分都已软化或熔化时，将焊条压入焊缝，形成永久结合的焊接工艺，如图8-1所示为手工热空气塑料焊接。

焊接时将焊条端部切成60°角，使焊条垂直于焊件，焊嘴指向焊条并与焊缝保持10～12mm的距离；焊炬的倾角约为30°，并做扇摆运动；焊接速度一般控制在150～200mm/

min；焊接到末端时要保持手对焊条的压力，直至焊条和焊缝完全冷却。

（2）高速焊接　高速焊接是在手工焊接的基础上采用具有特殊设计的高速焊嘴对塑料进行焊接的操作方法，如图8-2所示。

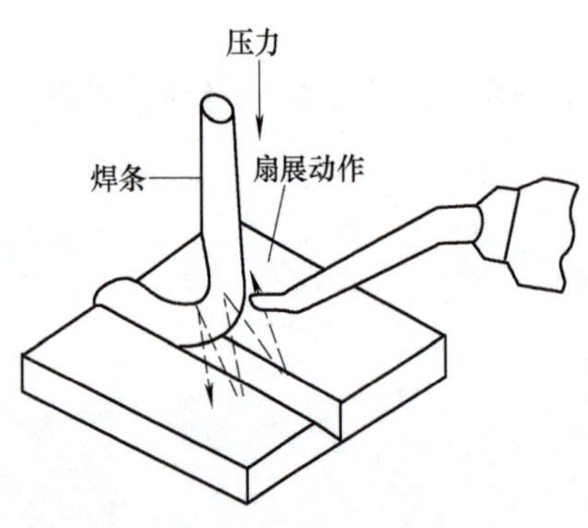

图8-1　手工热空气塑料焊接

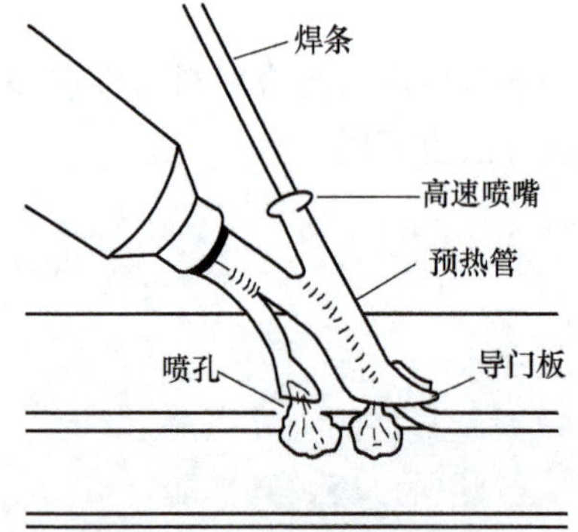

图8-2　高速焊接示意图

高速焊接的焊接速度可达到100cm/min左右，效率较高，适合于长而直的焊缝，与手工塑料焊接相比，高速焊接操作更简单，用一只手即可完成。高速焊嘴后面的热空气孔对焊件和焊条预热，焊嘴端点的尖形导向板对焊条施压，使焊接更加平稳和快捷，一旦开始焊接，焊条将自动进入预热管，随焊炬走向焊区。

无论是手工塑料焊接还是高速焊接，都要特别注意压力和热量的平衡，压力越大焊缝越宽，热量越大则塑料母材越易发生焦化变形，影响焊接质量。

2. 典型热空气塑料焊接

现在汽修厂已广泛使用专业热空气焊接设备，即使塑料焊接设备型号不同，外观上也有很大差异，但基本结构原理都是一样的，焊接所需的压缩空气由空气压缩机或配套气罐提供，压力一般为210kPa，对压缩空气加热均采用电热法，加热温度在230～330℃之间，电热元件用陶瓷或不锈钢制成。

需要指出的是，热空气应是压缩的空气或惰性气体，而不能用氧气等其他助燃气体，典型的热空气塑料焊接枪如图8-3所示。

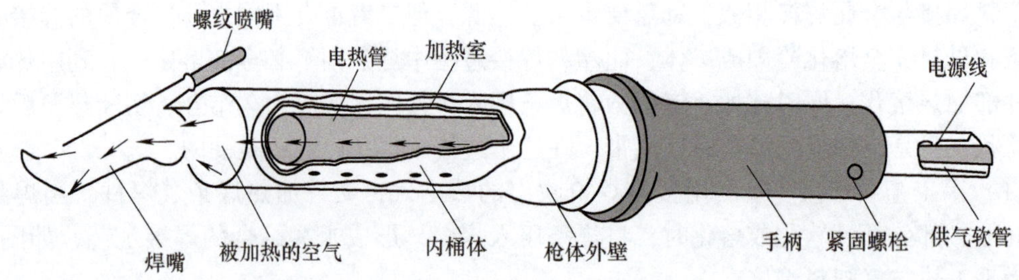

图8-3　典型热空气塑料焊接枪

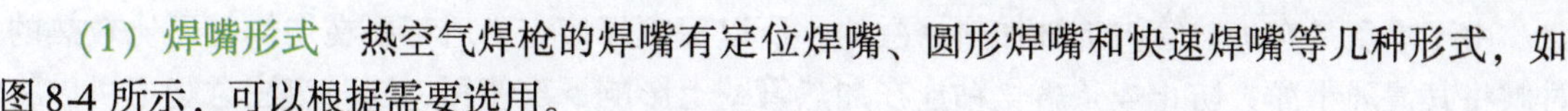

（1）焊嘴形式　热空气焊枪的焊嘴有定位焊嘴、圆形焊嘴和快速焊嘴等几种形式，如图 8-4 所示，可以根据需要选用。

1）定位焊嘴主要用于断裂或长焊缝的焊前定位，完全靠加热底材使其熔化后粘接在一起，不使用焊条。

2）圆形焊嘴焊接速度较慢，适用于小型件和短焊缝，尤其适用于填补孔洞、空间狭小和难接触到的部位的焊接。

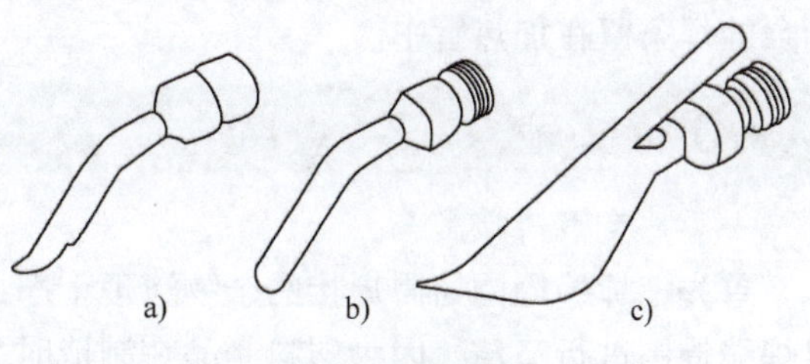

图 8-4　焊嘴形式

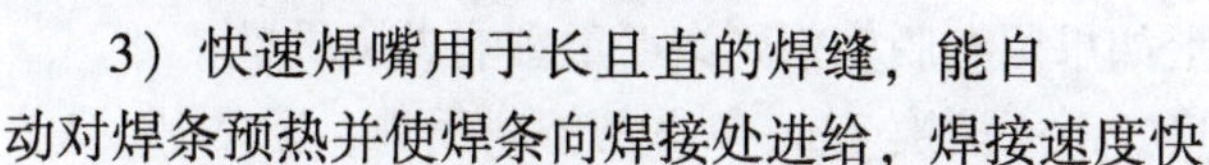

3）快速焊嘴用于长且直的焊缝，能自动对焊条预热并使焊条向焊接处进给，焊接速度快。

（2）热空气焊机的调整　压缩气体的压力和流量、焊接的加热温度都会直接影响焊接质量，所以焊接之前需要对焊接参数做适当的调整。

将压缩气体软管与焊机连接后打开通气开关，用焊机上或管路附带的调压阀门即可调节压缩气体通过焊机的压力和流量。当使用气罐供气时要配备减压阀，因为储气罐内压缩气体的压力非常高，而且可能是以液态储存的，在专用减压阀上可能还有加热装置用来保证压缩气体的供应，因此操作前一定要认真阅读焊机的使用说明书。

根据需要选择适当的焊嘴安装于焊枪并保证紧固，接通电源后焊机就开始加热，通过焊机的调温开关或者调整压缩气体的流量可以控制热空气的温度。调温过程中最好使用温度计直接测定焊嘴处热空气的温度，待温度基本保持恒定之后才能开始焊接。焊机功率较大，必须做好搭铁保护。

焊接过程中应随时注意热空气的温度变化，如果过热，应关闭焊机电源并保持压缩气体的流通，待温度降低后再开始焊接。焊机在通电状态下电热元件即开始工作，因此必须保证同时有压缩气体流经加热管，防止加热管因过热烧毁。焊接完毕后要切断电源，使压缩气体在焊机中流通几分钟后再关闭压缩空气源。

二、塑料件的无空气焊接

塑料件的无空气焊接是使用焊枪的电热管直接加热焊条至软化或熔化并将其压入焊缝，不使用热空气对塑料件和焊条进行加热。即使焊缝部位没有被预先加热，但已经被加热到 200～300℃的焊条与焊缝接触时，二者表面也会在较短时间内熔融粘接在一起，当焊缝部位逐渐冷却后，焊件即被牢固焊接。

无空气塑料焊接技术在车身修理中应用广泛，与热空气塑料焊接相比，费用低、简单易学、应用广泛。相对于热空气塑料焊接使用的 ϕ5mm 焊条，无空气塑料焊接用 ϕ3mm 的焊条熔化速度更快，并能有效避免母材的挠曲和产生焊瘤。

虽然无空气焊接与热空气焊接都采用电加热法，但是其省略了气源接口，与热空气焊接所用的焊枪结构也有较大的区别，替代热空气管的是插装焊条的加热钢管。加热钢管的头部形状类似于热空气焊接的快速焊嘴，整个焊接过程与热空气快速焊接相似，对母材的处理则与热空气焊接一样。

焊条的选择需根据焊件材料的种类和尺寸及焊机使用说明或通过试焊来确定。

调整无空气塑料焊机首先要根据焊接要求准确设定温度值，之后开机通电，选用一小段焊条穿过焊机并前后活动几次以清理加热管和焊嘴，焊机升温 3min 左右才可以开始焊接。

由于焊条是在加热管内部被加热熔融的，所以每次焊接完毕后都要在加热管还比较热的时候将其清理干净，防止焊条熔化粘连在加热管壁上影响下次使用，同时应注意绝不可以将剩余的焊条留在加热管中。

任务实施

一、热空气焊接工艺

首先把焊缝周围妨碍焊接的杂物清理干净，并保证焊缝整齐，然后用专用的塑料清洁剂对焊缝周围进行清洁，因为塑料制品在制造时为保证能够顺利脱模，通常都要在铸模内涂上脱模剂，其抗粘连性很强，损坏的塑料件上如果留有脱模剂则会严重影响焊接质量。

为保证焊透，塑料件在对焊时要开坡口。对于厚度 3mm 以下的塑料板件，通常开“V”形坡口，坡口的角度以 60°为宜；对于厚度大于 3mm 的塑料板件则需要开“×”形坡口，坡口两侧用砂轮磨出 6～10mm 的坡面。

准备工作完毕后，即可调整焊机的各项参数进行焊接，注意选用合适的焊条与焊嘴。对于较长的焊缝应先定位，防止焊接过程中由于施压而使焊缝分离，同时也可以防止焊缝变形；定位可以采用定位焊，也可以在焊缝背面使用强力胶带固定。焊接时要注意对焊条施压均匀，这样焊接质量才能基本一致。一旦发现焊缝有分离倾向，则需立即停止焊接，重新定位。

焊接完毕后用裁纸刀将剩余的焊条割断，整个焊缝需要冷却 30min 左右才能进行后续的整理工作。

轿车保险杠罩一般采用热塑性聚氨基甲酸乙酯塑料（TPUR）制成，当保险杠从固定支架上被拆下时其固定凸缘会被撕裂，修复时必须对凸缘部位修补加强。若是一般的穿孔或缺口损伤，采用单边焊接修复即可；但如果损伤部位在高应力区则应采用双边焊接以获得足够的强度，焊接修复工艺如下：

1）用肥皂水清洗保险杠罩。由于 TPUR 具有一定的吸水性，为了保证水洗后彻底干燥，有时需要适当加温将保险杠罩烘干。

2）用砂轮打磨固定凸缘周围，形成大于 6mm 的坡口，使用小型切割工具加工出 V 形槽，V 形槽深度应大于保险杠罩厚度的 1/2。

3）用铝背粘接带制作出一个固定凸缘的形状，并将粘接带的边缘卷起以形成一定的焊接厚度，将铝背胶带粘接在需要补焊的凸缘上，焊接时堆积的高度将等同于这个翻边的高度。

4）将焊枪的温度控制旋钮置于适宜 TPUR 的焊接温度上，对焊条和焊件进行预热，沿焊缝缓慢推动焊条，使熔化的填充塑料填充在斜切口部位。在焊接时用焊嘴的平底部位使焊缝光滑成形，在 V 形槽中填入熔化的塑料填料，对其表面进行光滑处理。当焊缝部位被焊牢后，用海绵或湿布快速冷却焊接部位，然后拆除铝背粘接带就完成了对背面的焊接。

5）在保险杠罩的前面损伤部位开 V 形槽，确保其深度与背面焊接部位接触，以使两边能焊接在一起。用砂轮或类似工具，在沟槽边缘开斜切口，以使焊缝与基体材料连接在一起。采用低速打磨机和 P80 号砂盘打磨掉焊接部位周围的油漆，打磨宽度一般为 50～80mm，根据焊接后需要进行表面整平的，要确定具体范围。用与背面相同的方法焊接，确保焊接质量良好，待表面光滑后，使其迅速冷却。

6）使用低速打磨机配合 P80 号砂盘打磨焊补区形成光滑轮廓，此过程中为使打磨产生

的热量不过分集中而使焊接边缘翘起或脱落，打磨几秒后应让塑料件冷却一下再继续打磨。在需要进行表面修整的区域（焊接前的打磨区域）用塑料原子灰填充整形，待原子灰干燥后，用低速打磨机配合 P150 ~ P240 号砂盘打磨涂敷部位形成光滑轮廓，然后再用 P240 号或更细的砂纸打磨塑料原子灰，使其边缘部位与未修补区域形成羽状薄缘。

保险杠外表面的焊接区域用塑料原子灰填充成形打磨后，即可分别进行底漆和面漆的喷涂。

二、无空气塑料焊接工艺

大多数汽车的仪表板是由乙烯树脂包覆的聚氨基甲酸乙酯泡沫塑料制成，通常会因撞击导致凹陷或局部断裂。由于乙烯树脂和聚氨基甲酸乙酯泡沫塑料都是热塑性的，所以凹陷损坏可以采用局部加热后矫正恢复原貌，对于断裂损伤，则可以使用无空气焊接的方法进行修复。

（1）加热矫正凹陷变形　在碰撞凹陷部位用湿布或湿海绵覆盖几分钟，使凹痕保持湿润，然后用加热枪对凹痕周围加热。由于加热枪吹出的热空气温度较高且无法调节，所以应控制枪口到塑料件表面的距离，以防加热区域温度过高，否则表面覆盖的乙烯树脂可能会因过热起泡。通常枪口距离凹痕表面 250 ~ 300mm 比较适合，加热时由凹痕的外缘逐渐向凹陷中心部位画圆加热，直到整个凹陷区域都达到所需温度为止。有时为了防止表面覆盖的乙烯树脂塑料膜被过度加热损坏，也可以从凹陷背面加热。

当整个区域被加热到 60 ~ 80℃，即可对凹陷部位施力矫正。矫正时戴上手套轻压仪表板使材料恢复原始形状，保持矫正力直到被加热区域完全冷却，被加热的塑料形状有一定的恢复为止。加热矫正时用湿海绵或湿布冷却该部位可以快速完成冷却定型，矫正效果比在常温下缓慢冷却要好。

对热塑性塑料加热矫正并不是一次就可完成，有时需要反复加热、矫正几次后才能恢复原有形状。这种处理方式也可用于热塑性塑料件其他微小变形的矫正，如热塑性保险杠罩的弯曲、伸长，但需要加热的温度根据塑料种类的不同会有很大差异。

（2）无空气焊接热塑性塑料的断裂损伤　采用热空气焊接仪表板破碎或断裂时，由于加热温度较高且热量过于集中，可能会导致乙烯树脂塑料膜或聚氨基甲酸乙酯泡沫塑料损伤，所以采用无空气焊接修复更为适合，焊接过程如下：

1）用肥皂水清洗仪表板表面，再用塑料清洗剂清洁焊缝周围后烘干。

2）在断裂对缝处用小刀切出 V 形坡口，坡口的宽窄基本上与热空气焊接时相同。如果被焊接的塑料底材是允许打磨的，则对需要填充成形的区域粗打磨，以增强塑料原子灰的附着力。若打磨时出现“拉毛”现象，则只能涂布粘结促进剂增加附着力。

3）对焊缝周围较脆的损伤部位加热，若有卷边或不平边缘应切除。预热可以用加热枪进行，但要防止加热过度。

4）把无空气焊机调节到适当的温度，装上聚氨基甲酸乙酯焊条。

5）缓慢送进焊条，从槽底开始焊接，并使熔化的焊条充满焊槽直到高出表面少许。用焊嘴上的导向板使焊缝尽量均匀光滑，以减少后期打磨的工作量。

6）在焊缝冷却后，用磨削的方法去除残余焊瘤。

7）在距焊缝 50mm 宽的范围内打磨仪表板，如果不能打磨，则必须控制打磨的范围，涂布粘结促进剂，以便与塑料原子灰粘接。

8）使用塑料原子灰塑形，待其干燥后用细砂纸打磨平整，尤其是塑料原子灰与未损伤表面的接缝处需认真处理，避免喷涂后留下痕迹。这道工序对于允许打磨的塑料件没有特别要求，但对不能打磨的塑料件，刮涂原子灰时就要尽量做到平整，与未损伤部分的接缝应尽量紧密以减少打磨原子灰时对周围的损伤。

填充成形后即可喷涂底漆和面漆。对于塑料表面注塑时的天然纹理，可以在喷涂面漆时适当加入纹理添加剂营造效果。由于有注塑纹理，对于不可打磨的塑料件，也可以被修复地基本没有修理痕迹。

工作任务2　塑料件的粘接

并非所有的塑料件都适合焊接，热塑性塑料在加热时软化才可以采取焊接修理，但是热塑性塑料和热固性塑料大多用粘接，因为不需要专业的设备和特定的施工场地，只需手动工具就可以操作，比较简单高效。虽然热固性塑料和热塑性塑料的性能不同，但粘接工艺基本上是一样的。

知识准备

适合粘接塑料件的粘结剂种类有很多，需要根据被修复塑料件的种类和用途来选定粘结剂，否则会导致粘接效果不好或者完全无法粘接。

常用的塑料粘结剂有双组分和单组分两种类型。双组分塑料粘结剂以聚酯、环氧树脂或聚氨基甲酸乙酯等作为基体，与硬化剂或催化剂搭配制成，固化后很难再次分解，抵抗其他化学制品侵蚀的能力较强，粘接强度也较高，常用于车身外部塑料件以及需要抗紫外线等自然侵蚀内饰件的粘接。

单组分粘结剂的稳定性比双组分粘结剂稍差一些，仅用于车辆内饰件或纯粹装饰件的粘接，而不能用于结构件。被称为“超级胶”的氰基丙烯酸酯（CAs）是塑料粘接中经常使用的一种单组分产品，但由于固化后稳定性较差，所以大多数修理厂都不使用。

所有车身塑料件中只有少数几种单独使用粘结剂的可以达到要求的强度，多数塑料件则需要再加入粘结促进剂才能粘接牢固。粘接前可以通过打磨损伤部位辨别是否需要加入粘结促进剂，若打磨时产生粉末且打磨区域平滑，则无须使用粘结促进剂；若打磨时发生熔化或出现拉丝，则需要使用粘结促进剂。

任务实施

1. 划痕和小裂纹的修复工艺

划擦是塑料件比较常见的损伤形式，在修理中最为常见，填充成形后需要打磨修整，填充材料与未损部位的交界边缘必须是羽状才能保证修补后没有痕迹，所以应尽量使填充平滑，减少打磨的工作量，而在打磨时则采用更细一些的砂纸以减少对未损部位的损害。划痕和小裂纹的粘接修理工艺如下：

1）用水和塑料清洗剂清洗损伤部位，洗净粘接接合面，去除蜡、灰尘和油脂。

2）对于热塑性塑料，将其加热到40℃，保温10～20min，如果塑料件表面有变形部位需要修整，则对其继续加热到60℃，保温5～10min后，大的变形部位即可恢复，而小的变

形部位可用手加以矫正，如图 8-5 所示。

将需要粘接的热塑性塑料表面加热保温一段时间可以使塑料表面的分子结构变得松散，这有利于粘结剂的渗入，提高粘接强度，但对于热固性塑料则可以省略这一步。

3）对于小裂纹，可在裂纹末端打止裂孔防止其在修理过程中继续开裂，如图 8-6 所示。

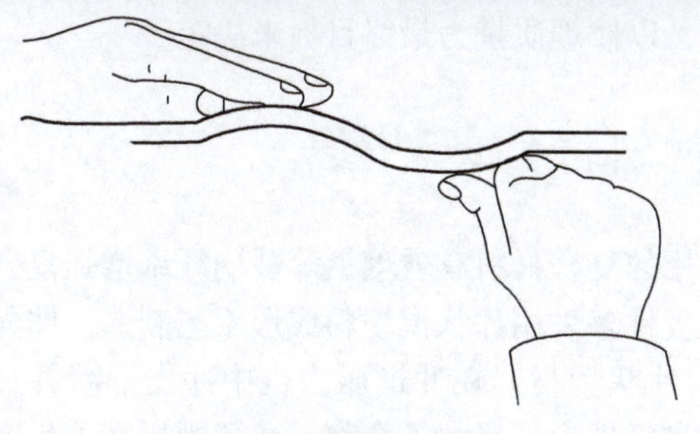

图 8-5　手矫正小变形

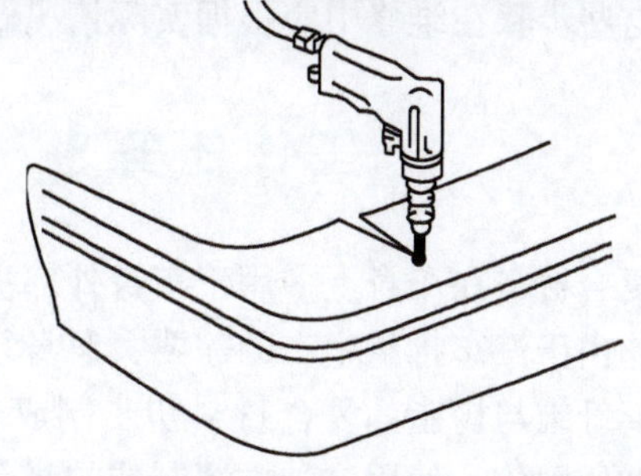

图 8-6　在裂纹末端打止裂孔防止继续裂开

4）用 P80 号砂轮打磨待修理部位，用 P180 号砂轮把边磨薄，并去除磨屑。

5）把催化剂和粘结剂先后喷敷于损伤裂纹的两端，将裂纹两端按原位置对好并迅速紧压约 1min，以获得良好的接合强度。在粘结剂固化的过程中要始终保持对粘接对缝部位的压力，以获得最佳的粘接效果。

6）粘牢以后，用 P24O 号砂纸修磨，力度要小，防止塑料件变形。

2. 撕裂和破碎及穿孔的粘接工艺

对于撕裂和破碎、穿孔等损伤部位，可以用粘结剂进行填补，就像用塑料原子灰填充成形一样。但需要填补的区域不能过大，否则会降低整个塑料件的强度。

1）用蘸有塑料清洁剂的湿布清洗撕裂部位，使表面存在的石蜡和油脂等在清洁剂的作用下溶化，然后用干净的清洁布擦拭、吸收干净。

2）对于撕裂损伤，用 P120 号砂轮在损伤部位开 V 形槽，如图 8-7 所示。对于穿孔则应打磨孔的边缘形成至少 8～10mm 的斜坡口，打磨时砂轮的转速应低于 2000r/min。如出现“拉丝”或“打滑”现象，则说明这种塑料不适合打磨，应采取用小刀切削完成上述工作后，涂覆一层粘结促进剂以增强粘接效果。

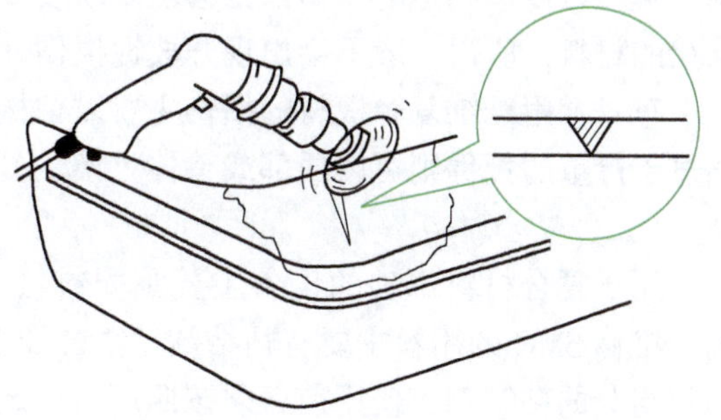

图 8-7　用砂轮在损伤部位开“V”形槽

3）用 P240 号砂轮把待修理部位边缘的油漆磨掉，形成羽状边缘，使损伤部位周围形成 25～40mm 的无漆区域，并把磨屑吹净。

4）对磨削后较薄部位加热以改进塑料的粘接性能，对破碎穿孔的填充性粘接则需要用铝背胶带垫底，将孔覆盖，用于承托塑料粘结剂。

5）按照粘结剂的使用要求调配粘结剂，用刮板将粘结剂填充涂布在损伤部位。涂布过程中填充和整形应同步完成，并且动作要迅速敏捷，粘附材料一般在 2～3min 后就会固化。有时填充一次的厚度不能达到要求，尤其是当粘结剂固化后会有一定的收缩量，因此往往需要涂布几次才能达到需要的厚度和粘接强度。在最后一层涂覆时更要注意表观的平整，应用细砂盘打磨掉前面涂层的凸起点并清洁干净，保证粘接强度。

6）当粘结剂完全固化后，用 P320 号砂盘进行表面形状的精磨，然后进行清洁工作，为后续的喷涂工序做准备。

这些步骤在维修中应根据实际情况做出选择，以修理质量为最终目标来决定。

工作任务3　复合材料板件的粘接

复合材料在车身上多用于车身外部板件，常用的复合材料有玻璃钢等玻璃纤维增强复合材料。由于汽车批量生产的需要，车身复合材料板件多采用片状模塑料成形工艺制造，即先将玻璃纤维与树脂的复合材料初步制成半固化的片状型材，在冲模压力机中冲出形状并加温、加压固化。使用这种方法制造的复合材料车身板件形状尺寸等全都一致，既提高了生产效率，又保证了配件的通用性，应用广泛，有时也将用这种工艺制造的复合材料称为不饱和聚酯短切玻璃纤维（SMC）。

知识准备

（一）复合材料车身板件的损伤特点和修理方法

与金属板件相似，复合材料车身板件最常见的损伤形式也是碰撞和划伤，但由于复合材料的机械性能与金属不同，所以其碰撞或划伤后伤痕的形式与金属板也不同。

轻微的划伤一般不会使复合材料板件整体变形，划痕周围也不会有类似金属板的凹陷，但是划痕会出现一条深槽，如果刮蹭受力不是很大，复合材料板件一般也不会开裂。

对于碰撞损坏，复合材料板损坏的部位通常局限在直接碰撞点上，碰撞点周围一般也不会出现金属板件那样的复杂凹陷变形。由于碰撞力及其沿板件传递，在碰撞点会出现大的孔洞，碰撞力传递到达的薄弱部位会出现断裂或者裂纹，但由于复合材料内部有玻璃纤维等纤维状的材料，所以一般不会出现开放性损伤。

车身常用纤维复合板材的损伤主要以粘接修理为主，基本上不能用焊接的方法，对于损伤过于严重的板件则可以局部或整体更换。

（二）复合材料车身板件的修理材料

用于复合材料修理的设备主要是配料器（有气动和手动两种），用于配置双组分粘结剂。维修 SMC 的用料主要有粘结剂、复合纤维和表面整形用的填充材料等，粘结剂主要选用双组分的粘结剂，使用前必须按照厂商规定的比例混合；复合纤维的种类则有很多种，通常选用单纹布、编制玻璃布或尼龙遮布等；用于最后填充成形的原子灰使用普通的聚酯原子灰即可，它对纤维复合材料具有良好的粘附能力。

任务实施

1. 单面修理

单面损伤时通常单面修理，即只对有损伤的裂纹部分粘接，对于未损坏的一面不处理。如果损伤比较轻微，使用粘结剂粘接即可，无需用纤维材料加强。

进行单面修理时，首先用肥皂水清洗损伤部位的表面，然后用清洁剂清洗；之后用砂纸磨去除损伤部位周围的油漆，并把损伤处周围磨出 30mm 宽的坡口，擦净粉尘等污物以获得足够的粘合面积。按粘结剂的使用要求调配粘结剂，用刮板等工具将粘结剂涂布在损伤部位上，粘接工作即结束。

对于粘结剂的固化，应尽量采用自然干燥的方法，如确实需要促进干燥，则可用碘钨灯均匀加热胶粘部位，但加热温度不能超过 50℃。待粘结剂完全固化后用打磨机配合打磨砂盘打磨突出部位及边缘。如需进一步整形，可以在粘接部位用原子灰填充成形，为后续喷涂做好准备。

2. 两面修理

当发生穿透或破裂时应两面修理，并用纤维材料增强，工艺过程如下：

选用优质去油脂剂和去蜡剂清理损伤周围表面，打磨掉损伤部位 100mm 范围内的面漆和底漆，去除板件内部的碎片、隔音材料及污物并用清洁剂清洁。在需要进行维修的区域边缘上打磨出斜口，彻底清洁修理表面。

裁剪面积和数量适当的玻璃纤维布，叠加在一起形成所需修补部位的形状，即制作成玻璃纤维布衬垫。玻璃纤维布的叠放厚度不能过厚或过薄，摊铺的面积要略大于待修补的区域面积。

用一块塑料薄膜垫在下面，用刷子蘸取调配好的粘结剂，在塑料薄膜上均匀地涂刷一层。将玻璃纤维衬垫一层一层地叠放在涂有粘结剂的塑料膜上，每放一层即用毛刷涂抹一层活性树脂粘结剂，并将玻璃纤维布润透。叠放所有的玻璃纤维布后，用橡胶刮板刮除空气泡。将玻璃纤维布衬垫与损伤部位紧密连接，如图 8-8 所示。贴实后将塑料膜轻轻移去，再用橡胶刮板在衬垫表面压实、整平。

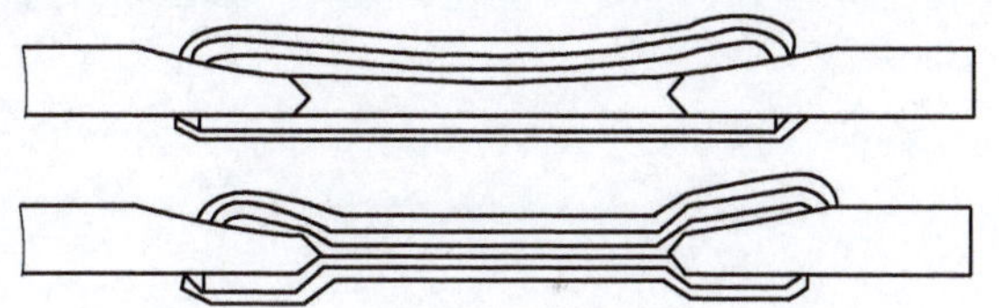

图 8-8　玻璃纤维布与板件的连接

粘补的部位完全干燥后，用打磨机配合砂盘打磨，并用原子灰做最后的填充成形，此时修理工作即完成。对另外一面的修理则视情况采用单面修理法粘接，或采用上述制作衬板法修理。

3. 修理复合材料车身的注意事项

1）用胶粘法对纤维复合材料车身修理时要注意安全，因为树脂和有些配料会刺激皮肤和胃，有些硬化剂会产生有害蒸气，所以操作人员必须佩戴防护面具并保持通风良好。

2）要选配合适的粘接树脂，并不是所有的纤维增强材料都可以使用相同的粘结剂。需要修复的复合材料板件属于何种类型，就要使用相应类型的粘结剂，选择时可以从车身维修手册中查阅，也可以通过试粘来确定。

3）双组分粘结剂在调配后要有一定的活化反应时间来完成两种组分的化学反应，在活化时间内不要进行粘接。

4）粘接完成后要有足够的粘结剂固化时间。固化时间的长短与环境温度有较大关系，温度高，固化时间会相应缩短，可以适当加热促进干燥固化，但温度不宜超过 50℃。环境温度过低，固化速度会大幅度减缓，有些粘接树脂在 10℃以下时化学反应基本停止，使得粘结剂不能固化，所以要保证合适的环境温度。

5）两面修理时，若复合材料能够与金属板粘接且具备一定的粘接强度时，也可用金属

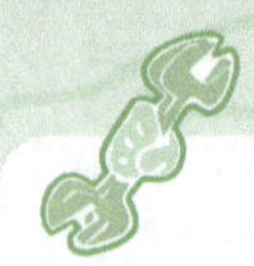

板粘接到板件背面进行增强，操作工艺则完全相同。

6）修补完成后剩余的废料要妥善处理，以免对环境造成污染。

思考题

1. 车身维修有哪几种常用的塑料维修方法？分别适用于何种类型的塑料件？
2. 塑料的热空气焊接与金属的焊接有何异同？
3. 热空气焊枪的焊嘴有几种形式？分别用于何种场合？
4. 对热空气焊接的气体有何使用要求？
5. 热空气焊接有何注意事项？
6. 什么是塑料的无空气焊接工艺？与热空气焊接相比无空气焊接有何特点？
7. 什么是塑料的“加热矫正”工艺？简述其过程。
8. 塑料粘结剂有哪几种类型？各有何特点？
9. 是否所有的塑料制品在粘接时都需要用粘结促进剂？
10. 热固性塑料在粘接前需首先预热，请简述其作用。
11. 简述复合材料单面修理和双面修理的步骤。
12. 复合材料的粘接操作有哪些注意事项？

参 考 文 献

[1] 周燕. 汽车材料 [M]. 2 版. 北京：人民交通出版社，2009.
[2] 周达飞，吴张永，王婷兰，等. 汽车用塑料——塑料在汽车中的应用 [M]. 北京：化学工业出版社，2003.
[3] 张俊. 汽车车身修复专门化 [M]. 北京：人民交通出版社，2004.
[4] 张成利，宋孟辉. 汽车钣金修复技术 [M]. 北京：人民邮电出版社，2010.
[5] 姜勇. 汽车车身修复技术 [M]. 北京：电子工业出版社，2010.
[6] 吉庆山，黎仕增. 汽车车身修复技术 [M]. 北京：中国铁道出版社，2012.
[7] 吴云溪，卞青青. 汽车车身修复技术 [M]. 北京：电子工业出版社，2015.